"一带一路"
民心相通发展指数报告

The "Belt and Road" People-to-people Connectivity Development Index Report

常非凡 ◎ 著

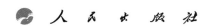

人民出版社

策划编辑:郑海燕
责任编辑:张　燕　孟　雪
封面设计:牛成成
责任校对:周晓东

图书在版编目(CIP)数据

"一带一路"民心相通发展指数报告/常非凡 著. —北京:人民出版社,2024.5
ISBN 978－7－01－026253－6

Ⅰ.①—… Ⅱ.①常… Ⅲ.①"一带一路"-国际合作-研究报告-中国
Ⅳ.①F125

中国国家版本馆 CIP 数据核字(2023)第 255164 号

"一带一路"民心相通发展指数报告
YIDAIYILU MINXIN XIANGTONG FAZHAN ZHISHU BAOGAO

常非凡　著

人民出版社 出版发行
(100706　北京市东城区隆福寺街 99 号)

北京九州迅驰传媒文化有限公司印刷　新华书店经销

2024 年 5 月第 1 版　2024 年 5 月北京第 1 次印刷
开本:710 毫米×1000 毫米 1/16　印张:16
字数:234 千字

ISBN 978－7－01－026253－6　定价:86.00 元

邮购地址 100706　北京市东城区隆福寺街 99 号
人民东方图书销售中心　电话 (010)65250042　65289539

目　　录

第一章 "民心相通"四维综合指数综述

第一节 研究背景

2013 年 10 月 3 日,习近平主席在印度尼西亚国会发表演讲时倡议共建 21 世纪"海上丝绸之路"。2013 年 10 月 25 日,习近平总书记在中央周边外交工作座谈会上将"一带"与"一路"并提形成"一带一路"构想。2013 年 11 月 12 日,党的十八届三中全会通过的《中共中央关于全面深化改革若干重大问题的决定》明确提出,"加快同周边国家和区域基础设施互联互通建设,推进丝绸之路经济带、海上丝绸之路建设,形成全方位开放新格局"①。此后,国家层面出台了多项战略规划,与沿线各国积极对接并广泛达成合作共识,"一带一路"由最初的基础设施互联互通逐步扩展到投资、贸易与经贸合作等更多领域。2015 年 3 月 28 日,国家发展改革委、外交部和商务部联合发布了《推动共建丝绸之路经济带和 21 世纪海上丝绸之路的愿景与行动》,对"一带一路"的思路框架及合作机制等做了顶层设计和总体规划。2017 年 5 月 14—15 日,"一带一路"国际合作高峰论坛在北京成功举办,来自 29 个国家的政府首脑与 130 多个国家和 70 多个国际组织的代表参会,推动"一带一路"建设进入新阶段。

"丝绸之路经济带"(以下简称"一带")主要依托国际大通道、沿线中心城市与重点经贸产业园区建设,包括南线、中线、北线三条:南线主要

---

① 《中共中央关于全面深化改革若干重大问题的决定》,人民出版社 2013 年版,第 28 页。

为中国至东南亚、南亚、印度洋;中线主要为中国经中亚、西亚至波斯湾、地中海;北线主要为中国经中亚、俄罗斯至欧洲(波罗的海)。"21世纪海上丝绸之路"(以下简称"一路")主要以重点港口为节点,致力于打通国际运输大通道,包括两条线:一是从中国沿海港口过南海、印度洋至欧洲;二是从中国沿海港口过南海到南太平洋。

"一带一路"的内涵是通过基础设施的互联互通推动全方位的互联互通,带动亚欧大陆腹地区域的联动发展,统一欧亚大市场,打造开放、包容、自由的世界贸易体系。随着"一带一路"倡议的推进,基础设施互联互通不断扩展为更加丰富的五通互联:政策沟通、设施联通、贸易畅通、资金融通和民心相通。其中民心相通是"一带一路"倡议的社会根基,可为其他四个方面建设提供坚实的社会基础和民意基础,是确保"一带一路"倡议顺利推进的重要前提。

改善民生和促进交流合作是民心相通的内涵。民心相通体现的是中国传统政治文化中的民本思想,关注人民群众生存和发展需要。中国特色社会主义进入了新时代,以习近平同志为核心的党中央发展了民本思想,把民本思想与世情、民情紧密联系起来。习近平总书记创造性地提出了人类命运共同体思想,强调"美美与共、天下大同"。2017年5月14日,习近平总书记在"一带一路"国际合作高峰论坛上庄严承诺:中国将在未来3年向参与"一带一路"建设的发展中国家和国际组织提供600亿元人民币援助,用于建设更多民生项目,援助项目涵盖粮食、医疗、扶贫等多个民生领域。根据官方数据,截至2018年年底,国家开发银行、中国进出口银行在"一带一路"沿线国家和地区的贷款余额约2500亿美元。

民心相通是"一带一路"建设国际合作的重要内容,重视在交流中互学互鉴。"国之交在于民相亲,民相亲在于心相通。"习近平总书记指出要深入开展人文领域交流合作,让合作机制更加包容,让合作基础更加坚实,让广大民众成为"一带一路"建设的主力军和受益者。民心相通的重点合作内容如下:

传承和弘扬丝绸之路友好合作精神,广泛开展文化交流、学术往来、人才交流合作、媒体合作、青年和妇女交往、志愿者服务等,为深化双多边合作奠定坚实的民意基础。

扩大相互间留学生规模，开展合作办学，中国每年向沿线国家和地区提供1万个政府奖学金名额。沿线国家和地区间互办文化年、艺术节、电影节、电视周和图书展等活动，合作开展广播影视剧精品创作及翻译，联合申请世界文化遗产，共同开展世界遗产的联合保护工作。深化沿线国家和地区间人才交流合作。

加强旅游合作，扩大旅游规模，互办旅游推广周、宣传月等活动，联合打造具有丝绸之路特色的国际精品旅游线路和旅游产品，提高沿线各国游客签证便利化水平。推动21世纪海上丝绸之路邮轮旅游合作。积极开展体育交流活动，支持沿线国家和地区申办重大国际体育赛事。

强化与周边国家在传染病疫情信息沟通、防治技术交流、专业人才培养等方面的合作，提高合作处理突发公共卫生事件的能力。为有关国家提供医疗援助和应急医疗救助，在妇幼健康、残疾人康复以及艾滋病、结核、疟疾等主要传染病领域开展务实合作，扩大在传统医药领域的合作。

加强科技合作，共建联合实验室（研究中心）、国际技术转移中心、海上合作中心，促进科技人员交流，合作开展重大科技攻关，共同提升科技创新能力。

整合现有资源，积极开拓和推进与沿线国家和地区在青年就业、创业培训、职业技能开发、社会保障管理服务、公共行政管理等共同关心领域的务实合作。

充分发挥政党、议会交往的桥梁作用，加强沿线国家和地区之间立法机构、主要党派和政治组织的友好往来。开展城市交流合作，欢迎沿线国家和地区重要城市之间互结友好城市，以人文交流为重点，突出务实合作，形成更多鲜活的合作范例。欢迎沿线国家和地区智库之间开展联合研究、合作举办论坛等。

加强沿线国家和地区民间组织的交流合作，重点面向基层民众，广泛开展教育医疗、减贫开发、生物多样性和生态环保等各类公益慈善活动，促进沿线贫困地区生产生活条件改善。加强文化传媒的国际交流合作，积极利用网络平台，运用新媒体工具，塑造和谐友好的文化生态和舆论环境。

第二节 民心相通评价体系与测算方法

一、民心相通评价体系的构建

民心相通涉及的领域非常广泛,可以说除政府层面的互动外,其他层面的往来都具有民心相通的属性和特征,甚至政府交往本身也具有推动民心相通进展的作用。因此,根据《推动共建丝绸之路经济带和21世纪海上丝绸之路的愿景与行动》的"五通"重点合作,即政策沟通、设施联通、贸易畅通、资金融通、民心相通,将民心相通单独列出来,从科教环境、社会事业、人文交流、公共外交4个方面、13个维度来评估民心相通程度,具体包括教育、医疗、科技、民航旅游、生态环境、援助建设、人才就业、社会公益与减贫、公共卫生、青年妇女儿童、文化文艺、广播电视、体育、政党外交与城市外交、社会组织、驻外企业。在具体某个维度的指标筛选过程中,尽量考虑数据的可得性与客观性,从直接反映民心相通的指标与间接反映民心相通发展深度或潜力的指标来综合考量中国与"一带一路"沿线国家和地区的民心相通情况。

二、测算方法

本报告的相关数据主要来自:(1)各部委中央企业、国有企业及地方企业提供的访谈和调研数据;(2)联合国教科文组织、世界卫生组织、世界银行、国际货币基金组织、中国海关、财政部、教育部、商务部、国家卫生健康委、国家知识产权局、国家统计局等官方渠道,以及知网中国经济社会大数据研究平台等权威专业数据库;(3)国内外公开发布的权威报告,如《专利统计年报2017》《2018来华留学生简明统计》《2018全球智库报告》《中国城市竞争力专题报告(1973—2015)》《对外投资合作国别(地区)指南》等;(4)部分数据缺失通过相应数据处理方法来进行补充。整体而言,本报告的数据来源权威、可靠、客观,具有较强的科学性和说服力。

（一）关于数据缺失的处理

由于"一带一路"沿线国家和地区经济社会发展水平存在较大差异，同时其与中国建立外交关系、民生来往程度千差万别，数据统计缺失与离散问题是本报告进行数据处理的重点。针对数据缺失，根据已有数据来源和数据特点逐一进行分析补充。主要有三种填充和数据梳理方法：（1）按均值填充。针对年份缺失数据，根据以往年份相关数据变动情况进行平均处理。针对只增不减的数据以统计可得最大值填充，针对波动性数据采用均值方法提取。（2）剔除极端值。个别数据因为各国或区域的相应值差异较大，对于其中极端值先行剔除，然后将剩下数据清洗之后，再以极端值还原到清洗的数据范围内，从而使整体数据显著性提高。（3）按最低标准填充。根据相关数据采集渠道，有些数据只收集到在大于某个最低数上限的各个国家和区域，因此对于范围以外的区域则以最低标准进行数据补充。

针对数据离散问题，通过取对数的方法首先使数值离散度下降，然后将各个指标数值通过最小—最大化规范方法进行线性变换，全部规范到[0,10]之间。具体计算见式（1-1）：

$$b_{ij} = \frac{a_{ij} - a_{min}}{a_{max} - a_{min}}(d - c) + c \qquad (1-1)$$

即将 a_{ij} 通过变换，映射到区间[c,d]中，变为 b_{ij}。

（二）关于指标的计算与赋权思路

首先，对每个三级指标以 10 分为标准进行数据规范化处理。其次，充分考虑各个指标在民心相通中发挥的程度及影响力，利用熵值法、专家打分法以及层次分析法对三级指标进行综合赋权，以三级指标加总为100 分的标准。再次，在此基础上按照基础设施相通指数、社会事业相通指数、人文交流相通指数、公共外交相通指数 4 个民心相通分指数，进行层次结构分析。最后，再将 4 个民心相通分指数结合熵值法与专家赋值法的层次分析法基础上按照一定权重融合到一起，形成以 4 个指数为基础的权重为 5.8∶1.2∶0.6∶2.4∶0.5 的民心相通四维综合指数。整体来看，报告最终形成包括 4 个一级指标、13 个二级指标、54 个三级指标的民心相通综合评价体系。

（三）熵值法计算过程

对于指标 b_{ij}（$i = 1, \cdots, N$），其中，N 表示指标研究的"一带一路"沿线国家和地区数量。首先，确定该体系中三级指标存在缺失（无法通过方法补齐的数据）的国家或地区数量 n。其次，采用熵值法确定三级指标的变异性及权重。对于三级指标 j 未缺失的数据，测算其比重：

$p_{ij} = \dfrac{b^*_{ij}}{\sum\limits_{i=1}^{N-n} b^*_{ij}}$，其中 b^*_{ij} 表示未缺失数据的三级指标值。再次，计算三级

指标 j 的熵值 H_j：$H_j = -\dfrac{1}{\log(N-n)} \sum\limits_{i=1}^{N-n} p_{ij}\log(p_{ij})$。根据定义，$0 \leqslant H_j \leqslant 1$。如果三级指标 j 在所有国家的指标值相等，$H_j = 1$，说明指标 j 对任何国家无差异，其他情况 $0 \leqslant H_j < 1$。又次，计算三级指标的差异性系数：$\zeta_j = 1 - H_j$。ζ_j 刻画了三级指标 j 的变异程度。最后，根据同样方法，计算出每一个三级指标的变异性系数 ζ_j（$i = 1, \cdots, M$），其中 M 表示该一级指标下三级指标的总数。计算出三级指标 j 的权重：$w_j = \dfrac{\zeta_j}{\sum\limits_{i=1}^{M} \zeta_j}$。

（四）指标赋权的具体过程

首先，根据数据进行客观数理分析，利用熵值法等客观赋值法根据数据本身的特点进行初始赋权。其次，在熵值法的基础上组织一定数量的专家，通过多方讨论打分探究，利用"一带一路"相关研究的专家经验，系统地对各个指标在民心相通中的作用进行权衡打分。再次，结合专家经验与熵值法等客观分析方法，根据行文思路与指标结构，利用层次分析法进行综合赋值考虑。最后，形成具有一定层次体系、覆盖全面的指标体系，再返回专家进行进一步的权衡比较分析，最终形成民心相通四维综合指标体系。具体各指标的赋值情况详见后文。

三、测算对象

根据数据采集的可得性，本报告最终对"一带一路"沿线 68 个国家

进行了测算,其中大多数国家分布在东欧、西亚、亚洲及大洋洲地区。

第三节 测算结果分析

从民心相通综合指数的结果看,"一带一路"沿线国家和地区与中国民心相通程度差异较大。其中与中国民心相通程度最高的前10个国家是韩国、俄罗斯、泰国、马来西亚、印度尼西亚、新西兰、波兰、南非、新加坡、蒙古国,而民心相通程度较低的国家是马达加斯加、伊拉克、巴拿马、阿富汗、摩尔多瓦、土库曼斯坦、马尔代夫、黑山、也门、不丹。整体上看,经济发展水平较高、国际化程度较高的国家与中国民心交往程度较深(见表1-1)。

表1-1 "一带一路"民心相通综合指数得分及排名情况

民心相通四维综合指数						
排名	区域	基础设施	社会事业	人文交流	公共外交	总得分
1	韩国	42.51	8.52	4.10	16.36	71.49
2	俄罗斯	44.8	7.62	4.52	9.07	66.01
3	泰国	39.73	6.37	3.65	14.75	64.5
4	马来西亚	41.16	5.94	3.70	11.54	62.34
5	印度尼西亚	40.08	5.64	3.33	13.08	62.13
6	新西兰	33.27	8.24	2.87	17.61	61.99
7	波兰	34.85	7.93	3.73	14.57	61.08
8	南非	32.35	6.95	3.06	18.71	61.07
9	新加坡	36.56	8.58	3.89	11.92	60.95
10	蒙古国	31.83	6.72	2.10	19.85	60.50
11	越南	32.15	6.72	3.88	17.19	59.94
12	乌克兰	35.72	6.21	3.38	12.35	57.66
13	巴基斯坦	35.45	5.07	3.34	13.64	57.50
14	匈牙利	31.53	7.58	3.15	14.60	56.86
15	埃及	30.71	6.64	3.05	16.14	56.54
16	柬埔寨	32.25	6.00	2.51	15.05	55.81

续表

民心相通四维综合指数					
排名	区域	基础设施	社会事业	人文交流	公共外交	总得分
17	沙特阿拉伯	31.1	7.88	3.58	12.83	55.39
18	哈萨克斯坦	32.23	6.34	3.41	13.01	54.99
19	土耳其	33.01	6.61	3.85	11.19	54.66
20	菲律宾	30.45	6.01	3.37	14.80	54.63
21	印度	41.29	5.39	2.62	4.76	54.06
22	捷克	27.76	7.29	2.74	14.99	52.78
23	以色列	32.11	8.33	3.23	8.51	52.18
24	伊朗	29.29	6.47	3.38	12.80	51.94
25	斯洛伐克	25.58	7.65	2.48	15.67	51.38
26	白俄罗斯	28.03	6.20	3.14	13.77	51.14
27	阿联酋	24.62	7.78	3.23	15.40	51.03
28	罗马尼亚	22.49	7.21	3.50	16.41	49.61
29	乌兹别克斯坦	25.26	6.36	2.96	13.48	48.06
30	斯里兰卡	27.90	5.85	2.66	11.22	47.63
31	吉尔吉斯斯坦	25.25	6.28	2.72	13.34	47.59
32	老挝	24.44	5.71	2.94	14.06	47.15
33	保加利亚	23.27	7.42	3.03	13.00	46.72
34	克罗地亚	24.42	7.56	2.38	12.07	46.43
35	卡塔尔	27.34	7.59	2.64	8.43	46.00
36	塞尔维亚	22.51	7.14	1.99	13.86	45.5
37	格鲁吉亚	21.71	7.26	2.87	12.87	44.71
38	阿塞拜疆	23.61	6.22	2.45	11.50	43.78
39	埃塞俄比亚	22.46	5.42	2.12	13.35	43.35
40	缅甸	23.37	5.58	2.17	12.10	43.22
41	尼泊尔	23.32	6.12	2.50	10.97	42.91
42	巴林	22.17	7.82	2.27	10.45	42.71
43	爱沙尼亚	24.94	7.42	2.50	7.57	42.43
44	约旦	27.12	6.54	1.54	7.12	42.32
45	叙利亚	24.06	7.08	2.41	8.66	42.21
46	孟加拉国	22.79	5.40	3.06	10.95	42.20

续表

排名	区域	基础设施	社会事业	人文交流	公共外交	总得分
47	拉脱维亚	23.38	7.55	2.44	8.55	41.92
48	马其顿	20.78	6.63	2.84	11.04	41.29
49	立陶宛	21.69	7.54	2.14	9.55	40.92
50	黎巴嫩	23.29	7.29	2.11	8.20	40.89
51	科威特	19.15	7.87	2.11	11.76	40.89
52	亚美尼亚	21.63	7.04	1.29	9.86	39.82
53	阿尔巴尼亚	23.17	6.56	1.51	8.33	39.57
54	斐济	18.08	6.13	2.03	13.22	39.46
55	文莱	17.84	6.79	1.84	12.94	39.41
56	阿曼	19.43	6.92	1.73	10.31	38.39
57	波黑	22.38	6.33	1.85	7.76	38.32
58	塔吉克斯坦	17.09	5.64	2.25	12.70	37.68
59	马达加斯加	16.81	4.84	1.58	12.86	36.09
60	伊拉克	19.27	6.15	1.44	8.54	35.4
61	巴拿马	21.57	6.93	1.97	4.78	35.25
62	阿富汗	17.14	4.79	2.51	10.57	35.01
63	摩尔多瓦	19.23	5.81	1.96	7.72	34.72
64	土库曼斯坦	17.41	6.59	1.70	8.65	34.35
65	马尔代夫	16.37	6.14	0.75	10.29	33.55
66	黑山	18.63	6.54	2.37	5.66	33.2
67	也门	16.67	5.24	2.08	7.85	31.84
68	不丹	11.61	6.60	0.56	6.65	25.42

资料来源:根据后四章统计而来。

续表

二级指标	三级指标	指标解释	数据来源
民航旅游(1.5)	民航的国际性(0.1)	采用航空运输指标:全球注册运营商出境,即在全球范围内已注册的承运人从国内起飞离境和在该国注册的航空承运人从国外起飞,反映了该国航空的国际融合程度	世界银行
	来华旅游人数(0.5)	直接体现两国旅游交往现状	中国国家统计局
	游客数量的变动(0.1)	游客到达数量的变动,较上期变动的比率	国际货币基金组织
	来访游客(0.1)	指的是相应国家一定时期内接待来访旅游人数情况,反映本国旅游国际化程度	中国经济社会大数据研究平台
	国际旅游收入(0.1)	该项主要计算的是旅行项目收入	世界银行
	国际旅游支出(0.1)	该项主要计算的是旅行项目支出	世界银行
	旅游收入占出口百分比(0.4)	国际旅游对该国影响程度	世界银行
	旅游支出占进口百分比(0.1)	该国旅游对国际影响程度	世界银行
生态环境(0.2)	空气质量(0.1)	$PM_{2.5}$空气污染,平均年暴露量(微克每立方米)	中国经济社会大数据研究平台
	陆地和海洋保护区面积(0.1)	陆地和海洋保护区面积占总领土的百分比	中国经济社会大数据研究平台

资料来源:根据国家信息中心相关数据整理。

第二节　总体评价结论

　　"一带一路"沿线国家和地区与中国科教环境相通指数较高的前10个国家是俄罗斯、韩国、印度、印度尼西亚、马来西亚、泰国、巴基斯坦、新加坡、乌克兰、波兰(见表2-2)。相对于其他国家而言,这些国家都具有高水平的教育系统、科技与医疗体系和发达的旅游业。具体从经济水平来看,这些国家或者是经济大国,或者是经济强国,具有先进的现代服务业或者相对丰富的资源,与我国存在各种经济上的互补性。从区域分布看,这些国家多位于中国周边,以亚洲地区为多数,从地缘上具有绝对的便利性。而与中国科教环境相通较弱的国家主要是塔吉克斯坦、黑山、斐济、马达加斯加、也门、土库曼斯坦、阿富汗、文莱、马尔代夫、不丹。这些国家教育、医疗、科技发展水平较低,同时对外交流比较少,国际化程度总体不高。

表2-2　科教环境相通指数排名及得分情况

排名	国家	教育	医疗	科技	旅游	生态环境	总得分
1	俄罗斯	15.60	2.55	12.98	10.24	1.03	42.40
2	韩国	16.57	2.30	10.49	9.71	1.23	40.30
3	印度	11.67	1.69	14.53	10.87	1.41	40.17
4	印度尼西亚	13.05	1.89	12.41	10.40	1.09	38.84
5	马来西亚	13.33	2.04	11.43	10.47	1.18	38.45
6	泰国	13.07	1.65	11.29	10.98	1.26	38.25
7	巴基斯坦	14.99	1.38	10.29	6.50	1.52	34.68
8	新加坡	9.16	2.29	12.63	8.73	1.08	33.89
9	乌克兰	11.80	2.58	11.15	7.19	0.95	33.67
10	波兰	10.59	2.29	10.26	8.53	1.40	33.07
11	南非	7.81	1.93	11.78	8.54	1.33	31.39
12	柬埔寨	10.55	1.86	9.23	8.19	1.34	31.17
13	蒙古国	9.66	2.46	6.66	10.66	1.31	30.75
14	土耳其	6.12	1.97	10.96	10.69	0.67	30.41
15	越南	7.16	1.62	12.21	8.21	1.14	30.34
16	哈萨克斯坦	12.32	2.66	7.97	6.40	0.93	30.28
17	匈牙利	9.00	2.55	8.67	8.71	1.30	30.23
18	新西兰	6.92	1.61	10.99	9.57	0.94	30.03
19	埃及	8.57	1.61	8.97	9.07	1.68	29.90
20	以色列	6.06	2.57	11.56	8.23	1.20	29.62
21	沙特阿拉伯	6.55	2.34	10.40	8.50	1.61	29.40
22	菲律宾	4.78	1.46	11.14	10.31	1.22	28.91
23	伊朗	5.58	1.78	10.25	8.88	1.34	27.83

续表

排名	国家	教育	医疗	科技	旅游	生态环境	总得分
24	斯里兰卡	8.78	1.79	7.49	6.98	1.36	26.40
25	白俄罗斯	10.04	2.86	7.09	4.91	1.10	26.00
26	捷克	4.52	2.72	7.87	8.96	1.22	25.29
27	约旦	6.16	2.31	8.14	7.67	1.00	25.28
28	卡塔尔	3.30	2.23	8.01	9.68	1.45	24.67
29	吉尔吉斯斯坦	10.04	2.24	4.98	6.17	1.01	24.44
30	乌兹别克斯坦	7.02	2.53	6.78	6.50	1.18	24.01
31	老挝	8.45	2.21	6.04	6.00	1.29	23.99
32	斯洛伐克	6.10	2.58	8.23	5.13	1.33	23.37
33	尼泊尔	5.93	2.21	6.14	7.26	1.64	23.18
34	缅甸	7.44	2.21	5.79	6.22	1.31	22.97
35	埃塞俄比亚	4.77	2.21	6.28	7.67	1.47	22.40
36	阿联酋	2.75	1.97	7.43	8.47	1.62	22.24
37	克罗地亚	2.65	2.50	7.87	7.86	1.33	22.21
38	孟加拉国	6.91	1.10	7.64	5.07	1.44	22.16
39	阿塞拜疆	5.88	2.59	6.15	6.06	1.26	21.94
40	阿尔巴尼亚	3.18	1.94	8.02	7.61	1.11	21.86
41	叙利亚	3.68	1.90	6.84	8.47	0.90	21.79
42	爱沙尼亚	5.12	2.56	7.29	5.92	0.88	21.77
43	黎巴嫩	3.12	2.12	7.70	7.68	1.03	21.65
44	保加利亚	3.73	2.65	7.48	6.04	1.38	21.28
45	塞尔维亚	3.17	2.30	8.23	6.50	1.02	21.22
46	罗马尼亚	3.15	2.21	8.19	6.01	1.37	20.93
47	拉脱维亚	4.76	2.48	6.54	5.84	1.12	20.74
48	波黑	2.75	2.21	6.60	8.08	0.99	20.63
49	亚美尼亚	4.26	2.37	6.04	6.62	1.33	20.62
50	格鲁吉亚	3.70	1.71	7.75	5.80	1.09	20.05
51	巴林	3.01	0.77	7.23	7.51	1.44	19.96
52	巴拿马	1.80	1.79	6.59	7.98	1.13	19.29
53	立陶宛	3.02	1.85	8.21	4.91	1.15	19.14
54	马其顿	2.74	2.34	6.15	6.65	1.24	19.12

续表

排名	国家	教育	医疗	科技	旅游	生态环境	总得分
55	伊拉克	1.56	1.68	8.30	5.38	1.18	18.1
56	阿曼	2.67	1.06	6.07	6.42	1.28	17.50
57	摩尔多瓦	3.22	2.43	5.87	5.01	0.97	17.50
58	科威特	2.00	2.31	6.19	5.28	1.69	17.47
59	塔吉克斯坦	5.26	2.15	4.74	3.31	1.56	17.02
60	黑山	3.69	2.27	4.19	5.61	0.97	16.73
61	斐济	3.36	1.80	3.74	7.07	0.74	16.71
62	马达加斯加	2.62	2.21	5.34	5.15	1.03	16.35
63	也门	4.03	1.33	4.99	4.78	1.06	16.19
64	土库曼斯坦	3.40	2.24	2.99	6.41	1.11	16.15
65	阿富汗	2.99	1.13	6.48	4.83	0.69	16.12
66	文莱	2.77	1.21	7.17	3.36	1.04	15.55
67	马尔代夫	3.15	2.70	0	7.91	0.82	14.58
68	不丹	1.99	0.47	3.16	4.01	1.66	11.29

资料来源：根据本章数据加权汇总得出。

第三节　分项评价结论

一、教育与民心相通

（一）指数排名及得分

在新的历史时期，教育交流与合作和当前国家发展大政方针相结合，形成相互支撑、相互补充的发展态势，使"一带一路"教育合作获得良好的政策保障和实践基础。在推进"一带一路"教育合作过程中，我国采取了国家顶层设计、地方规划跟进与院校自主参与的基本推进路径，紧紧围绕教育合作这个关键词进行全方位的谋划布局。

根据教育部的统计，2018 年，共有来自 196 个国家和地区的 49.22 万名留学生来华留学，其中"一带一路"沿线 64 个国家来华留学生人数共计 26.06 万人，占总人数的 52.95%。其中，来华留学生数较多的国家为韩国（50600 人）、泰国（28608 人）、巴基斯坦（28023 人）、印度（23198人）、印度尼西亚（15050 人）和老挝（14645 人）。而中国留学生大多数选择去了美国、欧洲等发达国家和地区。2018 年，来华留学的学生总数为25.81 万人，同比增长 6.86%，占来华留学生总数的 52.44%；研究生人数达 8.5 万人，比 2017 年增长 12.28%。来华留学生的专业结构不断优化，学习工科、管理、理科、艺术、农学的学生数量增长明显，同比增幅超过 20%。

教育事业的沟通合作对于"一带一路"倡议作用日益凸显。一方面，设立中非、中蒙、中坦、中埃和中印（尼）等专项奖学金，配合高级别人文交流机制，设立中美、中欧、中俄人文交流奖学金，充分发挥奖学金对人才的吸引力。2018 年，共有来自 182 个国家的 6.3 万名中国政府奖学金获得者在华学习。中国政府奖学金对高层次人才的吸引力不断提升，引领来华留学向高层次、高质量发展。从数据分析结果看，获得我国奖学金人数较多的国家有巴基斯坦（8168 人）、越南（2742 人）、泰国（1932 人）、老挝（1882 人）和哈萨克斯坦（1466 人）。另一方面，在服务国家"一带一路"建设过程中，通过部委合作、省部合作、高校合作等形式，在能源、交通、通信、金融、海洋等重大领域培养储备沿线国家和地区人才，为中国行业企业"走出去"提供了有力的人才支撑。各个国家教育排名及各项得分情况见表 2-3。

表 2-3　教育排名及各项得分情况

排名	国家	孔子学院与课堂数量	来华留学生人数	来华奖学金	来自中国的留学生数	国家教育基础设施质量	总得分
1	韩国	10.00	10.00	7.87	10.00	10.00	16.57
2	俄罗斯	10.00	8.00	8.00	10.00	10.00	15.60
3	巴基斯坦	8.75	8.72	10.00	10.00	5.00	14.99
4	马来西亚	7.50	6.37	6.84	9.05	10.00	13.33
5	泰国	10.00	8.76	8.40	8.02	0.00	13.07
6	印度尼西亚	10.00	7.37	7.93	5.84	9.31	13.05
7	哈萨克斯坦	6.25	6.84	8.09	6.82	10.00	12.32

续表

排名	国家	孔子学院与课堂数量	来华留学生人数	来华奖学金	来自中国的留学生数	国家教育基础设施质量	总得分
8	乌克兰	10.00	3.94	7.02	6.86	10.00	11.80
9	印度	8.75	8.31	7.22	4.81	5.18	11.67
10	波兰	8.75	2.92	6.54	6.40	10.00	10.59
11	柬埔寨	2.50	4.53	7.66	10.00	10.00	10.55
12	白俄罗斯	8.75	1.60	5.89	6.88	10.00	10.04
13	吉尔吉斯斯坦	5.00	4.81	7.59	5.24	10.00	10.04
14	蒙古国	6.25	10.00	10.00	6.56	10.00	9.66
15	新加坡	3.75	4.86	5.50	5.00	10.00	9.16
16	匈牙利	7.50	0.35	5.65	6.88	10.00	9.00
17	斯里兰卡	5.00	4.08	6.47	3.89	10.00	8.78
18	埃及	2.50	3.25	7.34	5.46	10.00	8.57
19	老挝	3.75	7.31	8.37	0.00	10.00	8.45
20	南非	7.50	3.87	5.80	4.92	0.00	7.81
21	缅甸	3.75	6.15	0.00	5.39	2.74	7.44
22	越南	1.25	6.75	8.79	3.30	0.00	7.16
23	乌兹别克斯坦	2.50	5.50	7.60	0.00	10.00	7.02
24	新西兰	3.75	0.93	3.81	9.14	0.00	6.92
25	孟加拉国	3.75	6.64	8.00	0.00	4.33	6.91
26	沙特阿拉伯	1.25	0.97	2.93	6.21	10.00	6.55
27	约旦	2.50	1.45	5.73	5.66	3.56	6.16
28	土耳其	5.00	2.84	6.01	0.00	10.00	6.12
29	斯洛伐克	5.00	0.00	5.13	3.15	10.00	6.10
30	以色列	2.50	0.00	4.07	5.00	10.00	6.06
31	尼泊尔	5.00	5.71	7.89	0.00	0.00	5.93
32	阿塞拜疆	2.50	0.00	5.20	4.18	10.00	5.88
33	伊朗	2.50	3.05	6.54	0.00	10.00	5.58
34	塔吉克斯坦	2.50	4.51	7.53	1.50	0.00	5.26
35	爱沙尼亚	1.25	0.00	2.76	4.39	10.00	5.12
36	菲律宾	6.25	3.72	5.23	0.00	0.00	4.78
37	埃塞俄比亚	2.50	5.21	7.07	0.00	0.00	4.77
38	拉脱维亚	1.25	0.00	4.30	3.05	10.00	4.76

续表

排名	国家	孔子学院与课堂数量	来华留学生人数	来华奖学金	来自中国的留学生数	国家教育基础设施质量	总得分
39	捷克	3.75	0.43	5.89	0.00	10.00	4.52
40	亚美尼亚	1.25	0.00	5.20	1.68	10.00	4.26
41	也门	0.00	4.87	7.96	0.00	0.00	4.03
42	保加利亚	2.50	0.00	5.49	3.76	0.00	3.73
43	格鲁吉亚	2.50	0.00	4.73	0.00	10.00	3.70
44	黑山	2.50	0.00	4.70	0.00	10.00	3.69
45	叙利亚	0.00	1.02	5.84	0.00	10.00	3.68
46	土库曼斯坦	0.00	3.99	7.01	0.00	0.00	3.40
47	斐济	1.25	0.00	5.12	0.00	9.81	3.36
48	卡塔尔	0.00	0.00	0.00	2.59	10.00	3.30
49	摩尔多瓦	1.25	0.00	4.20	0.00	10.00	3.22
50	阿尔巴尼亚	1.25	0.00	4.62	0.00	9.41	3.18
51	塞尔维亚	2.50	0.00	4.96	2.85	0.00	3.17
52	罗马尼亚	6.25	0.37	5.46	0.00	0.00	3.15
53	马尔代夫	1.25	0.00	3.88	0.00	10.00	3.15
54	黎巴嫩	1.25	0.00	3.74	0.00	10.00	3.12
55	立陶宛	1.25	0.00	4.34	3.56	0.00	3.02
56	巴林	1.25	0.24	2.56	0.00	10.00	3.01
57	阿富汗	1.25	2.54	6.71	0.00	0.00	2.99
58	文莱	0.00	0.00	3.85	0.00	10.00	2.77
59	阿联酋	2.50	0.00	0.00	0.00	10.00	2.75
60	波黑	2.50	0.00	0.00	0.00	10.00	2.75
61	马其顿	0.00	0.00	3.70	0.00	10.00	2.74
62	阿曼	0.00	0.00	3.33	0.00	10.00	2.67
63	克罗地亚	1.25	0.00	4.27	2.85	0.00	2.65
64	马达加斯加	2.50	1.01	5.91	0.00	0.89	2.62
65	科威特	0.00	0.00	0.00	0.00	10.00	2.00
66	不丹	0.00	0.00	1.22	0.00	8.73	1.99
67	巴拿马	1.25	0.84	5.02	0.00	0.00	1.80
68	伊拉克	0.00	0.88	5.60	0.00	0.00	1.56

资料来源:根据各部委和相关单位提供的资料及数据通过熵值法测算得出。

（二）基本概况

教育合作是"一带一路"倡议建设的重要内容和支撑，是民心相通的重要组成部分；另外教育合作的推进也促进了"一带一路"框架的落实并为其提供智力支持。因此，"一带一路"框架提出创建"智力丝绸之路"，深化人才培养，对各类专业人才进行培训。当前，在总体框架的指导下，"一带一路"教育合作在很多方面都取得了进展，然而继续推进教育合作仍面临文化、人才、合作机制和教育质量等多方面的困难和挑战。

1. 教育合作

我国长期以来一直致力于从事教育交流与合作，其历史可以追溯到隋唐时期，日本派遣使者到唐朝交流，至新中国成立后，我国与苏联的教育交流合作日益加深，这些都为新时代教育交流与合作奠定了良好的基础。在新的历史时代，教育交流与合作和现行国家发展政策的结合形成相互支持、相辅相成的发展趋势，使"一带一路"教育合作获得良好的政策基础和实践基础。在推进"一带一路"教育合作的过程中，中国在全面衡量我国的现状后，采取了国家顶层设计、区域规划跟进，大学自主参与的基本促进路径，并以教育合作关键词为重点，进行了全面的规划布局。

"一带一路"教育合作是中国教育对外开放合作的重要组成部分，教育领域国家战略和外交政策的延伸。新中国成立以来，中国教育对外开放的发展经历了三个发展阶段：

一是1949年新中国成立到1978年改革开放前，教育对外开放呈现出"谨慎尝试"的特征；二是改革开放以来到2012年"一带一路"倡议提出前，教育对外开放呈现出"积极争取"的特征；三是2013年"一带一路"倡议提出及其实施至今，教育对外开放呈现出"提质增效"的特征。

"一带一路"教育合作总体布局突出"对接"和"共享"两个关键词。"一带一路"建设涉及全球65个国家，丰富的文化资源和不同的发展水平，为教育交流与合作提供了广阔的空间。"一带一路"教育合作必须首先找到不同国家之间合作的交汇点，使国际教育合作适应"一带一路"沿线国家和地区的文化、社会和经济发展，并满足教育发展的需要和合作伙伴国家的人才培训需求。"对接"体现在以下三个层面：一是合作意愿对接;二是教育政策对接;三是教育资源对接。通过教育政策的交流,教育合作与交流的政策"瓶颈"逐步得到缓解,进一步通过各国教育资源的对接实现全方位、多层次、综合性教育交流与合作。"共享"主要体现在教育交流与合作的全过程中,更加注重教育交流与合作的双向互动,以共享的态度谋求教育合作,以共享的方式开展教育合作,从而实现教育资源和教育经验等相关发展成果的共享。

2. 加强政策沟通

在"一带一路"教育倡议的带动下,中国在与"一带一路"沿线国家和地区的教育交流与合作领域积极开展政策交流。在促进沿线"民心相通"的交流方面,我们将着重于对这些国家和地区进行研究,以全面加强对沿线国家和地区在经济、政治、教育和文化方面的理解和了解,为促进国家之间的交流提供智力支持。

第一,设立专项课题,共发布141项研究课题,其中70项涉及"一带一路"的46个沿线国家和地区。

第二,形成系列智库报告,设立"一带一路"沿线国家和地区研究智库报告课题,系列报告覆盖66个沿线国家和地区,一国一本,共计66本。

在推动学历学位认证标准连通方面,推动落实联合国教科文组织《亚太地区承认高等教育资历公约》,协调世界银行编写了《关于国际教育趋势及经验的政策建议》,由我国牵头组织制定了《亚太经合组织教育战略》《中国落实联合国2030可持续发展议程国别方案》。

我国先后与24个国家签订了"一带一路"学历学位互认协议(见表2-4)。

表2-4 "一带一路"沿线学历学位互认国家

地区	沿线国家	签订学历学位互认协议的国家	签订教育协议的国家
中东欧(16国)	波兰、立陶宛、爱沙尼亚、拉脱维亚、捷克、斯洛伐克、匈牙利、斯洛文尼亚、克罗地亚、波黑、黑山、塞尔维亚、阿尔巴尼亚、罗马尼亚、保加利亚、马其顿	波兰、立陶宛、爱沙尼亚、拉脱维亚、匈牙利、罗马尼亚、保加利亚、捷克	罗马尼亚、捷克、斯洛伐克、保加利亚、塞尔维亚、匈牙利、斯洛文尼亚

续表

地区	沿线国家	签订学历学位互认协议的国家	签订教育协议的国家
东南亚(10国)	新加坡、马来西亚、印度尼西亚、缅甸、泰国、老挝、柬埔寨、越南、文莱、菲律宾	泰国、越南、菲律宾、马来西亚、印度尼西亚	印度尼西亚、马来西亚、新加坡、文莱、菲律宾、缅甸、泰国、老挝、柬埔寨、越南
中亚(5国)	哈萨克斯坦、乌兹别克斯坦、土库曼斯坦、塔吉克斯坦、吉尔吉斯斯坦	哈萨克斯坦、土库曼斯坦、吉尔吉斯斯坦、乌兹别克斯坦	吉尔吉斯斯坦、土库曼斯坦、哈萨克斯坦、乌兹别克斯坦、塔吉克斯坦
独联体(7国)	俄罗斯、乌克兰、白俄罗斯、格鲁吉亚、阿塞拜疆、亚美尼亚、摩尔多瓦	俄罗斯、乌克兰、白俄罗斯、亚美尼亚	白俄罗斯、阿塞拜疆、亚美尼亚、摩尔多瓦、格鲁吉亚、乌克兰、俄罗斯
南亚(8国)	印度、巴基斯坦、孟加拉国、阿富汗、斯里兰卡、马尔代夫、尼泊尔、不丹	斯里兰卡	印度、巴基斯坦、孟加拉国、马尔代夫
东亚(1国)	蒙古国	蒙古国	蒙古国
西亚(18国)	伊朗、伊拉克、土耳其、叙利亚、约旦、黎巴嫩、以色列、巴勒斯坦、沙特阿拉伯、也门、阿曼、阿联酋、卡塔尔、科威特、巴林、希腊、塞浦路斯、埃及	埃及	以色列、巴勒斯坦、沙特阿拉伯

资料来源:笔者根据"中国一带一路网"相关资料整理。

3. 深化人才培养培训合作

在实施"丝绸之路"留学推进计划方面,实施《留学行动计划》,选拔国别区域研究人才,非通用语言人才出国培训。"中国留学"品牌已逐步形成。重视高端留学人才的培养,建立优秀的奖学金计划,对发展中国家的青年精英和未来的领导者进行培训;设立了"丝绸之路"中国政府奖学金计划,并每年向沿线国家和地区额外提供不少于3000笔奖学金。优化中国留学政策法规环境,建立完整的中国留学政策链条,颁布《学校招收和培养国际学生管理规定》等新文件,大大提高了政府奖学金的比例(高达90%),并加强在华留学质量研究,建立质量标准体系和质量保证机制,推动品牌专业和品牌课程建设的不断升级,促进高校加强品牌课程和在华留学的专业发展。

在实施"丝绸之路"合作办学推进计划方面：

一是中外合作办学水平稳步提升，已进入"提质增效、服务大局、增强能力"阶段。截至目前，经审批的各类中外合作办学共有2539个。其中，本科以上层次项目和机构1248个，高职高专层次项目和机构928个，推动了一批示范性高水平中外合作办学项目。

二是境外办学稳妥推进，目前我国高校已在境外举办了4个机构和98个办学项目，分布在14个国家和地区。

4. 推进共建丝路合作机制

根据国务院新闻办公室网站发布的有关情况，关于"丝绸之路"教育合作计划的实施，中国启动了"中非高校20＋20合作计划"教育援助行动，选择中非20所大学进行一对一的长期稳定合作，开展高等学科和特色学科的实质性合作与交流，包括合作科研、教师培训、学术交流、师生互访、课程联合开发、研究生联合培训等。针对"中非高校20+20合作计划"开发了网上申报系统，共有北京大学等18家高校申报了25个项目。

（三）留学政策

来华留学教育是"一带一路"倡议的重要组成部分。国际学生教育是国际人员流动的主要方式之一。

来华留学生教育推动"一带一路"人才培养。"一带一路"沿线以新兴经济体和发展中国家为主，据统计，这些国家总人口约44亿人，经济总量约21万亿美元，分别约占全球的63%和29%，是目前全球贸易和跨境投资增长最快的地区之一。与"一带一路"沿线国家和地区的经济合作需要各个领域的人才支持。没有大量的专业人才储备，很难促进"一带一路"倡议的实施。只有通过发展来华留学生的教育方式，以及在"一带一路"沿线国家和地区熟悉和理解中国文化的国家培养本地人才，才能解决人才缺口问题。

随着"一带一路"倡议的实施，沿线国家和地区来华留学人数迅速增长，教育部统计数据表明，2013—2018年，全球来华留学生人数从328330人增长到442773人，增长率为34.86%，其中"一带一路"沿线国家和地区来华留学生人数从142027人增长到223998人，增长率为57.72%，高于全球来华留学生的年增长率。

尽管人数有所增加,但应该指出的是,目前的国际学生结构和比例仍然不是很合理。主要原因是学生主要集中在传统的来华留学国家,例如韩国和美国。来自"一带一路"沿线国家和地区尤其是中亚国家的国际学生数量相对较少。中亚五个国家由于其特殊的战略地理位置和丰富的资源,已成为促进"一带一路"倡议的重点地区。中国对中亚国家的关注和投资是前所未有的。来自中亚五个国家的少数国际学生不利于在高等教育等领域进一步深入地交流与合作。

(四)科研合作

科研合作和学术交流合作是教育合作的重要组成部分,也是应对人类面临的科学技术挑战和全球性问题的必然举措。中外科学家在重大科研问题上进行联合研究的合作,不仅有助于增强中国参与全球治理和竞争的能力,而且有助于提高中国的技术创新影响力。科技部相关统计显示,目前我国共认定 29 个国际创新园、169 个国际联合研究中心、39 家国际技术转移中心、405 家示范性国际科技合作基地,形成了不同层次不同形式的国际科技合作与创新平台。此外,在推进"一带一路"倡议的过程中,中国高校还充分利用了自身在学术和科研上的优势,主张建立多个教育合作交流组织,以支持"一带一路"倡议。例如,新丝绸之路大学联盟、"一带一路"高校联盟、"一带一路"职教联盟、"一带一路"产教协同联盟、"一带一路"音乐教育联盟等(见表 2-5)。

表 2-5　教育合作交流组织情况

组织名称	成立时间	发起方	成员数	重要文件
新丝绸之路大学联盟	2015 年 5 月 22 日	西安交通大学	国内外 128 所大学	《西安宣言》
"一带一路"高校联盟	2015 年 10 月 17 日	复旦大学、北京师范大学、兰州大学和俄罗斯乌拉尔国立经济大学、韩国釜庆大学等 46 所中外高校	国内外 126 所高校	《敦煌共识》

续表

组织名称	成立时间	发起方	成员数	重要文件
"一带一路"职教联盟	2017年6月4日	中国职业技术教育学会及20所高等院校	39所职业院校、29个行业企业单位、三个政府单位	—
"一带一路"产教协同联盟	2017年6月9日	中国教育国际交流协会、宁波市教育局和宁波职业技术学院	76家高职院校、13家企业以及有色金属工业协会等多个行业组织	—
"一带一路"音乐教育联盟	2017年5月5日	中央音乐学院、教育部	20所国内外音乐院校	—
"丝绸之路"农业教育科技创新联盟	2016年11月5日	西北农林科技大学	59所高校和科研机构	《杨凌宣言》
"一带一路"人才培养校企联盟	2017年7月27日	"留学中国预科教育联盟""中国—东盟教育培训联盟"联合知名出海中资企业，行业协会、中外商会、各类企业联盟等	50余所高校和上百家企业	《贵阳宣言》

资料来源:笔者根据中华人民共和国教育部网站相关资料整理。

(五)成果案例

1. 奖励政策

"一带一路"奖学金是中国国家发展改革委、外交部、商务部经国务院授权,在2015年3月28日联合发布的《推动共建丝绸之路经济带和21世纪海上丝绸之路的愿景与行动》中提出来的。其中指出,中国每年向沿线国家和地区提供1万个政府奖学金名额。

近年来中国政府奖学金吸引力不断提升,奖学金向周边国家和"一带一路"相关国家倾斜,成为国家战略人才和人脉储备的重要渠道。目前中国还向发展中国家提供12万个来华培训和15万个奖学金名额,为发展中国家培养50万名职业技术人员,这些都是中国为了"一带一路"的健康发展,所作出的努力。① 这些奖励政策可以解决来华学生的后顾之忧,为他

---

① 国家发改委、外交部、商务部:《推动共建海上丝绸之路经济带和21世纪海上丝绸之路的愿景与行动》,《人民日报》2015年3月29日。

们的学习提供动力,同时对"一带一路"教育的发展起到促进作用。

2. 文化交流

孔子学院是世界了解中国的重要平台。自 2004 年在乌兹别克斯坦签署世界上第一所孔子学院协议以来,孔子学院一直坚持平等互利、合作共赢的学校模式,为中外人民的友谊作出了重要贡献。

自"一带一路"倡议提出以来,有关国家的孔子学院不断培养语言人才,开展文化活动,促进民间交流,已成为推动"一带一路"建设的重要力量。截至 2020 年,"一带一路"65 个国家中的 53 个国家已经建立了 137 所孔子学院和 130 个孔子课堂,约占全球孔子学院总数的 1/4。

在促进民间交流方面,孔子学院组织了 5000 多名"一带一路"沿线国家和地区教育官员,大学、中小学校长以及师生"汉语桥"团体来中国体验中国文化。感受当代中国发展的脉搏;每年各个国家的孔子学院都会组织 10 万多名年轻人积极参加"汉语桥"中国大中学生和国际学生汉语竞赛的预赛和决赛。

3. 教育基础设施建设

自 2017 年,中粮积极支持尼古拉耶夫"儿童与青年创造力中心"的发展。该中心为 2404 名 5—18 岁的孩子提供包括音乐、艺术、生态保护、科学等领域的课外教育。该中心的民族乐团成立于 2001 年,为来自贫困家庭的儿童提供免费的乐器课程和培训。中粮国际为乐团提供资金支持为孩子购买所需乐器,并通过员工志愿者服务,为孩子们参加排练和演出提供后勤支持。该乐团多次获得乌克兰和国际演出机会,并在各类音乐节和音乐比赛中频频获奖。

4. 各地案例

自 2016 年 7 月教育部出台《推进共建"一带一路"教育行动》后,"一带一路"教育合作进入了实质性发展阶段。在国家总体布局"一带一路"教育合作的基础上,有关各省制定和出台了包括"一带一路"教育合作内容在内的教育对外开放政策。

明确"一带一路"教育行动思想,是各省根据地方特点推进教育行动的首要课题。根据教育部《"一带一路"教育行动国际合作签约部分省份特色定位及典型案例》资料显示,教育部高度重视与有关省份的协调与沟通,以"省部共建"为出发点,推动省份推进"一带一路"教育行动。2016年教育部与8省区签约,2017年进一步与6省市签约,形成对"一带一路"的主要节点省份的全覆盖。目前,全国共有10个省份制定了新时期教育对外开放的相关政策(见表2-6)。

表2-6　各省份新时期教育对外开放的相关政策

签约省份	特色定位	典型案例
甘肃	围绕国家向西开放大门户形成全方位、多层次、宽领域教育的对外开放新格局	突出教育精准扶贫,实施"西部教育连片贫困地区中学英语教师出国研修项目"
宁夏	重点加强与阿拉伯国家及"丝绸之路"沿线国家和地区的教育交流与合作,建立一批中阿联合研究机构和智库	落实中阿大学校长论坛签署的各项合作协议,加强宁夏大学中国阿拉伯国家研究院建设等
贵州	依托"中国—东盟教育交流周"永久举办地的机遇,开展与东盟等"一带一路"沿线的教育交流合作	贵州高校与东盟开展的教育合作交流
云南	重点面向越南、老挝、缅甸等东南亚和南亚国家	"汉语桥"世界中学生中文比赛、滇西边境山区英语教师出国研修项目、云南民族大学"云南省中国—东盟语言文化人才培养基地"
海南	与海上丝路国家及中东欧和中亚国家开展教育合作与交流	面向"一带一路"沿线国家和地区开展汉语、热带农业、热带医学、海水养殖、旅游管理等方面的培训
新疆	重点面向俄罗斯、印度等中亚、西亚国家,开展教育交流与合作	多领域、深层次教育国际交流与合作平台建设、汉语国际推广、孔子学院建设、中亚基地对外汉语教材建设
广西	面向东盟国家建立教育部门工作交流机制,开展教育国际交流与合作	推进"留学广西"东盟教育"澜沧江—湄公河之约"流域治理与发展青年创新设计大赛
黑龙江	发挥边境省份的地缘优势,做好对俄教育合作	中俄高水平大学合作
吉林	依托中蒙俄经济走廊次区域,面向东北亚开展教育合作与交流	吉林大学邀请"一带一路"沿线国家和地区专家来校工作等
陕西	依托传统高教基地优势,推进"一带一路"沿线国家和地区人文交流	西安交通大学牵头组建丝绸之路大学联盟

资料来源:中国教育国际交流协会编著:《"一带一路"教育国际交流优秀案例选集》,复旦大学出版社2021年版。

（六）问题与挑战

"一带一路"教育合作在很多方面都取得了一定的进展和成果,从文化理解、人才培养、学术交流等多个角度为"一带一路"提供了智力支持。但是,"一带一路"教育合作的深入推进在国内外仍面临许多挑战。

1. 教育交流环境稳定问题

"一带一路"跨越欧洲和亚洲,涉及许多不同的国家、种族、宗教、文化和政治体系。除了日益复杂的国际政治环境外,教育合作还面临更大的潜在风险。当前,国际社会正面临着深刻而复杂的变化,重大发展、重大改革、重大调整并行,各方面的不确定性也在增加。一些国家和地区内部政治局势的不稳定,导致经济增长乏力,社会秩序混乱,教育发展基础薄弱,对教育合作的顺利、有效、稳定发展提出了重大挑战。

此外,世界的多极化发展使国际竞争越来越激烈。各国在积极参与国际竞争的同时,还必须应对种族、移民、难民和恐怖主义等内部问题,这些问题间接影响沿线国家和地区参与教育合作和交流热情。以西亚为例,这些国家在历史变迁过程中受到各种力量的干扰和影响,使国内局势不稳定,给"一带一路"的教育合作带来严峻挑战。

2. 区域差异

经济发展的不均衡使"一带一路"沿线国家和地区投入研发的经费有限,严重影响国家综合创新能力和高等教育发展水平。2014 年,在研发投入占 GDP 的世界排名中,仅有以色列、斯洛文尼亚、新加坡、中国和捷克进入前 20 名,而最低的 10 个国家中有 7 个是"一带一路"沿线国家和地区。

在世界科技创新领域中,欧美发达国家仍处于优势地位,"一带一路"沿线国家和地区总体处于不利地位。在这种发展环境中,沿线国家和地区的教育发展水平各不相同,这无疑增加了教育合作的难度。

3. 教育资源供给

教育合作需要四个基础,第一是教育的秩序,第二是教育资源,第三是教育需求,第四是合作机制。"一带一路"合作重点是要实现"五通",即政策沟通、设施联通、贸易畅通、资金融通、民心相通,近期重点目标是实现道路、能源建设、电信、港口等设施的互联互通。这些合作内容的顺利发展需要各级相关行业人才的大力支持,它还决定了职业教育必须积极参与"一带一路"倡议的建设。

经过十多年的飞跃发展,职业教育积累了一定的办学经验,形成了一批具有明显优势的职业院校。这对"一带一路"沿线经济发展时期的国家具有一定的吸引力。但是,我们还必须看到,职业教育资源的供应并不令人满意,在师资力量、专业建设、培训模式、培训质量和国际水平方面仍有很大的提高空间。

(七)政策建议

1. 加强核心理念支撑下的顶层设计

构建以核心理念为支撑的教育合作框架。为了在教育合作领域取得长足发展,更好地服务于国家战略利益,我们必须在对外教育合作援助的价值和理念上实现创新和突破。政府部门应指导教育合作带来的资金、政策、文化和技术的流动,为最不发达国家的教育发展提供中国解决方案,解决受援国教育面临的挑战,并共同讨论和建设"一带一路"的教育共同体,中国教育合作的核心理念必须以"一带一路"倡议为基础,并应与受援国平等尊重和谈判,并扩大所有国家的利益点。

建立规范的政策沟通机制。教育合作的主体应与伙伴国家建立规范的政策沟通机制,全面加强对沿线国家和地区经济、政治、教育、文化等各个方面的了解。加强当地社会和政府的合作,加强人民与受教育者之间的沟通,理解与合作是非常重要的软实力。中国和合作国都需要加强沟通协调,逐步消除政策"瓶颈",扩大教育合作规模。

建立全球教育合作伙伴关系。我国在"一带一路"沿线国家和地区开展的教育合作应积极发展全球伙伴关系,加强国际教育合作,通过开展援助计划,支持联合国实现《2030年可持续发展议程》及教育2030年行动框架,观照、响应、参与"一带一路"沿线国家和地区正在实施和规划实施的地区性教育战略。

2. 集群化发展汇集区域力量

专注于援助项目的战略交付。中国应加强援助体系建设,着眼"一带一路"倡议,准确安排教育合作项目,在外援框架内促进科学合理的教育资源流动。中国企业应帮助教育合作计划与"一带一路"沿线国家和地区实施的重大建设项目联系起来。

整合资源以协调和推进援助计划。中国的教育合作需要"精准合作",优先开展具有较高认可度和成熟条件的援助项目。在不同时期启动的援助项目也应关注援助计划的承接性。总体系统规划要求教育合作项目符合合作框架并进行中长期动态调整。

适度促进经济发展。教育合作是促进文化和经济交流的最有效手段。随着中国高等教育国际竞争力的逐步增强,中国高等学校应积极承担国际责任,为促进人与人之间的交流提供智力支持。

3. 建立教育合作评估监测体系

评估教育合作项目的可行性。中国在"一带一路"沿线国家和地区的教育合作项目应在实施初期做好评估援助项目的可行性。在分配教育合作资源的过程中,必须注意资源分配和效率增长,以确保教育合作资金和教育资源创造社会价值。

建立中长期动态监测机制。要对援助项目开展情况进行监测。建立透明的监测和报告系统,以及独立的监测和跟踪支出机制,可以大大增加受援国实际收到的援助资金。

逐步形成分类绩效评价体系。建立教育合作分类的绩效评估体系,使政府部门能够深入、系统地了解明确教育合作目标的完成状况,并积极采取有效的审查和跟进行动,继续有针对性地改善教育合作活动。

二、医疗与民心相通

(一)指数排名及得分

随着"一带一路"建设不断推进,人员交流往来日益频繁,我国同沿线国家和地区传染性疾病暴发与传播等风险不断升高,与此同时沿线国家和地区医疗水平差异较大。因此,需要强化我国与沿线国家和地区之间的医疗卫生交流合作,提高联合应对突发公共卫生事件的能力,将为维护我国同沿线国家和地区卫生安全和社会稳定提供有力支撑,为"一带一路"建设保驾护航。医疗卫生作为社会发展水平的重要指标之一,是各国政府重点关注的民生问题。卫生交流合作以改善人民健康福祉为宗旨,是"一带一路"建设中社会认同度比较高的合作方向。

本报告集中选取了"一带一路"沿线国家和地区是否与中国存在医疗援助等指标来直接反映双边医疗合作援助情况,同时以该国每千人的护士、助产士以及医生数量情况来反映该国医疗发展程度,从而间接表示出在医疗领域该国与中国可能存在合作的深度(见表2-7)。从医疗的双边合作来看,一般每千人拥有的医护人员数量越高,表明该国的医疗水平相对较高,而医疗发展水平高的国家与中国开展医疗合作与创新的机会更多。马尔代夫、科威特、新加坡、尼泊尔、埃塞俄比亚、马达加斯加都曾直接接受过中国的医疗援助,这些国家相对来说护士和助产士数量较多,但是医生相对不足,每千人拥有的医生数量少于3个。与此同时,菲律宾、巴基斯坦、柬埔寨、也门、阿富汗和孟加拉国的人均医护水平相对较低,每千人的医护人员不足1人。

表 2-7　相关国家医疗排名与各项得分情况

排名	区域	接受中国医疗援助情况	护士和助产士数量	医生数量	总得分
1	白俄罗斯	10.00	9.77	8.79	2.86
2	捷克	10.00	9.12	8.06	2.72
3	马尔代夫	10.00	9.07	7.90	2.70
4	哈萨克斯坦	10.00	9.08	7.52	2.66
5	保加利亚	10.00	7.73	8.78	2.65
6	阿塞拜疆	10.00	8.45	7.42	2.59
7	乌克兰	10.00	8.72	7.12	2.58
8	斯洛伐克	10.00	8.29	7.46	2.58
9	以色列	10.00	7.88	7.83	2.57
10	爱沙尼亚	10.00	8.34	7.28	2.56
11	俄罗斯	10.00	8.52	7.01	2.55
12	匈牙利	10.00	8.51	6.97	2.55
13	乌兹别克斯坦	10.00	10.00	5.34	2.53

续表

排名	区域	接受中国医疗援助情况	护士和助产士数量	医生数量	总得分
14	克罗地亚	10.00	8.32	6.67	2.50
15	拉脱维亚	10.00	7.78	6.98	2.48
16	蒙古国	10.00	7.52	7.10	2.46
17	摩尔多瓦	10.00	8.00	6.29	2.43
18	亚美尼亚	10.00	7.75	5.93	2.37
19	沙特阿拉伯	10.00	7.90	5.51	2.34
20	马其顿	10.00	7.23	6.13	2.34
21	科威特	10.00	8.22	4.85	2.31
22	约旦	10.00	6.47	6.59	2.31
23	韩国	10.00	8.25	4.79	2.30
24	塞尔维亚	10.00	7.74	5.30	2.30
25	波兰	10.00	8.14	4.79	2.29
26	新加坡	10.00	8.45	4.47	2.29
27	黑山	10.00	7.99	4.70	2.27
28	土库曼斯坦	10.00	7.56	4.85	2.24
29	吉尔吉斯斯坦	10.00	8.36	4.00	2.24
30	卡塔尔	10.00	8.13	4.12	2.23
31	波黑	10.00	8.09	4.04	2.21
32	埃塞俄比亚	10.00	7.52	4.58	2.21
33	老挝	10.00	7.52	4.58	2.21
34	罗马尼亚	10.00	7.52	4.58	2.21
35	马达加斯加	10.00	7.52	4.58	2.21
36	缅甸	10.00	7.52	4.58	2.21
37	尼泊尔	10.00	7.52	4.58	2.21
38	塔吉克斯坦	10.00	7.73	3.78	2.15
39	黎巴嫩	10.00	6.08	5.08	2.12
40	马来西亚	10.00	7.30	3.13	2.04
41	土耳其	10.00	6.09	3.64	1.97
42	阿联酋	10.00	6.54	3.19	1.97
43	阿尔巴尼亚	10.00	7.12	2.24	1.94

排名	区域	接受中国医疗援助情况	护士和助产士数量	医生数量	总得分
44	南非	10.00	7.86	1.40	1.93
45	叙利亚	10.00	5.81	3.16	1.90
46	印度尼西亚	10.00	4.34	4.58	1.89
47	柬埔寨	10.00	3.55	0.00	1.86
48	立陶宛	0.00	9.00	9.54	1.85
49	斐济	10.00	6.43	1.54	1.80
50	斯里兰卡	10.00	6.30	1.64	1.79
51	巴拿马	10.00	4.53	3.40	1.79
52	伊朗	10.00	4.79	3.04	1.78
53	格鲁吉亚	0.00	7.11	10.00	1.71
54	印度	10.00	5.53	1.32	1.69
55	伊拉克	10.00	5.19	1.57	1.68
56	泰国	10.00	5.80	0.69	1.65
57	越南	10.00	4.45	1.76	1.62
58	新西兰	0.00	9.79	6.30	1.61
59	埃及	10.00	4.59	1.48	1.61
60	菲律宾	10.00	0.00	4.58	1.46
61	巴基斯坦	10.00	2.14	1.66	1.38
62	也门	10.00	2.95	0.33	1.33
63	文莱	0.00	8.48	3.62	1.21
64	阿富汗	10.00	1.04	0.28	1.13
65	孟加拉国	10.00	0.27	0.70	1.10
66	阿曼	0.00	7.06	3.58	1.06
67	巴林	0.00	5.97	1.75	0.77
68	不丹	0.00	4.39	0.35	0.47

资料来源:笔者根据各部委和相关单位提供的资料及数据通过熵值法测算得出。

(二)基本概况

卫生是发展的核心,是促进经济可持续发展的重要支柱。与沿线国家和地区加强卫生领域的交流与合作,改善沿线国家和地区的国民健康不仅是经济社会发展的目标,也是经济增长的必要条件。加强沿线国家与地区之间的卫生交流与合作,提高共同应对突发公共卫生事件的能力,将为维护卫生安全和保障提供强有力的支持。医药卫生是社会发展水平的重要指标之一,是各国政府特别关注的人口生存问题。健康交流与合作旨在改善人们的健康和福祉。在"一带一路"建设中,这是一个具有社会认可度的合作空间。继承和弘扬"丝绸之路"友好合作精神,促进大学交流、人员交流和卫生项目合作,使各国人民直接受益。

1. 卫生健康合作

卫生健康合作的目标是改善人民的健康和福祉,这是各国人民之间的重要联系之一。近年来,中国积极继承和弘扬"丝绸之路"友好合作精神,并与有关国家和地区在卫生和国际援助方面进行了广泛合作。

根据多边协议,中国卫生合作为六大经济走廊和沿线国家和地区提供服务的战略构架现已形成。国家卫生和计划生育委员会与世界卫生组织签署了"一带一路"卫生合作备忘录,该备忘录通过多边机制(如中欧和中东欧—上海合作组织、中国—东盟、澜沧江—湄公河、APEC 和金砖国家合作),建立多边部长级对话的区域平台,例如卫生合作论坛中国—东盟,中国—阿拉伯卫生合作论坛和中国—中东欧国家卫生合作论坛。通过举办论坛和合作,地方政府和私人机构也与"一带一路"沿线国家和地区的各级政府、社会组织和人民进行了密切交流。国家卫生和计划生育委员会在卫生政策、医疗服务和技术以及卫生行业等领域促进务实合作的项目。

2015—2017 年,我国累计与沿线国家和地区合作培养 1200 余名公共卫生管理人员和疾病防控人员,为沿线亚非地区国家提供医疗和公共卫生援助,累计为相关国家 5200 余名白内障患者实施免费复明手术。同时,与沿线国家和地区开展跨境医疗服务合作,其中,云南、新疆等每年为周边国家近 3 万名患者提供优质医疗服务,以及与中东欧国家、东盟国家开展传统医药合作,卫生合作对"一带一路"倡议实施的支撑与促进作用日益显现。

2. 卫生合作形势

在卫生合作方面,在"一带一路"倡议的指引下,在国家的大力支持下制定了一系列卫生和医疗措施。由于采取了这些措施,我方在卫生事务方面的合作具有许多优势。根据对受邀参加"一带一路"和"健康丝绸之路"高级别研讨会的中外访客的调查,了解他们所在国家或机构在实现"一带一路"上的卫生合作情况(见图2-1)。中方认为,中国与"一带一路"沿线国家和地区开展卫生合作的优势主要在于合作的便利性(53.7%)、长期的伙伴关系(53.0%)以及优惠政策(45.0%),传统医学的影响力优势占比最少,为19.5%。外方认为,选择中国作为合作伙伴的主要原因是和中国建立的长期伙伴关系、良好的投资融资体系以及合作的便利性,分别占58.3%、40.0%和30.0%,优惠政策和地缘优势占比最小,为3.3%和5.0%。此外,有外方代表认为,政府的大力支持和重视是促成合作的关键。比较中外双方认为在卫生合作中中国具备的优势,

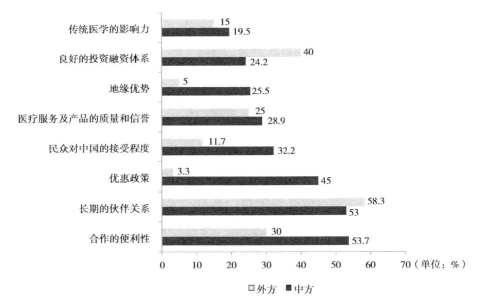

图2-1 卫生合作优劣势

资料来源:汪瑶、傅昌等:《"一带一路"国家间卫生合作意向、需求及优劣势分析》,《中国卫生政策研究》2018年第1期。

除在良好的投资、融资体系和长期伙伴关系优势方面外方占比高于中方外,其他优势均是中方认可度更高,尤其是在优惠政策、民众对中国的接受程度和地缘优势等方面。

(三)成果实例

1. 广泛交流

中国加强与"一带一路"沿线国家和地区卫生领域的交流与合作,真诚分享卫生政策制定和卫生体制改革的经验,促进建立与各国卫生系统和政策长期合作的机制,提高国民健康覆盖率。

在新疆、广西、云南、黑龙江、内蒙古、福建等省或自治区建立医疗卫生人员高水平培训基地,长期开展"一带一路"沿线国家和地区的短期培训。此外,中国还积极投资建设中东欧国家医院与公共卫生设施合作网络,并建立中俄医科大学联盟,以鼓励学术机构、学校和民间社会开展教学、科研和人员交流活动。

2. 医疗援助

多年来,中国为"一带一路"沿线国家和地区持续提供医疗援助。近年来,中国向柬埔寨、缅甸、老挝、斯里兰卡、马尔代夫等国派出了许多眼科医疗队,开展"光明行"活动,累计为5200多名白内障患者提供了免费的治疗手术;派遣短期医疗队到斐济、汤加、密克罗尼西亚联邦、瓦努阿图和其他太平洋岛屿国家,进行免费的医疗咨询和巡诊活动,提高妇幼保健的能力。

援外医疗经费投入。根据我国财政部和原国家卫生计生委部门决算报告,援外医疗队的经费投入从 2010 年的 4.01 亿元增加至 2015 年的 5.02 亿元(约 7723 万美元),年均投入约为 1287.17 万美元;援外医疗经费占对外援助经费总额的比例近 5 年来保持在 2.6% 以上(见图 2-2)。

药品和医疗设备捐赠。作为传统的对外卫生援助方式,每年会按照中非合作论坛达成的行动计划,如 2006 年和 2009 年中非合作论坛第三、第四届部长级会议发布的《中非合作论坛北京行动计划(2007—2009年)》和《中非合作论坛沙姆沙伊赫行动计划(2010—2012 年)》,中国先后向发展中国家提供价值为 3 亿元和 5 亿元人民币的医疗设备和抗疟药

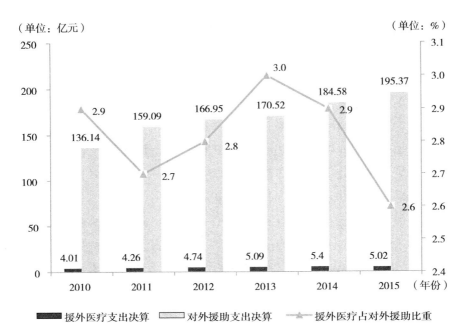

图 2-2　援外医疗支出情况

资料来源：王云屏、金楠、樊晓月：《中国对外援助医疗卫生机构的历史、现状与发展趋势》，《中国卫生政策研究》2017 年第 8 期。

品以及霍乱等疫苗。据此估计每年用于药品和医疗设备援助的年均投入约为 2051 万美元。

为发展卫生人力资源提供合作资金。针对各种医疗卫生服务的短期培训计划有 90 多种，例如，防疫技术人员，临床医疗技术以及母婴保健技术，占总数的 6.94%。商务部 2018 年决算中宣布的对外援助支出约 240 亿元人民币，《中国对外援助》中宣布的人力资源开发合作资金占中国对外援助资金的 5.8%。发展合作项目的支出约为 2000 万美元。

中国对外卫生援助的总投入约为 5 亿美元/年。各类别卫生援助支出占卫生援助总支出的比例中，医疗卫生机构援建投入占比最大，超过 70%。这一保守估值所得出的医疗卫生援助额占中国对外援助支出总额的比例约为 12.5%。

3. 医疗合作

一是"引进来"。通过加强与发达国家的合作，提高医疗技术水平和管理水平。2013 年,北京大学肿瘤医院与和睦家医疗集团建立了战略合作伙伴关系。培训卫生人员、医院管理、科学研究、学术和技术信息交流以及患者治疗方面的合作。通过深入交流,相互了解和学习先进的医学技术和管理理念,促进双方在肿瘤学、医学诊断和治疗技术方面的改进,加强医学诊断和治疗行为的标准化以及医学领域的合作。专业管理水平的提高使中国与医疗卫生水平较高的国家差距缩小。

二是"走出去"。根据北京大学肿瘤医院发表的《"一带一路"战略下我国医疗健康产业的国际合作问题及对策分析》提及,"一带一路"沿线的许多国家和地区都有自己的传统医学。相对于西药的绝对定量体系,这些国家的传统医学与中国的肿瘤医学有很多共同之处。医疗机构也越来越重视传统医学的使用和发展。北京大学肿瘤医院开设了一个官方网站,大力推广标准化健康检查、诊断和治疗的理念,同时在医疗网络和健康的多个平台上提供医疗咨询服务。

4. 中西医结合

在中西医结合方面,南宁积极融入"一带一路"建设,努力推动南宁作为"一带一路"有机衔接的重要门户城市的建设进程。南宁市与波兰格鲁琼兹签署了《格鲁琼兹中医针灸推拿及慢性疼痛治疗中心合作共建运营协议》,双方将以该中心建设为契机,深化在卫生领域的交流与合作,促进医学人员的互访交流常态化、机制化。格鲁琼兹市是南宁市在"一带一路"沿线国家和地区中关系密切的友好城市之一,两市积极开展人员互访和各领域的交流,在卫生领域开展中医针灸、推拿、艾灸治疗等形式丰富、内容扎实的交流与合作。

5. 医院援建

作为双边合作的重要内容,医疗领域的合作在中国和塞内加尔关系发展中占有重要地位。中方通过建设医院、医疗队服务和免费诊所来满足塞内加尔人民的医疗需求,帮助塞内加尔提高了医疗水平。中国医务工作者和项目建设者通过自己的实际行动,为促进人际交流和加深民间友谊作出了积极贡献。

根据《经济日报》发表的《中塞加强医疗卫生领域合作》,2018 年 11

月 15 日,该援助项目的落成典礼在塞内加尔妇幼儿童医院举行。作为塞内加尔第一个母婴保健中心,该项目将大大改善新城市的医疗基础设施和服务水平。

缺乏医院和难以就医一直是困扰非洲普通百姓的主要问题。为满足非洲患者的医疗需求,中国承诺帮助非洲建设医院和医疗机构,提供医疗设备和设施,改善非洲医疗基础设施。自 2009 年以来,中国在非洲建立了约 30 家医院,为数百万人口提供便利。在"一带一路"倡议下,中国政府计划到 2022 年在非洲建立 100 家医疗机构。同时,中国政府重视对非洲医生的培训和医务人员的培训,加强非洲医生队伍建设,丰富非洲当地医疗力量。

6. 国际医疗服务中心

根据"一带一路"政府网显示,"一带一路"国际医疗中心项目在西安启动。建成后,它将成为拥有 15000 张床位的完整国际医院,集医疗、教学、科学研究、身体检查和保健于一体。面向"一带一路"展示国家形象,增进沿线国家和地区民众福祉。

(四)问题与挑战

在"一带一路"医疗发展当中,我国扮演了重要的角色。在当今大环境下,也面临着许多的问题与挑战。

1. 面临不确定性风险

"一带一路"建设是国与国层面的计划,只有参与国间保持共同的发展愿望才能够顺利实施。但是部分相邻成员之间存在领土、领海争端或宗教信仰冲突以及民族问题,还有些国家或地区政治局势动荡,频繁更换政府和领导人,政党间经常发生冲突,政治环境极其复杂,存在较大的不确定性和较高的风险。

2. 投资环境不可预测性强

中国的对外直接投资合作一直处于较高水平(见图 2-3)。"一带一路"沿线的一些国家经济相对落后,基础设施相对落后,法律制度和机制不健全,市场竞争不公平。不同国家和地区之间的贸易和投资壁垒很多。中国医疗机构投资的服务产品可能会受到当地公共企业的不公平竞争。此外,沿线国家和地区的经济结构简单,主要以原材料和能源为基础,一些公司负债巨大,通货膨胀率很高,存在很大的债务风险。

（单位：万美元）

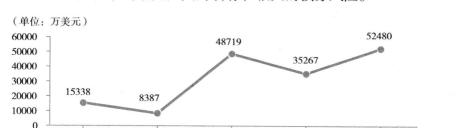

图 2-3 2014—2018 年中国卫生、社会保障和社会福利业对外直接投资净额
资料来源：笔者根据国家统计局相关资料整理。

3. 医疗机构竞争力不够强

与发达国家的医疗团体相比,中国的医疗机构总体规模较大,但个体规模较小。它们受到管理经验、资本规模、人力资源以及风险管理和控制等因素的限制,并且对外国投资环境还不够熟悉,不能有效地提高其核心竞争力、不能按需生产高质量的产品。在政府资助的环境中,一些医疗机构在投资时没有考虑风险管理和成本核算,很容易陷入盲目的竞争,尽管积极参与了医疗机构的建设,但医疗机构仍然亏损运营,造成国民经济损失。

（五）发展机遇

1. 政策支持

国家卫生和计划委员会发布的《关于推进"一带一路"卫生交流合作三年实施方案（2015—2017）》明确指出,"随着'一带一路'建设的实施及卫生对外交流合作的推进,沿线各国在产业合作和服务贸易方面的合作将不断深入,为我国健康服务产业发展与转型提供良好机遇",并从重点合作领域合作机制建设、传染病防控、能力建设与人才培养、健康产业发展等八个方面制定具体落实政策,为医疗健康产业的"走出去"和"引进来"提供了科学指导和有力遵循依据。

2. 需求推动

国际医疗合作作为中国医疗产业发展的载体和切入点,不仅是"一带一路"建设的落实,而且是时代发展的需要。它不仅可以在更深层次和更高层次上促进"一带一路"的发展,而且在发展的总体格局上,国际医疗合作与"一带一路"沿线国家和地区有着相同的要求。一方面,通过"引进"并加强国际合作,以提高国民医疗水平,促进国民健康质量和医疗卫生产业的经济效益。另一方面,通过医疗服务"走出去",向"一带一路"沿线国家和地区出口技术和医疗服务,改善其人民的医疗保障条件,巩固和加强与我国的友好关系,使医疗产业做大做强,提升中国的国际形象。

3. 市场庞大

在医疗卫生领域,"一带一路"建设构成了医疗卫生领域具有巨大潜力的国际市场。从 2011 年至 2016 年中国医疗卫生行业总产值及其占GDP 的比重可以看出,当前我国医疗健康产业处于快速发展阶段(见图2-4)。2020 年,我国健康服务产业总规模约达到 8 万亿元,成为推动我国经济社会持续发展的重要增长点。

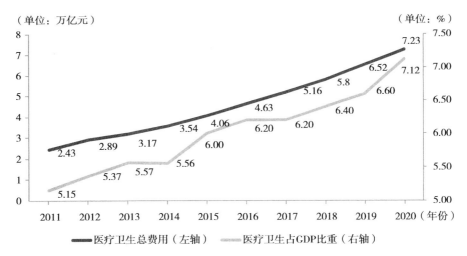

图 2-4　2011—2020 年医疗健康产业总值占 GDP 比例

资料来源:根据国家统计局相关数据整理。

(六)卫生合作路径

1. 合作区域与领域

为确定卫生合作的关键领域和国家,有必要全面研究发展战略和优先事项、卫生合作的需求、卫生系统的特点及其相对优势以及政府间机构的建立状况,诸如卫生或人文领域的交流与合作机制之类的因素,可沿以下线路划分为几个区域:第一是"丝绸之路经济带"南线和"21世纪海上丝绸之路"涵盖的东南亚和南亚国家;第二是"丝绸之路经济带"的北线,涵盖蒙古国、俄罗斯、中亚以及中欧和东欧;第三是"丝绸之路经济带"的中线,涉及西亚和北非的许多国家。

2. 秉持原则

共建共享共赢原则。广泛扩大医疗卫生领域的交流与合作,在力所能及的范围内为发展中国家和友好邻国提供援助,与伙伴国扩大互利共赢合作,确保中国与伙伴国健康发展的共同繁荣,完善全球卫生治理体系的中国担当。

多边并举原则。在"一带一路"倡议框架下,深化区域内现有的合作机制和平台。一方面,要加强多边合作机制的作用;另一方面,要加强与有关国家的双边交流,使更多的国家和地区参与"一带一路"卫生合作。

市场化法治原则。充分发挥市场在资源分配和激发社会活力方面的决定性作用。

积极促进区域卫生合作的法制化和规范化,与各国进行讨论,建立对卫生领域商品和服务贸易的监督,逐步实现与先进医疗服务国际管理体系的融合。加强彼此的政策衔接,提升监管信息化水平。通过区域及双边卫生产品和服务贸易的法制化、标准化建设的探索,为全球卫生治理作出积极贡献。

3. 发挥破冰作用

"一带一路"倡议提出以来,沿线60多个国家率先作出积极响应,逐渐转变为沿线国家和地区的共识和切实行动。但有些国家尚存疑虑,这些疑虑较多地集中在基础设施建设、经贸合作等领域,人文尤其是卫生领域的质疑和分歧较小。这主要是因为卫生合作是政治敏感度低、社会认同度高的合作领域,更容易在这样跨越民族、跨越文化、跨越政治经济体制差异的区域合作倡议中,发挥破冰作用,并且给"一带一路"的各类经济建设项目增加社会人文关怀,体现发展的包容性、公平性与可持续性,有利于推动"一带一路"框架下的全面发展合作。

4. 加强传统医药领域合作

继续巩固和扩大与各国在传统医学领域的合作,积极推动中药"走出去"。推进"一带一路"海外中医药中心建设项目,设立中医药国际合作专项,加快中国—捷克中医中心建设项目等 10 个"一带一路"海外中医药中心建设项目;继续举办中国—东盟传统医药健康旅游国际论坛(巴马论坛),就共建中国—东盟传统医药健康旅游合作机制等议题开展研讨;继续举办中国(宁夏)民族医药博览会,加大向阿拉伯国家和穆斯林地区宣传传统医药的力度,促进回医药技术合作和经济贸易。

(七)政策建议

1. 在六个方面发挥重要功能

加强卫生安全防控,促进卫生事业发展。促进"一带一路"卫生合作,一方面,可以减少跨境传染病和突发公共卫生事件对国家安全的威胁,保护中国和沿线国家居民免受可预防传染病的威胁。另一方面,也有助于促进中国和沿线国家的卫生事业发展,缩小我国东西部地区,及与周边国家的医疗资源和医疗水平的发展差距,以及提高居民健康公平性。

推动大国卫生外交,引领全球卫生治理。"一带一路"医疗合作的实现将有助于赢得沿线国家和地区的舆论支持,减轻甚至消除邻国的安全顾虑,并在某些关键时刻发挥破冰作用,打开外交局面。

创造健康投资环境,扩大医药贸易市场。为中国派遣人员提供医疗卫生服务,为沿线国家和地区的基础设施建设和中国经贸合作创造健康的投资环境;促进医药产品和服务之间的相互贸易,改善彼此健康产品与健康服务供给的数量和质量。

将健康纳入所有政策,建立"健康丝路"。除卫生部门外,外事、贸易、科技、教育、文化等部门应共同承担维护健康责任,采取跨部门卫生合作咨询机制,整合卫生合作与外交、文化、科技、教育等领域的有机结合。

以传统医学为载体,增强中华文化的影响力。与"一带一路"沿线国家和地区的传统医学合作与交流可以将国际贸易和传统医学服务与弘扬中华文化相结合,并将我们在传统医学方面的资源、文化和学术优势转化为技术、经济和区域优势。

　　加强沿边省份的窗口作用,助力中国西部开发开放。在以往的卫生合作基础上,东北和西部沿边省份可以利用与俄罗斯、中亚五国和其他国家进行卫生合作的地理优势、资源优势和文化优势,在国内外交流中发挥重要的窗口作用。同时,充分利用东部发达省份和国家的政策、资金和技术支持,充分利用其比较优势,探索卫生合作的新领域和新模式。

　　2. 形成整体战略思维

　　在政府间的政策交流方面,还应进一步推动制度化的交流机制的建立,尤其是推动在双边卫生合作和多边卫生治理中立场协调与政策衔接的磋商机制;在实施"一带一路"卫生合作过程中,以全方位加强对外卫生合作为主题,以促进全面提升中国和沿线国家和地区人民的健康水平为主线,以共商、共建、共享、共赢为前提,发挥不同国家的特色和比较优势,在理念和实践中加快对外开放步伐;在多边合作机制中,注重加强与相关国家建立医疗卫生领域交流机制,推动高层互访,注重与沿线国家和地区一起积极参与制定国际标准和规范,尽早在卫生领域构建国家级和部门间的合作框架,推动建立卫生政策交流与合作的长效机制。

　　3. 五大保障条件

　　加强顶层设计,制定专项规划,提升区域卫生治理水平。在党和国家"一带一路"规划统一指导下,出台和修订一系列有助于推动卫生合作的扶持、监管和激励政策;加强国内职能部门与境外使领馆的联络沟通,做好"一带一路"卫生合作重大项目、重大机制等的设立、论证和实施监督工作;地方相关部门和单位发挥自主性和创新性,制订和实施年度工作计划,确保项目顺利实施。

　　加强在现有合作机制下国家层面的高层互访和交流,建立常态化、持续性和多层次的卫生政策对话机制,解决与沿线国家和地区在设立和落实卫生合作项目过程中的政策、法律法规衔接,进展监测,风险评估和应对策略等问题。

　　加大财政投入,动员民间资本参与合作。积极发挥市场机制的作用,鼓励国有企业、民营企业等各类企业参与;积极利用多边合作框架下的融资机构支持有关卫生合作活动;大力发展 PPP 模式,扩大资金来源;研究出台鼓励和支持社会资本举办医疗机构的优惠政策,引导境内外社会投资者科学地选择来华投资建设项目;为有资质的境内企业境外投资办医提供金融支持。

培养复合型人才,建立专家库。通过进修学习或国内外的工作实习,培养、派遣愿意了解、学习和投身"一带一路"卫生合作的本国人才;引进沿线国家和地区从事医疗卫生管理和专业技术合作的年轻精英,培养对中国的感情,巩固、加强双方友好关系。

发挥智库作用,搭建合作信息平台。支持卫生发展研究专业智库及其他国内卫生智库、大学开展对沿线国家和地区卫生发展状况、合作需求、合作障碍及其政治经济社会环境,以及中国与沿线国家和地区在区域和全球卫生治理议程中的立场、作用等开展深入、持续的研究。利用我国与世界卫生组织设立的中国—世界卫生组织卫生体系加强合作中心,开展卫生体系的合作研究,设立中国与沿线国家和地区开展国际卫生合作的信息库。

三、科技与民心相通

(一)指数排名及得分

科技创新合作是"一带一路"人文交流的重要组成部分,是促进民心相通的有效途径,历来是国家之间增强互信、共谋发展的基础领域,有利于消除国家之间的文化隔阂并促进达成发展共识。当前科技创新的全球化趋势日益明显,中国的发展模式也正在从资源驱动向创新驱动转变。根据国家统计局发布的数据,近年来中国研发投入高速增长,2019 年全年研究与试验发展(R&D)经费支出为 21737 亿元,居全球第二位,与国内生产总值之比为 2.19%,其中基础研究经费为 1209 亿元。

科技创新合作在"一带一路"建设中正在发挥积极作用,并已取得良好成效。根据科技部统计,截至 2020 年中国已与全球 161 个国家和地区建立了合作关系,签署了 110 个政府间的合作协议,加入了 200 多个政府间科技合作组织。其中,与 49 个"一带一路"沿线国家和地区签署了政府间科技合作协议,并与沿线国家和地区启动了一系列科技伙伴计划,包括中国—东盟科技伙伴计划、中国—南亚科技伙伴计划、中国—阿拉伯国家科技伙伴计划等。

　　与我国在科技方面合作较多的国家主要有印度、俄罗斯、新加坡、印度尼西亚、越南、南非、以色列、马来西亚、泰国、乌克兰、菲律宾、新西兰、土耳其、韩国(见表2-8)。其中两国专利互相申请合作最多的国家是韩国,其在中国申请的专利数平均为15490项,被中国授权的专利申请为8809项,同时中国向韩国申请的专利数为2829项,被授权的专利申请为1102项,与韩国专利合作的数量远远超过其他国家。

表2-8　相关国家科技排名与各项得分情况

排名	区域	技术合作情况	国外专利在中国申请	国外专利在中国申请授权	中国向国外申请专利	中国向国外专利授权情况	高科技出口商品	专利申请	科学和技术期刊文章	总得分
1	印度	9.46	6.64	6.50	9.67	7.30	8.94	10.00	10.00	14.53
2	俄罗斯	5.70	6.32	6.25	8.89	9.08	8.65	9.28	9.47	12.98
3	新加坡	5.70	7.65	7.46	7.35	7.76	10	8.84	7.47	12.63
4	印度尼西亚	9.55	3.82	3.79	7.87	6.59	8.41	8.67	7.38	12.41
5	越南	8.91	4.30	4.28	7.80	6.24	9.61	8.23	6.41	12.21
6	南非	6.65	5.54	5.65	7.40	7.51	7.92	8.45	7.56	11.78
7	以色列	5.70	7.48	7.29	5.25	4.81	8.74	8.31	7.50	11.56
8	马来西亚	3.53	5.87	5.85	7.31	5.77	9.72	8.40	8.19	11.43
9	泰国	5.06	5.28	4.96	6.88	4.48	9.35	8.51	7.52	11.29
10	乌克兰	8.54	4.31	4.09	4.28	4.71	7.92	7.58	7.33	11.15
11	菲律宾	7.84	4.29	3.92	5.66	5.53	9.21	7.88	5.74	11.14
12	新西兰	5.70	6.31	6.13	6.07	6.14	7.33	8.34	7.06	10.99
13	土耳其	6.96	5.86	5.91	4.47	4.13	8.03	6.15	8.61	10.96
14	韩国	5.70	10.00	10.00	10.00	10.00	8.56	0.00	7.38	10.49
15	沙特阿拉伯	5.70	6.14	5.94	4.79	3.14	7.48	7.42	7.38	10.40
16	巴基斯坦	8.67	2.95	2.80	3.56	3.56	6.87	6.92	7.56	10.29
17	波兰	5.70	5.57	5.30	2.62	3.42	8.99	5.27	8.61	10.26
18	伊朗	5.88	3.68	3.79	4.67	4.54	7.2	6.61	8.93	10.25

续表

排名	区域	技术合作情况	国外专利在中国申请	国外专利在中国申请授权	中国向国外申请专利	中国向国外专利授权情况	高科技出口商品	专利申请	科学和技术期刊文章	总得分
19	柬埔寨	6.77	0.93	0.00	0.00	0.00	6.45	4.85	7.38	9.23
20	埃及	7.42	2.47	2.23	0.00	0.00	6.45	7.08	7.38	8.97
21	匈牙利	5.70	4.87	4.72	0.00	0.00	9	4.11	6.88	8.67
22	伊拉克	6.04	2.01	1.80	0.00	0.00	8.56	4.43	7.38	8.30
23	斯洛伐克	5.70	3.89	3.70	0.00	0.00	8.51	3.97	6.72	8.23
24	塞尔维亚	5.86	2.39	1.97	3.23	0.00	8.56	3.73	6.74	8.23
25	立陶宛	5.70	3.34	2.23	4.67	1.98	7.85	3.89	5.85	8.21
26	罗马尼亚	5.70	2.82	1.97	0.00	0.00	8.36	4.24	7.39	8.19
27	约旦	7.25	2.95	2.33	0.00	0.00	6.38	5.84	5.90	8.14
28	阿尔巴尼亚	7.65	1.28	0.98	0.00	0.00	5.24	5.71	7.38	8.02
29	卡塔尔	5.70	3.10	2.80	3.23	0.00	6.55	6.08	5.32	8.01
30	哈萨克斯坦	4.81	2.47	1.60	2.62	0.00	8.04	5.68	5.79	7.97
31	捷克	5.70	5.87	5.94	0.00	1.98	8.56	0.00	7.38	7.87
32	克罗地亚	5.70	2.95	1.80	0.00	0.00	7.52	4.04	7.38	7.87
33	格鲁吉亚	5.69	2.39	1.97	0.87	0.00	5.69	5.32	7.38	7.75
34	黎巴嫩	5.91	2.82	2.59	0.00	0.00	7.11	5.33	5.50	7.70
35	孟加拉国	7.73	0.00	0.00	0.00	0.00	6.2	5.46	6.09	7.64
36	斯里兰卡	4.71	2.95	1.60	4.67	0.99	6.19	5.44	5.21	7.49
37	保加利亚	5.70	3.76	3.26	0.00	0.00	7.72	3.04	6.14	7.48
38	阿联酋	5.70	4.84	4.58	0.00	0.00	8.56	0.00	7.38	7.43
39	爱沙尼亚	5.70	3.78	3.42	0.00	0.00	7.89	2.87	5.44	7.29
40	巴林	5.70	0.00	0.00	0.00	0.00	5.78	5.23	7.38	7.23
41	文莱	5.70	0.00	0.00	0.00	0.00	6.42	4.40	7.38	7.17
42	白俄罗斯	4.77	0.00	0.00	1.38	3.14	7.25	5.02	5.07	7.09
43	叙利亚	6.12	1.28	0.98	0.00	0.00	8.56	0.00	7.38	6.84
44	乌兹别克斯坦	3.74	2.01	0.98	0.00	0.00	8.56	5.37	3.93	6.78
45	蒙古国	5.81	0.93	1.34	3.64	3.29	5.64	4.67	3.02	6.66
46	波黑	6.06	0.00	0.00	0.00	0.00	8.56	0.00	7.38	6.60

续表

排名	区域	技术合作情况	国外专利在中国申请	国外专利在中国申请授权	中国向国外申请专利	中国向国外专利授权情况	高科技出口商品	专利申请	科学和技术期刊文章	总得分
47	巴拿马	2.13	3.34	3.77	0.87	0.00	8.2	5.89	3.10	6.59
48	拉脱维亚	5.70	0.00	0.00	0.00	0.00	7.66	3.04	5.39	6.54
49	阿富汗	10.00	0.93	0.35	0.00	0.00	8.56	0.00	2.62	6.48
50	埃塞俄比亚	8.09	0.00	0.00	0.00	0.00	5.46	0.00	7.38	6.28
51	科威特	5.70	1.87	0.98	0.00	0.00	6.61	0.00	7.38	6.19
52	阿塞拜疆	3.51	0.93	0.98	0.00	0.00	6.01	2.96	7.38	6.15
53	马其顿	4.13	0.93	0.35	0.00	0.00	8.56	0.00	7.38	6.15
54	尼泊尔	6.91	0.00	0.35	0.00	0.00	4.71	4.08	4.66	6.14
55	阿曼	5.70	1.28	0.35	0.00	0.00	6.61	0.00	7.38	6.07
56	老挝	6.02	0.00	0.00	0.00	0.00	6.74	0.00	7.38	6.04
57	亚美尼亚	3.32	1.53	1.34	0.00	0.00	5.65	2.82	7.38	6.04
58	摩尔多瓦	5.52	1.28	0.98	0.00	0.00	5.55	4.09	3.65	5.87
59	缅甸	7.98	1.72	1.80	0.00	0.00	6.77	0.00	3.38	5.79
60	马达加斯加	5.12	0.34	0.00	0.00	0.00	5.84	3.89	2.85	5.34
61	也门	4.28	1.28	1.80	0.00	0.00	4.62	3.84	2.86	4.99
62	吉尔吉斯斯坦	5.33	0.34	0.35	0.00	0.00	6.11	2.10	2.84	4.98
63	塔吉克斯坦	3.50	0.00	0.00	0.00	0.00	8.56	1.72	2.03	4.74
64	黑山	1.33	0.00	0.00	0.00	0.00	5.25	0.00	7.38	4.19
65	斐济	4.51	0.93	0.00	0.00	0.00	4.65	0.00	3.01	3.74
66	不丹	2.70	0.00	0.00	0.00	0.00	4.12	1.86	1.84	3.16
67	土库曼斯坦	0.51	0.34	0.00	0.00	0.00	8.56	0.00	0.78	2.99
68	马尔代夫	0.00	0.00	0.00	0.00	0.00	0.00	0.00	0.00	0.00

（二）基本概况

创新是推动发展的第一原动力,发展是解决所有问题的总钥匙。因此,推动"一带一路"建设必须要依靠创新驱动,战略性地推动科技创新合作,把"一带一路"建设成共商共建、互学互鉴、互联互通、优势互补、互利共赢的创新之路,将中国梦与世界梦有机交织在一起。

"一带一路"倡议本身就是一个开拓之举、创新之策,因此建设好"一带一路"也要向创新寻求动力,为发展提供活力,推动"一带一路"成为创新之路。截至 2022 年 4 月,中国已同 149 个国家和 32 个国际组织签署 200 多份共建"一带一路"合作文件。从专利申请情况来看,自 2013 年提出"一带一路"倡议以来,中国在相关国家专利布局的力度也有相应的加强。当然,"一带一路"倡议是为了共建共商共享,而专利的适当布局也是尊重他国法律,为实现合作共赢打下坚实基础。近几年,我国出现了专利申请数量快速攀升以及创新成果不断转化的积极现象。

1. 专利申请覆盖 55 个国家

根据 WIPO Statistics Database 中 2017 年 12 月更新的数据:2011—2016 年,我国专利申请涉及 50 个"一带一路"沿线国家和 2 个地区知识产权组织——欧亚专利组织和海湾阿拉伯国家合作委员会专利局。如果计入这 2 个地区知识产权组织成员的话,中国的专利申请累计覆盖 55 个"一带一路"沿线国家和地区。

2. 相关专利申请速度明显加快

2014 年以前,中国在"一带一路"相关国家各年度的专利申请量均在 4000 件以下,虽逐年增长,但增幅不太稳定。其中,2012 年的专利申请量同比增长 20.8%,2013 年同比增长仅为 6.3%。2014 年以后,中国在"一带一路"相关国家的专利申请增长明显加快,且均保持在较高水平。其中,2014 年的专利申请量已经超过 5000 件,同比增长 30.7%;2015 年超过 6500 件,同比增长 27.7%;2016 年为 9000 件,同比增长 39.7%。2017 年达到 10440 件,同比增长 50.6%(见图 2-5)。

中国在"一带一路"相关国家的专利申请中,在立陶宛的专利申请年均增幅最高,达到 117.2%;其次为拉脱维亚(115.4%);在巴基斯坦、卡塔尔和塞尔维亚的专利申请年均增幅也分别达到 78.3%、63.0% 和 63.0%(见图 2-6)。但中国在这 5 个国家的专利申请量相对较少。此外,还有一个比较值得关注的事实是,2011—2015 年,中国没有在伊朗和斯里兰卡两个国家申请专利,但在 2016 年实现了"零"的突破,分别申请了 41 件专利。

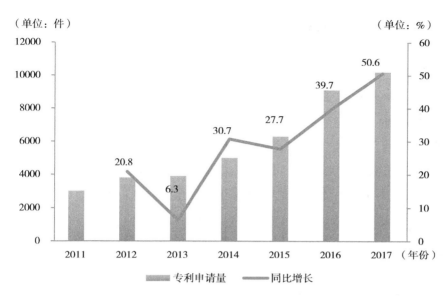

图2-5　2011—2017年我国在"一带一路"沿线国家和地区专利申请情况

资料来源：笔者根据国家知识产权局官网相关资料整理。

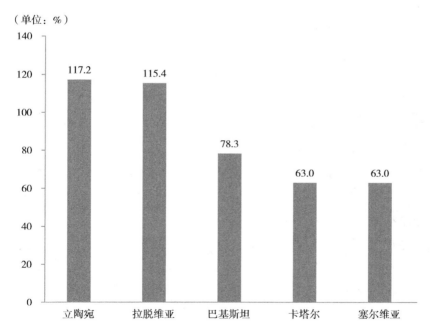

图2-6　2013—2016年中国"一带一路"专利申请年均增幅最高的5个目标国

资料来源：罗滨：《中国在"一带一路"相关国家专利申请主要数据：2011—2016年》，IPRdaily中文网。

2017年,"一带一路"沿线国家和地区在华申请专利为4319件,较2016年增长16.8%,在华申请专利的国家新增4个,国家总数达到41个。

3. 科技出口迎来新机遇

近年来,中国对外投资数额增大、速度加快,更多的中国企业获得了"走出去"的新机遇。针对沿线部分国家和地区能源供应不足的困境,中国企业抓住机遇,扬帆出海,不断加快对能源基础设施建设的输出节奏,特变电工、上海电气等企业通过产能、技术、装备及管理等多方面输出登上世界舞台。

4. 互联网金融助力中国企业国际化

随着全球金融市场互联互通的趋势逐步强化,我国的金融平台凭借一定的先天优势快速反应,在互联网金融行业全球化的战略新趋势中逐渐抢得先机。以"金融科技"行业为例,目前国内一批较为优质的相关平台企业正在加快国际化布局。

（三）成果案例

1. 科技企业跨国发展

根据俄罗斯智能手机零售商提供的行业调查数据,2018年6月,中国华为占俄罗斯手机市场份额的24.6%,超过苹果和三星,升至首位。并且在2018年俄罗斯世界杯足球赛上,华为第三次为世界杯提供通信保障,其中克服了新采用的VAR裁判技术带来的高带宽挑战。

华为始终坚持技术是核心竞争力。目前华为每年将销售收入的10%以上投入国际研发,过去十年累计研发投入超过3130亿元人民币（见图2-7）。

目前,华为已建立了近20个海外研究所,分布在欧美等发达国家。早在1999年,华为在俄罗斯设立了数学研究所,吸纳了顶尖数学家参与新产品的基础性研发。进入21世纪后,又逐渐设立海外分支机构、进一步增强吸引人才的力度:其中,德国慕尼黑的研究所目前已拥有专家近400名,研发团队本地化程度达80%。此外,为满足北非和中东地区的业务需要,2016年5月华为设立了迪拜研究中心;6月在法国设立了数学研

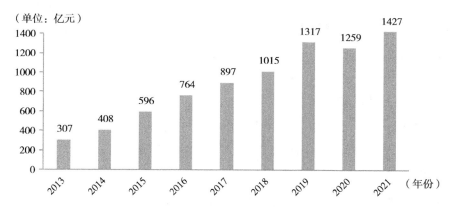

图 2-7 2013—2021 年华为技术国际技术研发资金投入

资料来源:张琳、果春山等:《欧盟产业研发投入记分牌分析——兼论中欧企业创新合作新机遇》,《世界科技研究与发展》2021 年第 43 期。

究中心。一系列与当地研究院所的紧密合作,为华为在 5G 和智能通信等领域的基础算法研究打下了扎实基础。除此之外,还注重培养对行业未来发展有利的后备人才,相继推出了华为种子未来教育计划,设立网络学院,与包括莫斯科国立大学在内的 15 所俄罗斯高校展开合作,设立华为奖学金等。

华为一直注重信息与通信技术行业的热点前沿领域研究,例如,其在 5G 移动通信领域的技术开发已达到领先阶段,对全球 5G 统一标准作出了积极贡献。企业每年还将 10% 的科研投入用于云科技等行业领先技术研发,即使这些项目尚未能带来大规模利润增长。俄罗斯是诞生数学家最多的国家和地区之一,华为注重发挥本地创新资源优势,在俄罗斯设立了算法研究中心,由一批俄罗斯顶尖数学家组成,其一项打通不同网络制式间算法的成果能够帮助运营商节省 30% 以上的成本。

在提升技术的同时,华为秉持着"以客户需求为中心"的核心企业文化,为俄罗斯客户提供满足本土需求的服务与产品。比如,俄罗斯冬天天气寒冷,不因低温关机成为很多用户选择华为的理由。华为也在努力以本土化方式传达企业文化与理念。在俄罗斯征集拍摄的"华为是谁"系列故事,用温情感人的镜头讲述用户与品牌之间的互动,在俄罗斯有近

8000万次的点播量。此外,在中俄首脑见证下,华为与俄罗斯铁路公司、俄罗斯第二大银行VTB银行、俄罗斯电信等多家企业签署了合作协议。两国政府高层的互信也为像华为一样在俄罗斯发展的中国企业提供了更加安全有利的发展环境。

2. 重大科技成果转换

聚焦"一带一路"国家前沿技术成果,一些有潜力和视野的公司,坚持把人工智能、大健康和新材料作为主要孵化领域发展理念。为了更好地服务区域创新发展,帮助科技型企业搭建项目路演和资本对接的平台,促进科技成果转化落地,科技公司不断把海外优秀的创新项目引入中国,助力产业创新与合作。

例如,武汉的科技企业太库作为全球领先的专注于创新中心运营和创新资源整合的专业机构,已对外发布了打磨三年之久的"Path to China"计划。该计划旨在通过充分调动、整合太库三年多来通过全球化布局积累的产学政经研资源,加快实施创新驱动发展战略,整合创新创业要素,引领经济发展新常态,打造经济发展新引擎,搭建服务科技型中小企业新平台。不断引导更多元、更广泛的社会资源支持创新创业,持续推进"大众创业,万众创新"国家级战略,充分发挥太库自身的特色和价值,助力武汉地区对接优质的海外创新项目在汉落地,为武汉市打造我国中部核心城市战略注入新的生机与活力!

3. 多边平台推动合作

2016年9月下旬,商务部对保加利亚和塞浦路斯两国的访问有效推进了"16+1"多边合作机制的形成和战略层面的合作,对于加强科技合作有着重要意义。2016年9月26日,陕西省西安市举办了关于丝绸之路经济带的国际研讨会,吸引了超过30个国家的400多名不同领域的代表参加,会议的开幕式总结了2014年以来丝绸之路经济带建设的成果与进展,并为后续的发展计划与行动方向提供了实践经验与战略指导。在2016年9月20—25日举办的中国—亚欧博览会上,部分"一带一路"沿线国家和地区对中国在丝绸之路经济带科技创新合作方面所作出的突出贡献给予了高度赞赏,甚至普遍认为中国在科技创新合作方面所做的努力给各国提供了更加丰富、有效的实践经验。

例如,以色列具有先进的生产技术,居于世界领先水平,而中国作为世界经济大国,拥有雄厚的社会资本和广阔的市场,2017 年 3 月 19—22 日,以色列总理内塔尼亚胡访问中国,中以双方达成了多项合作协议,其中就包含双方将充分利用各自独特的发展优势进行合作创新,扬长避短,扩大合作范围,提高合作的深度和水平。

巴西的农牧业发展居于世界前列,并为中国提供了较多农牧业先进技术和优质产品,有效改善了国民的生活品质。2017 年 3 月 29 日,在巴西众议院成立了巴中议员阵线,将充分利用巴西各领域的独特优势,为中国提供帮助。而中国也利用处于世界前列的基础设施建设优势,帮助巴西改善了其较为停滞、落后的现状。

2017 年 7 月,中国(满洲里)北方国际科技博览会盛大开幕,该活动已经成功举办 14 届,收获了来自国际国内的广泛认可和关注。其中,参加展会的项目已累计达 3 万余个,涉及签订的合同达 1030 份,成交金额近 400 亿元。它不仅促进了中国与东北亚各国的商贸交流,也是国家间进行科技创新合作的发展平台与机会。

沿线国家和地区科技合作对接机制的完整性与多样化能有效促进国际和地区间顺利地交接与实施合作项目。2016 年年底,天津建立了 40 余个官方或民间"一带一路"科技创新合作渠道,遍布 20 多个国家和地区,建设了 11 个海外技术推广中心,输出了 20 余项优势技术项目,为企业间科技创新合作提供了大量的数据库,日益丰富了科技创新合作的对接机制。2017 年 1 月 24 日,澜—湄科技园项目正式启动,为中国与东南亚、南亚多国构建了科技创新合作与产业发展的新平台,并通过建设云南省首个新三板孵化园区搭建起了中国与相关国家的金融创新平台。此外,国新办在 2017 年 5 月 9 日举行的新闻发布会中指出,中国科学院已在海外成功建设了 9 个科教机构,集中并扩大了中国与海外国家的优势信息与资源,尽可能地实现优势互补,创新成果共享,形成双方甚至多方共赢的科技创新合作开放基地。

跨国科技园区与技术中心是科技合作的重中之重。2016 年 7 月,中国企业对白俄罗斯铁路段合作实施的电气化改造项目,将所涉及铁路段的通行能力提高了1/5,节省能耗超过1/3,有效改善了当地的生态环境并取得极高成效。此外,白俄罗斯的"巨石"工业园区是国际高科技合作项目,使白中双方的合作从信贷方向逐步向科技方向转变,现已发展成为两国在"一带一路"进行科技创新合作的重要战略发展平台。2017年6月,吉林省长春市举办了"中白科技园"的奠基仪式(见表2-9),该科技园是中国同白俄罗斯两国用来进行科学技术研究与高新技术创新的重要基地,目前已有三波长特种激光器产业化等十余个合作项目先后落地投产,该科技园是集中白双方科技服务、科技实业和科技金融三位一体的国际协作平台。

表2-9 2016—2017年主要科技合作交流活动一览

时间	部门	地点	科技合作交流活动
2016年6月16日	陕西省相关部门	—	陕西省"一带一路"建设2016年行动计划
2016年9月20日	科技部、发展改革委、外交部、商务部	—	推进"一带一路"建设科技创新合作专项计划
2016年9月20—25日	科技部、新疆维吾尔自治区政府	乌鲁木齐	第五届中国—亚欧博览会
2016年9月24—30日	商务部	保加利亚、塞浦路斯	商务部国际贸易谈判副代表率团访问保加利亚、塞浦路斯,助力"16+1"多边合作机制和"一带一路"建设层面合作
2016年9月26日	科技部	西安	"'一带一路':共同的记忆和共赢的发展"国际研讨会;会议开幕式发布了《坚持规划引领、有序务实推进:"一带一路"建设三周年进展报告》
2016年11月7日	中国科学院、俄罗斯科学院、乌兹别克斯坦科学院等	北京	2016"一带一路"科技创新国际研讨会
2016年11月	江西省农科院、科技部	—	2016发展中国家果树栽培技术国际培训班

续表

时间	部门	地点	科技合作交流活动
2016 年 11 月 28 日	科技部	布里斯班	中澳科技创新与产业化论坛
2017 年 1 月 24 日	云南省东南亚南亚产业发展促进会	云南	澜湄科技园项目正式启动
2017 年 3 月 19—22 日	—	—	以色列总理内塔尼亚胡对中国进行正式访问
2017 年 6 月	吉林省政府	长春	长春中白科技园奠基
2017 年 7 月	内蒙古自治区政府	内蒙古自治区满洲里市	第十四届中国(满洲里)北方国际科技博览会

资料来源:段利民、李苗苗:《2017 年丝绸之路经济带科技合作发展报告》,见《丝绸之路经济发展报告(2018)》,社会科学文献出版社 2018 年版。

　　丝绸之路的科技人才交流日益频繁。2016 年 11 月 7 日,科技创新国际研讨会在北京举办,吸引了来自全球 30 多个国家和地区的 300 余名科学家参加。科学家们在会议中达成共识,各国在发展历史、地理位置等先天差异,造就了在国家政策、历史传统、政治金融等方面的不同。2016 年 11 月,江西省农科院成功设立了关于提高并改善果树栽培技术的培训班,吸纳了"一带一路"沿线多国人员进班学习,这一举措真实反映了江西省在农业科学技术领域的领先性,并成功地实现了我国相关领域的先进技术"走出去"。根据《2017 年丝绸之路经济带科技合作发展报告》,2017 年 5 月 9 日,国新办举行新闻发布会提出要不断扩大与国外知名科研机构合作的空间与范围,增强对发展中国家的领军人物与科技人才的培养与输送。《2017 年丝绸之路经济带科技合作发展报告》中显示,目前,中国科学院与"一带一路"沿线国家和地区的科技创新合作规模数以万计,近年来累计 300 余名科技人才成功引入国内,600 多名国外博士生得到中国资助,研究领域覆盖了中国科学院的全部学科。其中 5 个卓越发展中心也已接纳了来自 40 余个国家的 700 多名学生和科研人员来此开展科创工作,同时也吸引了一批发展中国家的访问学者和博士后。除此之外,中国与智利共同推动开展了"中智天文博士后"项目,已在学术界产生了较大反响,入选的博士后均经过了严格挑选,而其承担的科研任务均对国际科研活动进展具有极其重要的实际影响,部分课题已在国际学术界引发了较大影响,并为沿线各国培养了大批科技创新领军人才。

(四)问题与挑战

1. 科技发展制度

不同国家的知识产权保护和科技创新能力不尽相同。有些国家,如印度、俄罗斯、新加坡等知识产权保护水平比较高,也有一些国家的知识产权制度很不健全,这就使这些国家在知识产权建设方面呈现两极分化的情况。就目前来看,"一带一路"倡议涉及的知识产权组织主要有三个:欧亚专利组织、欧洲专利组织、东盟知识产权组织。不同组织的背景、成员、所关注的知识产权问题是不同的,所以难免出现碰撞和矛盾。这样三足鼎立的场面明显成为"一带一路"建设中知识产权体系的阻碍。

2. 科技发展基础

"一带一路"沿线国家和地区的科研能力、水平和规模差异明显,呈现出了不均衡的分布状态;亚洲国家整体的科研投入产出比显著低于中东欧国家。

(五)发展趋势

趋势一:跨国科技园、科技合作对接机制、国际会展的组织将会更加频繁,与沿线国家和地区进行科创合作的方式也将会越来越丰富。基于沿线国家和地区在科技创新发展程度上的差异,将会呈现以下几种合作方式:(1)与科技发展水平较高的国家进行合作时,双方可以实现共同进步,在一定程度上能够解决暂时的"瓶颈"问题,共同进行合作研发以达到商业化;(2)与科技发展水平较低的国家进行合作时,可以进行"科技出口",将我国的优良技术或产品输出到相关国家,协助解决经济发展的疑难问题,更好地保障民生;(3)对科技发展完全不发达的国家,可以进行人才输入,帮助其改善基础条件,结对培训对方科技人员,加强国家级、省级、地市级高新技术开发区的建设,较好地实现成果商业转化。

趋势二:国际技术转移现象将会更加明显,甚至出现"百花齐放"的局面。技术转移是指技术在特定区域内进行移动的现象,即技术所有者基于当地特有的优势将技术运用于其他区域。在未来"一带一路"的建设中,技术转移将会发挥越来越重要的关键作用,尤其是在"趋势一"中提到的合作方式中。技术转移可以有效解决部分区域科技落后的现状。此外,技术转移并不只是局限地发生在某一领域,而是在各行各业均会出现,并在多地扩散开来,以使各个地区快速获取技术转移的优势,实现技术上的互补并为缺乏技术优势的地区提供一定程度上的发展契机,实现经济的突破性进展和跨越式发展。

趋势三:在科技合作中,丝路沿线国家和地区的高等院校和科研机构将会扮演越来越重要的角色。高校是人才培养的基地,科研机构是科技创新成果的摇篮。高校间进行人才培养与交流,有助于各国在充分了解别国国情的基础上,获得更多的发展信息,有利于培养更多的全面综合型人才。根据《2017年丝绸之路经济带科技合作发展报告》,科研机构间的合作有利于"集百家之所长",克服自身不足,创造出更加完美的创新成果。同时,科研机构所得的相关成果很大程度上会用于技术交流或转化转移中,便可以使研发成果在投入相关国家时变得更为容易,并能将受到的阻碍尽可能地降到较低水平。而高等院校与科研机构之间的交流合作有利于实现人才的培养与流动,有效规避出现人才与科研脱节的风险,从而使人才更好地为科研服务,使科研成果更好地为社会服务。

(六)政策建议

1. 完善科技发展制度

第一,应基于现实需求和制度变迁,着力于搭建跨国界、跨区域以及跨行业的政产学研合作平台,推进资源和产业的集聚,催生协同效应,实现共享发展。

第二,应加强科技和管理等方面的人才互动机制建设,在人才培养、人才激励和人才流动等方面探索项目带动、机制推动以及政策吸引等创新模式,促进人才的有效流动,实现人才资本的最优化配置。

第三,应优化区域协同创新网络,促进知识交流与成果共享。要充分利用"互联网+""物联网+"等,优化创新资源要素配置,提升科技创新成果的共享和交流,促进协同创新的螺旋式发展,最终推动社会的全面进步。①

2. 加强知识产权保护

第一,要帮助知识产权保护水平较弱的国家提升保护水平。伴随我国知识产权保护水平的不断提升,需要向水平还相对落后的国家提供帮助,秉持"达则兼济天下"的理念,帮助相关国家培养专业领域人才,协助构建适合他国国情的保护体系,只有这样才能有机会实现区域内的互利共赢。

第二,要做好"一带一路"相关产业的专利布局。专利布局是企业用以防御专利侵权、占领市场和打压竞争对手的最有效手段之一。通常来说,专利布局可以被分为海外布局、区域布局和产业布局三大类。不同种类的布局也具有不同的侧重点:海外布局能够帮助企业快速占领海外市场,为专利保护提供国际化的法律保障;区域布局着重强调保护区域资源优势,能够促进区域内经济的高质量发展;产业布局则侧重于某一特定产业的发展规划,集中精力发展产业优势,从而帮助相关产业保持行业内的优势地位。

第三,要建设"一带一路"区域知识产权一体化制度。"一带一路"倡议的推进过程同样也是沿线国家和地区在知识产权领域推进一体化的过程,该过程能够促进其与国际知识产权体系深度融合。在实现满足国际知识产权保护的基础之上,在不同国家之间实行有区别的保护政策,从而实现各国之间的互惠共赢、协同创新。此外,还应对国际性、区域性的知识产权体系、政策进行充分且深入的研究、梳理,合理规避闭门造车。

第四,要全面提升我国在科技方面的国际竞争力。进一步加大专利侵权保护力度,实现奖惩并举的精准专利行政执法。完善和构建专利侵权诚信体系;吸取海外专利纠纷经验,培育高价值核心专利,健全专利后评估机制,加大专利质量的市场和公众反馈力度,提升专利价值硬实力;落实"一带一路"倡议,发挥专利人才优势,打造创新核心区和知识产权

---

① 高建新:《"一带一路"战略背景下的科技协同、个人才互动与制度创新》,《开发研究》2016 年第 4 期。

服务一体化示范区域,助推国际交流与合作;发挥技术创新核心区的溢出效应,加强企业专利布局,促进优势资源融合,构建"一带一路"交易平台,引导优势技术输出,形成"一带一路"出海新态势,共同营造发展新局面。

四、民航、旅游与民心相通

(一)指数排名及得分

完善民航运输和推进旅游交流,可以为各国合作夯实社会根基,既承担着推进经济合作的重任,又发挥增进人民友谊和加深相互了解的功能。"一带一路"建设不仅是物质性的,也是精神性的,通过强化民航互联互通能力,建设"一带一路"交通纽带,既可促进沿线国家和地区之间的旅游和交往,又能顺应民愿、汲取民智、动员民力,不断优化互利共赢的合作模式,从而推动民心相通建设,并为深化文明交流互鉴提供平台,进一步为构建人类命运共同体集聚条件。"一带一路"沿线国家和地区地域广阔,分布于亚、非、欧等各个大洲。据中国民航网统计,世界范围内 40%以上的贸易价值是通过航空运输来实现的。

基于此,本报告通过民航运输的国际性来测度相应国家民航的发展程度。旅游对于带动一个地区发展、增加对该地区了解、提高投资吸引力至关重要,一个地区的国际旅游发展程度往往体现了该地区的对外开放程度和经济活力。本报告通过来华旅游人数、本国来访旅游人数及旅客的变动来直接反映该地区旅游民心相通的开放度,同时以国际旅游收支情况及其占进出口的百分比情况,来侧面反映旅游对本国经济的影响程度,影响程度越深,该国通过旅游来促进民心相通的动力就越强。

(二)基本概况

"一带一路"倡议提出以来,中国与"一带一路"沿线国家和地区加强了民航基础设施的建设,并在此基础上以国家、社会组织、个人为主体开展了内容丰富、形式多样的文化和旅游活动,促进了"一带一路"沿线国家和地区旅游产业的蓬勃发展,也增强了我国与"一带一路"沿线国家和地区人民之间的交流,为"一带一路"沿线国家和地区增进相互了解、深化友谊提供了坚实的平台,为"一带一路"建设提供了保障。

1. 民航交通发展状况

交通是社会发展总进程的一个重要的侧面。在历史发展的每一阶段,都可以看到交通进步的轨迹。交通条件决定着历史上文化圈的规模,也影响着各个文化圈相互之间的联系。

航运能力不断提升,陆、海、空立体交通初现雏形。从 2013 年起,我国新增国际航线 403 条。与沿线 45 个国家、89 个城市实现了直航,占中国国际航线一半以上,总里程超过 150 万千米。2018 年夏秋航季,航空客运每天运送旅客量约为 8.7 万人,通过飞机往返中国与"一带一路"沿线国家和地区之间每周约有 5100 个直航航班。航空货运方面,29 家中方航空公司运营自中国至"一带一路"沿线国家和地区 81 个城市的往返定期航线,每周货运 98 班;与此同时,37 个"一带一路"沿线国家和地区的 90 家航空公司从 84 个国外城市运营至 52 个国内城市的定期航班,每周货运 142 班。① 我国与"一带一路"沿线国家和地区双边往来航空运输的规模不断提升(见图 2-8)。

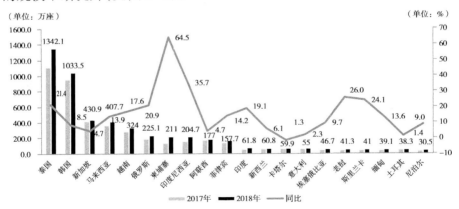

图 2-8 2017—2018 年中国与部分"一带一路"沿线国家和地区航空运力变化趋势

资料来源:徐金菊:《2018"一带一路"民航发展报告》,飞常准大数据研究院。

---

① 徐玲、崔燕:《新时代"一带一路"的使命担当与方略选择》,《东北亚经济研究》2019 年第 1 期。

项目建设与投资不断加大,国内航空企业市场竞争力增强。截至2018年上半年,我国已在"一带一路"沿线省份新建机场33个,完成枢纽机场改扩建项目51个;重点推进了51个直接服务于"一带一路"的民航大中型建设项目,总投资达1636亿元,提升了西安、乌鲁木齐、昆明等机场的门户枢纽功能,并与新疆维吾尔自治区人民政府共同制定了乌鲁木齐国际航空枢纽战略规划。完成了广—兰空中大通道建设,大幅提升丝绸之路经济带航空运输的通行能力,惠及沿线和我国境内32个机场。同时我国企业参与了沿线20余个国家、近40项民航基础设施建设项目,如马尔代夫机场新跑道建设、斯里兰卡机场改扩建等项目,进一步提升了我国航空相关企业在"一带一路"沿线国家和地区市场的竞争力。

国际共识不断加深,协议签署标准联通。航空协定是"承认航空运输是建立和维护协定双边人民之间的友谊、理解和合作的重要手段,以及为了促进双方之间航空运输的发展"的法律文件。截至2019年,我国与"一带一路"沿线的62个国家签订了双边政府间航空运输协定,同时,与东盟签订了首个区域性的航空运输协定,与俄罗斯、亚美尼亚、印度尼西亚、柬埔寨、孟加拉国、以色列、蒙古国、马来西亚、埃及等沿线国家和地区举行双边航空会谈并扩大了航权安排。[①] 这些航空协定的签署,推动了签约国之间在航空发展上的共识,为经贸文化交流提供了坚实的基础。

2. 国际旅游发展状况

联合国世界旅游组织曾表示将与中国等丝路沿线国家和地区共同推动丝路旅游的可持续发展,促进国际交流,并将2015年和2016年定为了"丝绸之路旅游年",这极大地推动了中国与"一带一路"沿线国家和地区人民的交流沟通。在《"十三五"旅游业发展规划》中,将海上丝绸之路旅游带列为十大国家精品旅游带之一,明确了"一带一路"旅游业"十三五"时期的发展路径和目标。

"一带一路"倡议提出以来,在旅游推动"民心相通"方面,也取得了

---

① 徐玲、崔燕:《新时代"一带一路"的使命担当与方略选择》,《东北亚经济研究》2019年第1期。

丰硕的成果,主要表现在以下几个方面:

　　跨境旅游规模扩大,周边国家成为我国"出境游"热门地区。从旅游资源丰富程度上看,"一带一路"沿线国家和地区在旅游资源开发潜力上有着得天独厚的优势,其国际旅游总量占全球的70%以上,涵盖了全世界74%的自然保护区与近50%的文化遗产。"一带一路"倡议的提出和实施,极大地推动了沿线国家和地区人民之间的文旅交流(见图2-9)。据国家旅游局估测,2013—2018年,中国与"一带一路"沿线国家和地区双边旅游人次超过2.3亿,带来3000多亿美元的旅游消费,其中我国输送游客约为1.5亿人次、产生2000亿美元游客旅游消费,同时吸引沿线国家和地区8500万人次游客来华旅游,拉动旅游消费约1100亿美元。从占比来看,2017年全球国际旅游人数为13.23亿人次,相较2016年增长了1.23亿人次。"一带一路"沿线国家和地区2017年国际旅游人次约为5.82亿人次,占世界国际旅游人次的44.02%,较其GDP占比高出约10个百分点,为全球重要的国际游客净流入地。

（单位：万人次）

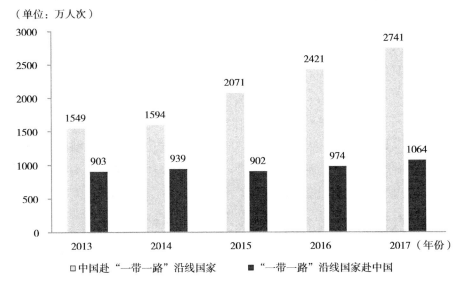

图2-9　2013—2017年中国与"一带一路"沿线国家和地区双边旅游人次

资料来源:中国旅游研究院:《"一带一路"旅游大数据专题报告》。

　　此外,根据《2018"一带一路"旅游大数据报告》,在"一带一路"相关国家中,由于东南亚地区国家与中国的陆上、航空联通度明显高于其他地区,使其成为中国游客最为集中前往的热门地区。

旅游投资企业拓展布局,为沿线国家和地区减贫困、促就业。中国对"一带一路"沿线国家和地区的旅游投资也逐渐成为我国对外交流过程中的重要组成部分。相关研究发现,依托蓬勃发展的国际贸易、便捷的交通区位、优良的度假资源、庞大的旅游经济规模,使东南亚地区成为我国对外旅游投资的重点地区;而由于与我国路途遥远、接待我国出境旅游规模较小、贸易联系度相对较低,我国对中东欧旅游投资正处于发展初期。截至 2017 年年底,我国向"一带一路"沿线国家和地区进行的旅游投资覆盖 23 个国家(见表 2-10),投资前三位分别是泰国、柬埔寨、俄罗斯,旅游投资活动与旅游热门地区在空间上呈现出一致性。此外,"海上丝绸之路"的旅游企业投资数量明显多于"陆上丝绸之路"。[①]

表 2-10　我国在"一带一路"沿线国家和地区旅游投资企业个数

区域	国家	投资企业数量(个)	占比(%)
东南亚	泰国	19	13.97
	柬埔寨	13	9.56
	新加坡	11	8.09
	马来西亚	10	7.35
	老挝	8	5.88
	印度尼西亚	7	5.15
	缅甸	4	2.94
	越南	4	2.94
南亚	尼泊尔	6	4.41
	印度	4	2.94
	马尔代夫	4	2.94
	斯里兰卡	2	1.47
	巴基斯坦	1	0.74

---

① 邹统钎、晨星、刘柳杉:《"一带一路"旅游投资:从资源市场转向旅游枢纽》,《旅游导刊》2018 年第 2 期。

续表

区域	国家	投资企业数量(个)	占比(%)
中东	阿联酋	11	8.09
	阿曼	1	0.74
	土耳其	1	0.74
蒙俄	俄罗斯	12	8.82
中亚	哈萨克斯坦	4	2.94
中东欧	捷克	9	6.62
	罗马尼亚	2	1.47
	白俄罗斯	1	0.74
	波兰	1	0.74
	立陶宛	1	0.74
总计	23	136	1

资料来源:中华人民共和国商务部、国家统计局、国家外汇管理局:《2017年度中国对外直接投资统计公报》,中国统计出版社2018年版。

根据世界旅游业理事会数据,旅游业的发展给"一带一路"沿线国家和地区平均带来了5.36%的直接就业贡献、14.11%的综合就业贡献、14.95%的综合经济贡献,对于降低"一带一路"沿线国家和地区失业率、减少贫困人口发挥了巨大的作用。

旅游便利度不断提升,"一带一路"旅游满意度高位维持。"一带一路"一些沿线国家和地区采取签署合作备忘录、简化民众的签证手续、减免签证费用、延长签证有效期限等多重手段,方便旅游者入境,促进旅游经济的发展(见表2-11)。根据相关数据,中国已与"一带一路"沿线24个国家实现免签或落地签,便捷程度的提升也使人民对"出境游"满意程度较高。

表2-11 "一带一路"沿线国家和地区旅游便利度优化典型案例

国家	签证优化方式
阿联酋	中国公民持普通护照入境阿联酋,无须事先申请签证,只需前往移民局,该局会在护照上免费加盖30天有效签证戳记。30天后,可以根据相关规定申请一次延期,再停留30天

续表

国家	签证优化方式
俄罗斯	中国公民团队游免签,自由行可通过申请俄罗斯个人旅游签证前往俄罗斯
塞尔维亚	中国的普通护照持有人可免签滞留塞尔维亚30天
尼泊尔	尼泊尔对持因私普通护照的中国公民开放普通签证和落地签。从第三国出发的中国公民可持相关材料在入境口岸办理落地签
肯尼亚	肯尼亚已取消对中国公民落地签,改为电子签证
柬埔寨	对持因私普通护照的中国公民开放电子签证和落地签。从泰国、老挝、越南出发的中国公民可持护照及其他材料在柬—泰、柬—老(挝)、柬—越(南)边境指定口岸办理落地签证。除此之外,须前往柬埔寨外交部网站申请电子签证(E-VISA),并在指定入境口岸进入柬埔寨
土耳其	持普通护照的中国公民可在土耳其电子签证申请页面获取30天以内的单次入境电子签证,有效期是180天
斯里兰卡	斯里兰卡对持因私普通护照的中国公民开放电子签证和落地签。从第三国出发的中国公民可持护照、离境机票及其他相关材料在科伦坡国际机场办理落地签证
新加坡	中国公民可通过授权签证代理机构申请新加坡旅游电子签。如果条件符合,可获得长达10年有效期的多次有效签证,同时若主申请人获得此项资格,其配偶、年龄未满21岁的子女将获得同样的有效期限

资料来源:国家信息中心、"一带一路"大数据中心:《2018"一带一路"旅游大数据报告》《"一带一路"大数据报告(2018)》(商务印书馆)。

(三)政策举措

1. 民航领域基础设施建设

从2012年起国务院发布了《促进民航业发展的若干意见》,在意见中提出要增强中国民航的国际航空竞争力,适应国家对外开放和国际航空运输发展的新趋势,鼓励国内有实力的客、货运航空企业开拓国际市场,加强国际航空交流与合作,积极参与国际民航标准的制定。此后出台了一系列的政策措施指导保障民航业的发展。2013年至今,国家各职能部门出台调整民航业与国际相关的政策文件,其针对性也显著加强(见表2-12)。总体上看,民航业在"一带一路"建设中相关政策文件和规划较公路、铁路及港口等其他交通运输业较少,且侧重于民航基础设施建设方面。

表 2-12　关于"一带一路"民航领域发展的相关政策

年份	文件	涉及国际民航相关内容
2013	《国务院办公厅关于印发促进民航业发展重点工作分工方案的通知》	机场规划建设、通用航空发展、国际竞争力提升等
2016	《民航科技发展"十三五"规划》	航空监视网、枢纽建设、机场建设运营
2016	《民航局关于鼓励社会资本投资建设运营民用机场的意见》	民用机场建设
2017	《民航发展"十三五"观划》	国际竞争力提升
2018	《民航领域鼓励民间投资项目清单》	机场基础设施建设

资料来源：笔者根据"中国一带一路网"相关数据整理。

2016 年民航局编制印发了《民航推进"一带一路"建设 2016—2030 行动计划》，确定了两个阶段的发展目标：第一阶段是 2016—2020 年，目标是实现"先联快通，重点突破"。第二阶段是 2021—2030 年，目标是实现"支撑有力，融合共享"。

民航安全技术合作已成为与沿线国家和地区开展民航合作的重要内容。近年来，我国与新西兰、澳大利亚等多个国家和地区签署了加强民航全面合作的文件，中非民航学院建设正在全面推进，中国民航还为"一带一路"沿线近 20 个国家提供了 360 多个奖学金的名额，现在已经完成了对 200 多名学员的航空专业培训。此外，民航局还积极协调有关方面推动与沿线国家和地区的航空运输便利化举措。

2. 旅游合作建设

"一带一路"沿线国家和地区有着丰富的旅游文化资源。随着我国经济的发展，人民群众对于"出境游"的需求也逐步提高。从 2015 年开始，中国与"一带一路"沿线国家和地区开始共同规划旅游文化沟通交流，主要形成了以下相关政策（见表 2-13）。

表 2-13　关于"一带一路"旅游发展的相关政策

时间	文件	涉及"一带一路"旅游内容
2015 年	《推动共建丝绸之路经济带和 21 世纪海上丝绸之路的愿景与行动》	签证便利化、加强国际旅游合作

续表

时间	文件	涉及"一带一路"旅游内容
2015 年	《丝绸之路国家旅游部长会议西安倡议》	旅游规模、便利度、旅游满意度
2017 年	《文化部"一带一路"文化发展行动计划（2016—2020 年）》	文化之旅打造
2017 年	《"一带一路"体育旅游发展行动方案（2017—2020 年）》	体育产品与"一带一路"旅游市场融合
2018 年	《中国—中东欧国家合作索非亚纲要》	明确"16+1"的旅游发展方向

资料来源：笔者根据"中国一带一路网"相关数据整理。

（四）相关案例

在民航交通方面，我国成果的主要案例集中在跨国民航基础设施工程建设和融资上。

1. 马尔代夫机场建设案例

2014 年 9 月，北京城建集团与马尔代夫机场公司正式签约，拉开了马尔代夫机场第四次改扩建的帷幕。北京城建集团是国内机场建设领域的重要力量，但是走出国门建设机场还是头一次。与其他机场改扩建项目不同，在该项目的进展过程中，主要面临着以下三个难点：一是施工环境复杂，跑道修建需要改变原有地形。机场岛整体呈"簸箕状"，潟湖一侧风平浪静，西北侧断崖水下岸坡陡峭。最初的总图护岸边线距离陡坡较近，吹填和护岸的施工难度较高、风险性较大，如勉强照图施工，将对机场使用造成安全隐患。二是机场原有建设综合采用了英国、美国、日本、印度等多个国家的建设标准，中国的设计团队与业主聘请的设计监理团队在设计理念、规范标准、设计流程和表达方式等方面存在巨大差异，影响工程进度。三是马尔代夫是一个海岛国家，国土面积小，物资采购运输既是顺利施工和控制项目成本的关键，又是横亘在面前的大难题，时间和空间都对物资采购及运输提出了新挑战。

为了解决上述三个问题，北京城建集团狠下功夫。在工程施工上，总结梳理了在珊瑚砂新地质上的填海、地基处理、护岸等施工工艺，形成了"珊瑚砂填海技术研究与应用""珊瑚砂地基条件下场道技术研究与应用""机场岛周边海域水文环境研究""机场设计和施工综合技术""机场

F+EPC项目管理理论和实践""机场岛护岸技术研究与应用"及"飞行区的数字化施工技术"七大课题,在技术和施工方法上进行了多项创新,填补了中国企业海外填海造机场的技术空白,并在项目管理模式上也进行了创新;在设计标准上,项目部紧急组建了设计管理团队,聘请国际知名设计团队和当地的设计师根据本地习惯对分歧较大的设计进行修改调整,将新建跑道以跑道南端为轴心向东旋转 0.9°,使西北侧护岸与陡坎的距离在 12 米以上,确保了机场岛的安全稳定;在物资采购运输上,首次采用多国采购方式,实现采购国际化,同时构建与供应商的战略伙伴关系,以备应急采购需要,通过船讯网、海关系统等方式全过程跟踪货物的物流状态,并在货物到港后催促清关,提前准备审核、免税、清关文件,国内外各相关部门协调报备资料,详细到清关所需的每一个物资品种的功能、大小、用途、品牌等,减少了清关时间,同时积极与马方政府和业主公司沟通协调,加大清关力度,并在填海完成后自建临时码头,以缩短滞港时间。

2018 年 9 月 18 日,马尔代夫维拉纳国际机场新跑道上迎来了空中巨无霸空客 A380 的首次试飞,这标志着由北京城建集团承建的马尔代夫维拉纳国际机场新跑道全面完工投入使用,结束了马尔代夫不能空降 A380 的历史。

2. 斯里兰卡机场建设案例

斯里兰卡是南亚旅游胜地,被誉为"印度洋上的明珠"。近年来,斯里兰卡旅游业不断升温,科伦坡班达拉奈克国际机场客流量日益增大,机场原有规模和跑道状况难以满足日益增加的旅客需求。为解决这一问题,斯方业主向全球招标承建商以对机场进行改造升级。由于该机场是斯里兰卡最重要的机场,每年接待旅客高达 900 万人次,为避免航班集中造成机场繁忙拥堵,斯方业主要求承建企业仅凭现有的单跑道机场进行不停航作业,并要求企业投标时提供融资方案。

中国出口信用保险公司(以下简称"中国信保")与承建企业合作投标该方案。起初,业主对于中国信保的商业贷款加信用保险的融资方式存在异议,认为成本过高,流程过长,对出口信用保险抱有抵触情绪。为了化解业主的误解和担忧,中国信保与承建企业在项目竞标阶段展开密切合作,通过优化业务流程,提高了承保效率,解决业主对融资流程过长的疑虑,并通过中长期出口信用保险为该项目提供政治和商业风险的保障,提供保险金额高达6000万美元。凭借该笔信用保险的支撑,承建企业顺利从银行获得了项目融资,证明了其具备推动后续工程的实力。最终,在中国信保、银行和承建企业三方的合作之下,该方案以技术标和商务标综合评分第一名的成绩中标,并在短短四个月内就完成项目审批、融资协议签署、保单生效和首笔放款流程。中方团队的高效大大超出了业主预期,使斯方对于信用保险的认识大大转变,并表示在后续项目中会更多地考虑商贷加信保的融资方式。这一项目为中国基建企业和金融企业在南亚激烈的市场竞争中打开了一扇新的大门,也表明基建企业应充分利用各种融资手段来提升企业的竞争力,与保险公司、金融机构等"抱团"投入到"一带一路"的建设中去。

3. 成立世界旅游联盟

在旅游方面,我国自"一带一路"倡议提出以来取得了丰硕成果,我国首次搭建了国际旅游合作组织——世界旅游联盟(World Tourism Alliance,WTA),成为拓宽民众深入交流的成功案例。

随着全球国际旅游人数和旅游收入的不断攀升,旅游逐渐成为促进世界经济发展、带动全球就业增长和助推各国人民脱贫的重要产业。为了搭建国际旅游产业对话、交流与合作的平台,促进国际旅游业务合作与经验分享,2017年9月12日,由中国发起的世界旅游联盟成立仪式在成都举行,来自全球100多个国家和地区的代表共同见证了这个由中国发起的全球性非营利国际旅游组织的诞生。世界旅游联盟将协调组建旅游产业第三方研究和咨询机构,把握全球旅游产业发展趋势,收集、分析、发布旅游数据,为旅游规划服务、业务培训、政府及企业决策提供咨询,建立跨国旅游市场互惠机制,开展旅游市场宣传推介,促进资源共享,跨界跨业合作,并为民间和政府之间的交流与合作搭建平台。

该联盟是由中国旅游协会发起成立的第一个全球性、综合性、非政府、非营利的国际旅游组织,以"旅游让世界更美好"为核心理念,以旅游促进发展、旅游促进减贫、旅游促进和平为目标,加强全球旅游业界的国际交流,增进共识、分享经验、深化合作,推动全球旅游业可持续、包容性发展。世界旅游联盟设有 89 家创始会员单位,涉及各国全国性旅游协会、有影响力的旅游企业、智库等机构,其中有中国会员单位 29 家,包括 21 家企业、6 家协会、1 家研究院所和 1 家媒体。[①]

组建世界旅游联盟对于推进"一带一路"倡议也将发挥积极的作用。根据联合国世界旅游组织出版的《迈向 2030 年的旅游业》预测,到 2030 年,全球每年将有 18 亿人跨国旅行,"一带一路"沿线国家和地区的旅游人次将进一步攀升。世界经济论坛 2019 年最新发布的数据显示,中国旅游业的世界竞争力综合排名已经上升到第 13 位。在今后的 20 年,中国将迅速成长为全球最大的旅游市场,对全球旅游业发展作出更大贡献。由中国发起的世界旅游联盟,对于"一带一路"沿线各国乃至整个世界旅游行业的发展将具有巨大的引领作用。

(五)问题与挑战

我国在与"一带一路"沿线国家和地区民航交通和旅游业上的工作方式、成果和经验,虽然取得了辉煌的成绩,但是在民航与旅游方面深入发展仍有很大潜力,民心相通纽带尚未构建完成,在以往的工作中存在一些突出问题,主要表现在以下几个方面。

1. 民航深度合作缺乏支撑

中国与"一带一路"沿线国家和地区民航合作深度不足,协同机制有待优化;部分"一带一路"沿线国家和地区民航基础设施落后,发展条件不佳;"一带一路"沿线国家和地区政策差异显著,推动民航业发展决心不足;部分"一带一路"沿线国家和地区动荡,民航业投资存在较大风险。

2. 国际旅游业发展受限

旅游业对外投资规模总量小、企业数目少、品牌效应低;沿线国家和地区宗教、语言、文化复杂多样,提升旅游业发展成本;部分沿线国家和地

---

① 本报评论员:《世界旅游联盟成立 凸现中国责任担当》,《中国旅游报》2017 年 9 月 13 日。

区社会安全风险高,政局动荡常态化,威胁旅游安全。

(六)思路创新与建议

本小节基于我国在"一带一路"倡议建设中民航交通和旅游业存在的问题和挑战,针对性地提出相应的对策建议。

1. 加强民航政策沟通和基础设施建设

(1)加强与"一带一路"沿线各国民航政策沟通,发挥政府引导和支持作用。深化各国之间民航双边航权协定和适航协定的签署,增加民航航线数量,增开国际航路,提高现有航权利用率,增加国家与城市直接通航点,提高"一带一路"空中通道网络的通达性。构建各国民航业协调合作机制。完善民航与主管部门、相关企业的协调机制,建立与各国之间的涵盖民航基础设施建设投资、配套产品成套采购、运营管理服务输出的相应政策体系和合作沟通平台。

(2)参与提升"一带一路"沿线各国基础设施建设,提升区域间民航运输能力。应加快参与和完善"一带一路"沿线国家和地区机场布局,加大区域民航枢纽建设能力,构建联通国际国内政治、金融、经济中心的航空通道。提升区域机场群整体效率与空港国际竞争力,确保重点机场的运输能力得以发挥;积极参与推进沿线国家和地区航空管理基础设施的升级改造工程,提升民航地面保障能力,推进边境空管基础设施的对接机制建设。优化并完善机场运输体系建设,强化空港与区域城市之间陆上、海上交通网络建设,构建海陆空立体互联互通交通模式,促进民航客货多方式联运发展。[①]

(3)加强企业、资本参与沿线国家和地区民航基建、服务项目,鼓励国内民航企业参与国际竞争。应大力推动我国企业承接或投资"一带一路"沿线国家和地区民航基础设施建设工程项目、鼓励和引导各类社会资本参与;加快推进航空运输服务走出去、鼓励国内航空公司进入"一带一路"沿线国家和地区的国际航空运输市场[②],积极面对国际竞争,以"实

① 张婧:《"一带一路"背景下我国民航运输业的发展对策研究》,《现代营销》(下旬刊)2017年第4期。

② 张莉、姚津津、田峰、高超:《民航业落实"一带一路"战略的思考》,《宏观经济管理》2016年第5期。

战"提高民航企业的国际竞争力,从而为我国与沿线各国之间的客货运提供便捷、高效、优质的航空运输服务;鼓励民航行业与航空指向型产业、服务与产品抱团打包①,走向"一带一路"更为广阔的市场。

2. 国际旅游提质提速,加强相关人才培养

(1)加强引导旅游业提质发展,打造具有世界影响力的旅游品牌企业、项目。充分发挥政府在旅游业发展中的引导作用,借助各国旅游协会等行业组织,联合各类中介、第三方机构,联手为"一带一路"旅游业发展提供全方位支持,引导旅游业高质量发展。遵循"先易后难、先走后跑"的发展原则,稳步推进"一带一路"旅游资源的开发,从开发潜力最大、开发难度最低、开发效果最明显的项目入手,打造标杆案例,树立具有国际影响力的品牌旅游企业、旅游项目。积累丰富的旅游资源开发经验,并在此基础上逐步整合开发更多资源,为难度较大的项目落地打好基础。

(2)根据国内、国外市场不同需求,积极培育新的旅游业态。"一带一路"沿线国家和地区旅游资源开发过程中,在产品层面应该注意以自然、文化主题资源挖掘为主,品牌自主建设资源为辅,在业态上注意突破旅行社、酒店等旧有业态,充分结合现实新技术培育新的旅游业态,并以专业分工体系为主进行市场整合,通过大企业积极吸纳、联合专业化中小旅游企业抱团出海,使其在竞争中系统性整合资源,带动整个"一带一路"旅游产业"跑"起来。

(3)加大小语种、国际法律等专业人才培养力度,为旅游业发展提供支撑。聚焦教育能力提升,加强我国国际旅游高等人才的培养质量,提升我国旅游业在"一带一路"沿线国家和地区的综合实力和竞争力,改革沿袭传统"自培"模式,探索与旅游企业协同开发职业素养养成和技能课程,创新人才技能培养路径,培养既精通所在国语言,又熟悉所在国法律和文化习俗的一线旅游人才,也可在国家战略的框架下有序推进联合学院、境外办学计划,推动高等旅游人才培养模式高质量发展。②

---

① 张婧:《"一带一路"背景下我国民航运输业的发展对策研究》,《现代营销》(下旬刊)2017年第4期。

② 高明:《"一带一路"建设需要培养国际旅游人才》,《中国旅游报》2018年7月6日。

针对地区不安定因素建立预警和处理机制,保障旅游业安全发展。对于"一带一路"沿线社会安全环境较差的地区,建立科学有效的评估、预警和突发事件处理机制,做到在旅游投资开发之前有效规避可能发生的不稳定的地区、在投资开发中对不安定事件的发生提出警告、对投资开发后不安定事件发生有效处理,以降低投资风险、减小投资损失。

五、生态环境与民心相通

(一)指数排名及得分

关于生态环境,本报告根据可获取的数据情况,选取了$PM_{2.5}$来度量空气质量情况,通过陆地和海洋保护区域面积来衡量相应的环境发展情况(见表2-14)。分析显示,空气质量较好的国家有新西兰、爱沙尼亚、文莱和斐济,$PM_{2.5}$的排放量接近于0。陆地和海洋保护区域面积得分最多的地区是不丹、文莱、波兰、克罗地亚、斯洛伐克、保加利亚、新西兰、斯里兰卡和柬埔寨。

表2-14 生态环境情况排名及得分

排名	国家	空气质量	陆地和海洋保护区面积	总得分
1	科威特	8.51	8.37	1.69
2	埃及	8.87	7.90	1.68
3	不丹	6.56	10.00	1.66
4	尼泊尔	7.53	8.85	1.64
5	阿联酋	8.35	7.89	1.62
6	沙特阿拉伯	10.00	6.10	1.61
7	塔吉克斯坦	6.83	8.76	1.56
8	巴基斯坦	7.42	7.80	1.52
9	埃塞俄比亚	6.23	8.45	1.47
10	卡塔尔	9.33	5.18	1.45
11	孟加拉国	8.24	6.20	1.44
12	巴林	7.57	6.81	1.44
13	印度	7.43	6.62	1.41

续表

排名	国家	空气质量	陆地和海洋保护区面积	总得分
14	波兰	4.35	9.69	1.40
15	保加利亚	4.35	9.47	1.38
16	罗马尼亚	5.71	7.97	1.37
17	斯里兰卡	4.35	9.23	1.36
18	柬埔寨	4.41	9.01	1.34
19	伊朗	6.19	7.22	1.34
20	南非	5.31	8.02	1.33
21	亚美尼亚	4.50	8.82	1.33
22	斯洛伐克	3.69	9.59	1.33
23	克罗地亚	3.62	9.63	1.33
24	蒙古国	4.77	8.36	1.31
25	缅甸	6.18	6.92	1.31
26	匈牙利	4.23	8.78	1.30
27	老挝	4.57	8.29	1.29
28	阿曼	7.51	5.26	1.28
29	阿塞拜疆	5.07	7.48	1.26
30	泰国	4.07	8.48	1.26
31	马其顿	4.97	7.40	1.24
32	韩国	4.67	7.65	1.23
33	捷克	3.53	8.71	1.22
34	菲律宾	4.07	8.15	1.22
35	以色列	3.45	8.58	1.20
36	马来西亚	3.29	8.51	1.18
37	伊拉克	7.33	4.43	1.18
38	乌兹别克斯坦	6.05	5.70	1.18
39	立陶宛	3.14	8.31	1.15
40	越南	4.42	7.01	1.14
41	巴拿马	2.66	8.65	1.13
42	拉脱维亚	2.75	8.43	1.12
43	阿尔巴尼亚	2.76	8.34	1.11

续表

排名	国家	空气质量	陆地和海洋保护区面积	总得分
44	土库曼斯坦	5.45	5.64	1.11
45	白俄罗斯	3.62	7.38	1.10
46	格鲁吉亚	3.75	7.16	1.09
47	印度尼西亚	3.14	7.74	1.09
48	新加坡	4.28	6.53	1.08
49	也门	7.30	3.31	1.06
50	文莱	0.43	9.96	1.04
51	俄罗斯	2.93	7.41	1.03
52	黎巴嫩	5.03	5.27	1.03
53	马达加斯加	3.85	6.42	1.03
54	塞尔维亚	3.48	6.67	1.02
55	吉尔吉斯斯坦	3.33	6.76	1.01
56	约旦	5.41	4.62	1.00
57	波黑	5.56	4.33	0.99
58	黑山	3.70	6.00	0.97
59	摩尔多瓦	3.64	6.03	0.97
60	乌克兰	3.53	5.96	0.95
61	新西兰	0.00	9.37	0.94
62	哈萨克斯坦	3.60	5.65	0.93
63	叙利亚	5.85	3.13	0.90
64	爱沙尼亚	0.20	8.60	0.88
65	马尔代夫	4.48	3.70	0.82
66	斐济	0.93	6.46	0.74
67	阿富汗	6.90	0.00	0.69
68	土耳其	5.41	1.28	0.67

（二）基本情况

将生态文明理念融入"一带一路"倡议，能够为其提供必要的服务和支撑，发挥生态环境国际合作交流的作用，并将为古老的丝绸之路赋予新的时代内涵，将新活力、新动力注入亚欧区域合作中。2019年第二次"一带一路"峰会上,习近平主席进一步提出了共建"一带一路"可持续城市联盟、绿色发展国际联盟,并制定了《"一带一路"绿色投资原则》。

共建绿色"一带一路"是顶层设计中的一项重要内容。《愿景与行动》中,明确提出了要突出生态文明理念,加强生态环境和生物多样性保护以及应对气候变化等领域的交流合作,共建绿色之路。2016年8月,习近平总书记在推进"一带一路"倡议工作座谈会上强调,要着力深化环保领域的务实合作,践行生态文明理念,加强环境保护力度,携手打造绿色丝绸之路。2017年5月,生态环境部、外交部、发展改革委及商务部联合印发了《关于推进绿色"一带一路"建设的指导意见》(以下简称"指导意见"),为"一带一路"建设中突出生态文明工作指明了具体方向。

指导意见中明确了推进绿色"一带一路"建设的总体目标,即根据生态文明建设、全球绿色和可持续发展要求,构建互利合作网络、新型合作模式、多元合作平台,力争用3—5年时间,建成务实高效的生态环境保护合作交流体系、支撑与服务平台以及产业技术合作基地,制定落实一系列生态环境风险防范政策和措施,为绿色"一带一路"倡议打好坚实基础;用5—10年时间,建成较为完善的生态环保支撑、服务和保障体系,实施一批重大生态环保专项项目并奋力取得良好效果。此次发布的指导意见旨在深入贯彻落实党中央、国务院的相关部署要求,加快绿色"一带一路"倡议进程。随着指导意见的进一步推广和落实,将切实提高沿线国家和地区的生态文明建设和区域可持续发展水平,助力沿线多国实现2030年可持续发展目标、推动"一带一路"成为绿色、和平、繁荣和友谊之路。

(三)政策举措

1. 习近平主席倡议建立"一带一路"绿色发展国际联盟

2017年5月,习近平主席在"一带一路"国际合作高峰论坛开幕式的主旨演讲中提出要"践行绿色发展的新理念,倡导绿色、低碳、循环和可持续的生产生活方式,加强生态环保合作,建设生态文明,共同实现2030年可持续发展目标",并提出设立生态环境保护大数据服务平台,倡导多国共同成立"一带一路"绿色发展国际联盟,并为相关国家应对全球气候变化提供一定的支持和援助。

《关于推进绿色"一带一路"建设的指导意见》与《"一带一路"生态环境保护合作规划》作为高峰论坛的成果,也陆续被发布。这两份重要文件作为指导建设绿色"一带一路"的工作纲领,体现了中国的坚定决心和切实行动,系统诠释了其重要意义和总体思路,明确了为实现可持续发展的总体目标应加强多领域、多渠道和多主体的合作力度,将"一带一路"生态环保工作推进到实处。

2. 四部委联合发布《关于推进绿色"一带一路"建设的指导意见》

为切实推动绿色"一带一路"建设和快速发展,生态环境部、外交部、发展改革委与商务部等部委联合发布了《关于推进绿色"一带一路"建设的指导意见》。其系统阐述了建设绿色"一带一路"的重大战略意义,要求以和平合作、开放包容、互学互鉴、互利共赢的"丝绸之路精神"为指引,牢固树立创新、协调、绿色、开放、共享的新发展理念,坚持各国共商、共建和共享,遵循平等、追求互利,全面推进"政策沟通""设施联通""贸易畅通""资金融通"和"民心相通"的绿色化总体进程。指导意见从加强交流和宣传、完善政策措施、保障投资活动、生态环境安全、发挥地方优势以及搭建绿色合作平台等方面做了详细部署。

3. 生态环境部发布《"一带一路"生态环境保护合作规划》

为努力做好"一带一路"倡议中的生态环境保护工作,2017 年 5 月,生态环境部发布了《"一带一路"生态环境保护合作规划》(以下简称《规划》)。《规划》指明了沿线国家和地区生态环保合作的总体思路,坚持共商、共建和共享,以促进共同发展、实现共同繁荣为导向,构建多元主体参与的生态环保合作格局,提升"一带一路"沿线国家和地区生态环保合作水平,为实现 2030 年可持续发展议程中的环保目标作出应有贡献。并提出要以统筹推进、示范带动的原则,争取到 2025 年推进生态文明和绿色发展理念融入"一带一路"倡议,进一步夯实合作基础,形成国际和地区间生态环保合作良好格局;力争到 2030 年,推动实现 2030 年可持续发展议程中环保领域的总体目标,深化生态环保领域的交流与合作,全面提升环保合作的水平与治理能力。

（四）工作进展、成果及数据

为积极落实党的十九大关于"生态文明建设"的有关要求与"一带一路"中相关的生态环境建设，国家遥感中心（地球观测组织 GEO 中国秘书处）在科技部和财政部的共同支持下，自 2012 年以来连续开展了"全球生态环境遥感监测年度报告"等工作，联合遥感科学国家重点实验室，跨部门汇集了国内相关领域顶尖的科研力量，深入开展了全球及区域范围内生态环境遥感专题产品研发及监测研究分析。"全球生态环境遥感监测年度报告"在保持继承性和强调发展性原则基础上，围绕全球重点区域、生态环境热点问题和生态环境典型要素这三大类主题，拓展了 8 个专题系列，分 6 期陆续发布了 15 个专题报告，包括陆地植被生长状况、陆表水域面积时空分布、全球大宗粮油作物生产形势、城乡建设用地分布状况、大型国际重要湿地、非洲土地覆盖、中国—东盟生态环境状况以及"一带一路"生态环境状况等专题，引起了社会各界的广泛关注，并获得了国际同行的高度评价。部分重点数据结果如下：

1. "丝绸之路经济带"农牧交错带生态环境现状与态势

农牧交错带位于全球陆地湿润、半湿润气候带与干旱气候带之间的过渡气候地带，是农业种植区与草原畜牧区的生态过渡地带。农牧交错带的生态环境对气候变化和人为干扰较为敏感。建设绿色"一带一路"，需要掌握倡议实施范围内农牧交错带的生态环境状况和变化态势。

"一带一路"农牧交错带位于北纬 30°—60°和西经 10°—东经 85°，涉及中国、俄罗斯、土耳其、伊朗、伊拉克、巴勒斯坦、以色列、约旦、叙利亚、亚美尼亚、阿塞拜疆、吉尔吉斯斯坦、乌兹别克斯坦、塔吉克斯坦、哈萨克斯坦、巴基斯坦、土库曼斯坦、阿富汗、摩洛哥、阿尔及利亚和突尼斯，总面积约 $2.6×10^6$ 平方千米。

农牧交错带生态系统由森林、灌丛、草地、城市、农田、湿地、河湖、冰雪和其他 9 类生态系统构成。农田是最主要的生态系统类型，农田面积占总面积的 49.09%；其次为草地和无植被覆盖的其他生态系统（裸地等），分别占总面积的 17.30% 和 17.44%；最后依次为灌丛、森林、河湖、城市、冰雪和湿地生态系统。

农田和草地是4个典型区中的主要类型。森林是中蒙俄区的主要类型,灌丛是新亚欧大陆桥区和中巴区的主要类型,无植被覆盖的其他生态系统是中国—中亚—西亚区的主要类型。4个典型区中城市、湿地及河湖生态系统的占比都很小,均不及4%。各典型区各类生态系统的面积及占总面积的比例见表2-15。

表2-15 典型区生态系统类型面积与占比

类型	中蒙俄区		新亚欧大陆桥区		中国—中亚—西亚区		中巴区	
	面积(万平方千米)	占比(%)	面积(万平方千米)	占比(%)	面积(万平方千米)	占比(%)	面积(万平方千米)	占比(%)
农田	9.61	58.9	10.46	58.7	16.91	45.5	0.76	83.8
森林	2.71	16.6	0.98	5.5	1.55	4.2	0.01	1.4
灌丛	0.07	0.4	2.14	12.0	3.69	10.0	0.05	5.1
草地	3.07	18.8	3.56	20.0	6.71	18.0	0.07	7.4
湿地	0.14	0.8	0.01	0.1	0.02	0.0	0.01	0.7
河湖	0.62	3.8	0.36	2.0	1.24	3.3	0.01	0.7
城市	0.07	0.4	0.09	0.5	0.50	1.3	0.01	1.3
冰雪	0.00	0.0	0.00	0.0	0.16	0.4	0.00	0.0
其他	0.02	0.1	0.22	1.2	6.42	17.3	0.00	0.2

资料来源:国家遥感中心:《"一带一路"生态环境状况及态势》。

2."21世纪海上丝绸之路"典型海岸带生态环境现状与态势

"21世纪海上丝绸之路"重点方向是从中国沿海港口经过南海到印度洋,延伸至欧洲。海上以重点港口为节点,共同建设通畅安全高效的运输大通道。建设"21世纪海上丝绸之路",要重视海洋生态建设,建设绿色之路,这就要求我们付出更多的努力,关注海洋富营养化、海岸植被破坏、赤潮发生频率上升、海洋生态系统更加脆弱等生态环境问题。

海岸带是各大圈层的界面,是反映人地交互作用最为明显的地域,海岸带的开发对气候、生物地球化学循环、陆地及近海生物多样性以及沿海水质环境等都有重要影响,属于敏感脆弱区。"一带一路"生态脆弱区也包括海岸带。例如,"一带一路"沿线的马六甲海峡海岸带、恰巴哈尔—

奥尔马拉海岸带和吉大港—皎漂港海岸带三个典型海岸带区域。

三个海岸带沿线地区近年来在海岸带区域建设用地均有不同程度的增加。马六甲海峡作为亚洲、非洲、欧洲和大洋洲之间海上往来的枢纽，对其周边岸带开发建设的促进作用显著，马来西亚在近30年的发展中其西岸城镇建设用地面积扩大了1.7倍；印度尼西亚仍然是以农业为主的国家，农用地的开发增幅达到66%。马来西亚西岸林地年均减少幅度达到1.73%，苏门答腊岛东岸林地年均减少幅度为1.34%。恰巴哈尔—奥尔马拉海岸伊朗段城镇建设用地面积扩大了15倍，农业用地虽有所增长，但占比仍不足1%；林地呈现逐渐增长趋势，增长幅度达到65.04%。吉大港—皎漂港海岸带缅甸段城镇建设用地开发力度加大，占地面积增加21.46平方千米，扩大了5.25倍，农业用地增幅达到18.34%；孟加拉国段海岸带建设用地面积增加96.39平方千米；而吉大港—皎漂港在近30年其林地面积逐渐减少，天然林减少了9.45%，红树林减少了1/3。

人类开发、海水航运、地理位置、季风气候、大陆径流、自然光场、海水浮游生物和悬浮物等多种人文与自然要素的综合影响决定了典型海岸带生态环境变化。马六甲海峡沿岸开发程度的区域分异与港口建设、距航道远近、经济政策、基础设施和安全保障等密不可分，例如苏门答腊岛东岸由于离航道较远，近海水深较浅，大型的港口较少，对区域经济的带动相对较弱，开发也相对较弱。恰巴哈尔—奥尔马拉海岸带建设用地受港口扩建、人口增长等因素的影响呈增长趋势，林地面积则通过种植被进行荒漠化治理而有所增加。吉大港—皎漂港海岸带发展农业的自然条件好，沿海地区土壤疏松肥沃，地势平坦，河流湖泊纵横，加之政府对农业发展的重视，耕地面积持续增长；同时其沿岸的吉大港、实兑港和皎漂港等港口城市的建设发展迅速；然而由于受农业快速发展、人口增长和建设用地扩张等多重因素的影响，该海岸带林地面积急剧减少。

各海岸带生态环境的变化趋势则根据其沿岸各地区社会经济发展的不同而有所区别。马来西亚作为中等收入国家，其经济开始向多元化发展，在制造业的带动下，有向非农产业和服务业转变的趋势。苏门答腊岛东岸可供利用的天然林地资源较为充足（20—40平方千米区域天然林地占 54%),已经发展为经济作物油棕榈的主产区;但其南部泥炭沼泽林的开发势必增加温室气体的排放,也会增加局部地区生态环境的脆弱性。恰巴哈尔—奥尔马拉海岸带受自然因素的影响,农业发展缓慢,但由于伊朗、巴基斯坦对农业的重视,努力开发土地潜力、发展多种经营,农业面积有持续增长趋势。吉大港—皎漂港海岸带由于自然条件优越,雨量充沛、土地肥沃,加之政府对农业发展的重视,采用先进的农业技术,使农业发展极具潜力;但受农耕和开荒的影响,森林面积持续减少,尤其是红树林的减少会对海岸带生态系统的稳定性持续造成影响。①

上述典型海岸带生态环境监测结果提示我们,在"21世纪海上丝绸之路"建设的同时,必须高度关注对沿海红树林和热带森林生态系统的保护,严格控制森林砍伐,严格控制高强度连片土地开发与环境污染,防止对海岸带及近海生态环境的破坏。

3."丝绸之路经济带"沿线国家和地区公园的生态状况与态势

国家公园是指由国家批准建立并主导管理的,以保护具有国家代表性的大面积自然生态系统为主要目的,实现自然资源科学保护和合理利用特定陆地或海洋的区域。其首要功能是保护重要自然生态系统的原真性和完整性,兼具有科研、教育及游憩等综合功能。它既不同于严格的自然保护区,也不同于一般的旅游区。

联合国环境规划署世界保护监测中心(UNEP-WCMC)的数据显示,截至 2018 年 3 月底,全球登记有自然保护地 217834 个,面积 5544 万平方千米;其中,国家公园 5517 个,面积 331 万平方千米,国家公园占自然保护地的数量比和面积比的 3% 和 6%。

经济走廊沿线分布着 3638 个自然保护地,占地面积为 92 万平方千米,占全球自然保护地数量和面积的比例均为 2%。经济走廊沿线分布着 138 个国家公园,占地面积为 9 万平方千米,占全球国家公园数量和面积的比例均为 3%。国家公园的数量和面积分别占经济走廊沿线自然保护地的 4% 和 10%。因此,丝绸之路经济带沿线国家和地区公园的重要

---

① 国家遥感中心:"一带一路"生态环境状况及态势。

性要高于全球平均水平。

本次监测在世界保护区数据库（IUCN 第 II 类）中选取 32 处国家公园作为本报告的监测对象，分布在 11 个国家，俄罗斯 10 个、泰国 6 个、缅甸 3 个、哈萨克斯坦、伊朗、柬埔寨、马来西亚和巴基斯坦各 2 个、乌兹别克斯坦、蒙古国和印度各 1 个。利用多源卫星遥感数据及相关产品，从生态系统的自然性、结构完整性、结构稳定性和生产力稳定性 4 个方面，对国家公园的生态状况和变化趋势进行分析，评价"一带一路"沿线国家和地区的国家公园总体的生态状况。

报告监测的国家公园面积为 86609 平方千米，占丝绸之路经济带沿线所有国家公园面积的 94%。从不同生态区来看，国家公园主要分布于热带亚热带湿润阔叶林生态区和北方森林/泰加林生态区，数量比和面积比分别达到 53% 和 36%；其次分布于热带亚热带干旱阔叶林生态区、山地草原/灌丛生态区和温带针叶灌丛生态区，数量比和面积比分别达到 35% 和 53%。温带针叶灌丛生态区的国家公园平均面积最大，达到 5886 平方千米，红树林生态区的国家公园平均面积最小，只有 1330 平方千米。

本次监测的丝绸之路经济带沿线 32 个国家公园的整体生态状况优良，生态状况指数在 69—90，均值为 83。其中，生态状况优秀的国家公园 21 个，数量占比为 66%，生态状况中等的国家公园 11 个，数量占比为 34%。从经济走廊看，中国—中南半岛、新亚欧大陆桥和孟中印缅国家公园的生态状况全部优秀，中蒙俄、中巴和中国—中亚—西亚部分国家公园生态状况中等，未来具有较大提升的空间。无论是国家公园个数，还是各种生态状况指数，中国—中南半岛都明显优于其他经济走廊。从自然性来看，中国—中南半岛和孟中印缅最高，中国—中亚—西亚和中巴居中，中蒙俄和新亚欧大陆桥最低。从结构完整性看，孟中印缅最优，其次是中国—中南半岛、中巴和中国—中亚—西亚，最后是中蒙俄和新亚欧大陆桥。从生态状况指数来看，孟中印缅和中国—中南半岛最优，分别为 89 和 88；其次是中国—中亚—西亚和中巴，分别为 83 和 82；最小的是中蒙俄和新亚欧大陆桥，分别为 77 和 74（见图 2-10）。

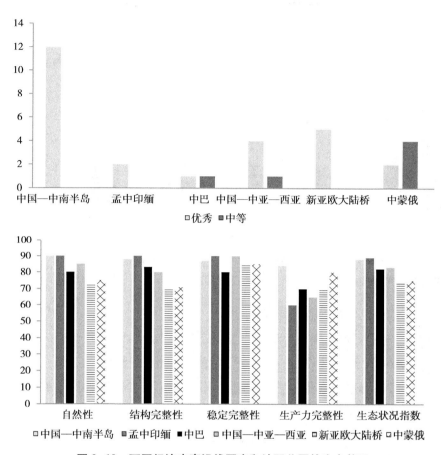

图 2-10　不同经济走廊沿线国家和地区公园的生态状况

资料来源:国家遥感中心:《"一带一路"生态环境状况及态势》。

对国家公园的生态状况趋势调查结果显示,在本报告监测的国家公园中,整体生态状况保持稳定的有 26 个,占监测的国家公园总数的 81%,主要分布在中国—中南半岛、中蒙俄、孟中印缅和中巴走廊沿线;生态状况趋于变好的国家公园有 2 个,分布于中国—中南半岛和中国—中亚—西亚沿线;整体生态状况趋向变差的国家公园有 4 个,分布在新亚欧大陆桥和中国—中亚—西亚的走廊沿线(见图 2-11)。

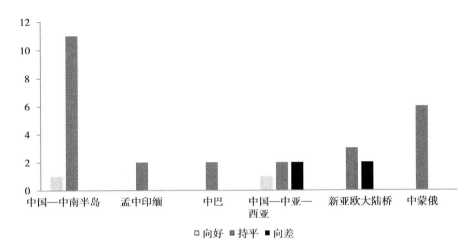

图 2-11　不同经济走廊沿线国家和地区公园生态状况变化趋势

资料来源:国家遥感中心:《"一带一路"生态环境状况及态势》。

(五)相关活动、项目及案例

1. 中柬、中老环境合作取得新进展,务实推动构建绿色共同体

为贯彻落实习近平总书记关于"绿色共同体"的倡议、"一带一路"国际合作高峰论坛以及澜—湄合作领导人会议成果,2018 年 7 月 1 日至 4 日,中国生态环境部代表团访问老挝和柬埔寨,其间签署了双边环境合作协议,深化务实合作,共同推动绿色"一带一路"建设。7 月 4 日,中国生态环境部与柬埔寨环境部在金边签署了《共同设立中国—柬埔寨环境合作中心筹备办公室谅解备忘录》,并启动设立了中国—柬埔寨环境合作中心筹备办公室。该办公室的成立,对两国全面推进战略合作伙伴关系"深入发展、行稳致远"以及绿色"一带一路"建设具有重大贡献和深远影响。此外,该举措还开启了中柬在生态环境领域的合作新篇章,有助于加强并深化两国的深层次交流,推动双方取得更多务实合作成果。

此次出访期间,中国生态环境部还与老挝自然资源与环境部举行了会谈,双方代表就共同推动绿色"一带一路"建设、加强水质和大气监测能力建设、环境标准制定以及相关人员培训等优先合作领域深入交换了意见,并签署了部门间关于生态环境合作谅解备忘录。

2. 深圳创新环境技术交流与转移模式,服务绿色"一带一路"

2016 年 12 月,环境保护部(现为生态环境部)与深圳市政府共同建立的"一带一路"环境技术交流与转移中心(深圳)(以下简称"中心")在深圳市正式揭牌成立。该中心作为我国与"一带一路"沿线国家和地区开展环保产业国际合作的高端实体平台,旨在推动绿色"一带一路"务实开展相关合作、实现互利互惠。

习近平总书记多次强调,要践行绿色发展理念,深化生态环境保护和应对气候变化合作,共建"绿色丝绸之路",要在环境政策体系、环境监管体系、环境治理体系、环境宣传教育四个层面,发挥自身优势,与沿线国家和地区开展合作。习近平总书记对中心提出三点希望:一是希望中心成为绿色"一带一路"建设的践行者、传播者;二是希望中心紧密围绕国家"一带一路"建设总体部署和"一带一路"生态环保合作重点开展工作;三是希望中心为推动我国环保产业发展和环保产业"走出去"提供全方位支持。

3. 中国—东盟环境合作论坛召开,大数据驱动生态环保创新

2018 年 9 月,由生态环境部、广西壮族自治区人民政府、东盟秘书处和柬埔寨环境部联合主办的中国—东盟环境合作论坛(2018)在广西南宁第 15 届中国—东盟博览会期间举行,此次论坛的主题为"大数据驱动生态环保创新"。论坛期间,启动了中国—东盟环境信息共享平台,该平台是习近平总书记在首届"一带一路"国际合作高峰论坛上倡议建立的"一带一路"生态环保大数据服务平台的重要组成部分。它将通过信息互通共享和咨询服务工具,将沿线各国绿色发展的理念与相关实践分享给更多其他国家,旨在促进多方在基础设施建设、产业技术交流、贸易投资等领域的绿色合作,进而实现和推动绿色"一带一路"建设。截至 2019 年 8 月,中国—东盟环境合作论坛累计成功举办八届,已成为中国—东盟相关国家开展生态环境政策对话、推动环保领域务实合作的重要平台。

(六)问题与挑战

"一带一路"倡议涉及的国家和地区横跨了亚欧非大陆,由于地理构造、地貌形态、大气环流、水分循环、动植物体系及人类活动共同组成了一

个复杂多样而又相互关联的生态环境整体以及命运共同体。沿线国家和地区的生态环境具有相对敏感和污染跨境传输等特征,东西两头分别是快速增长的东亚经济圈和持续发展的欧洲经济圈,中间则是资源集中富集、生态相对脆弱的欧亚大陆腹地。面对全球性的生态环境问题,没有一个国家能够独善其身、偏安一隅,这就使"一带一路"沿线国家和地区共同面临着应对全球气候变化、治理跨境污染、防治土地沙漠化、缓解水资源危机、预防自然灾害和疫情传播以及消除人口贫困等重大资源环境风险和可持续发展难题。

1. 沿线地区生态环境复杂

"一带一路"沿线国家和地区总体上位于全球气候变化的敏感地带,生态环境多样且较为脆弱,生态环境特征差异明显,问题复杂多样。其中,东南亚是世界上生物多样性最丰富的地区之一,但因气候变化、外来物种入侵、非法偷猎走私等原因,当地的生物多样性正在大幅下降,许多物种处于濒危灭绝状态。同时,随着人口增长膨胀、城市发展扩张、工业生产及交通拥挤,使该地区面临着严重的水资源污染短缺和大气环境恶化等问题;中亚位于干旱和半干旱地区,土壤荒漠化、沙漠化问题尤为突出,工业、农业、采矿业以及城市农村生活用水对环境的高度污染造成了该地区水资源极其短缺,同时它还面临大气污染、土地退化与核污染核辐射等环境问题;中东地区同样也面临着水资源短缺,工业化发展和城市交通带来的大气污染问题;此外,南亚地区正在遭受工业废水、生活污水、化学药品和固体废弃物对生态环境的严重破坏和污染。

2. 各国工业化水平差距较大

沿线区域大多属发展中国家并处于工业化中后期阶段,各国之间的工业化水平差距较大。具体而言,中亚五国分布在工业化初期和工业化后期两端;东南亚和南亚的国家大部分处于工业化初期;中东欧、西亚和中东的国家大部分处于工业化后期阶段。

3. 可持续发展面临严峻形势

"一带一路"沿线上的许多国家具有良好的资源禀赋,但是这些国家的经济发展过于依赖于油气和矿产等自然资源的开采和利用,对于资源、能源的消耗比重较大、单位能效低、发展方式相对粗放。同时,此区域内的单位 GDP 能耗、物质消费、原木消耗和二氧化碳排放量均超出了世界平均水平的一半以上,单位 GDP 水耗、有色金属消耗、水泥消耗、钢材消耗、臭氧层消耗等达到了世界平均水平的 2 倍甚至更高。总体而言,沿线区域的经济增长还处在与资源消耗和污染物排放的挂钩阶段,随着资源消耗和污染物排放持续快速增长,资源环境压力也在不断加大。

(七)思路创新及建议

1. 系统谋划绿色"一带一路"环境外交

以"一带一路"倡议为总体统领,整合国际国内环保合作资源,推动在联合国环境大会、金砖环境部长会等中方参与的主要国际合作机制和重大国际会议中设立绿色"一带一路"工作组或分论坛,借以宣传中国绿色"一带一路"建设理念与实践,利用全方位、宽层次、多渠道的对话交流,分享我国的生态文明思想及绿色发展理念,增强与沿线各国在生态环境领域的政策沟通。另外,需加强与沿线区域在相关领域的合作并落实联合国《2030 年可持续发展议程》,推动绿色"一带一路"建设与区域及全球的生态环境治理进程的互动与融合。

2. 推动"一带一路"投资建设项目环境监管

需对"一带一路"沿线区域涉及的重大项目开展环境影响评价,强化生态环境风险预警与防范能力。积极探索建立"走出去"企业在行业内的监管自律机制,规范引导企业履行社会及环境治理责任,推动成立绿色"一带一路"企业联盟,健全对外投资领域的环境管理体系等。需加强在国际范围内对于优秀实践案例的宣传推广,打造中资企业在"走出去"过程中对于当地生态环境高度负责的良好形象。

3. 加强人员交流与能力建设,促进绿色"一带一路"民心相通

加强在生态环境保护领域内的专家派遣及人才培养,合理构建国家政府、高等院校、科研机构、高端智库和社会组织等多主体共同参与的生态环保交流合作体系,积极宣传和分享中国的实践经验,大力支持沿线国家和地区环境保护能力建设。此外,通过加强人员交流与能力素质建设,进一步了解和掌握沿线国家和地区对于环境保护的工作重点和关注热点,并有针对性地对绿色"一带一路"建设进行谋篇布局。

4. 构建绿色"一带一路"利益共同体

加强对"一带一路"沿线国家和地区的国别和历史研究,识别各国在生态环保领域的主要挑战和合作需求,积极对接相关的国际合作组织,围绕重点环境关切,有针对性地设计和开展合作项目,持续提高中国合作项目对于规划设计和资源投入的精准度和专业化。对于经济发展与环境保护存在突出矛盾的沿线国家和地区,可参照德国、日本等国开展对外环保援助的相关经验,结合中方的优势资源,设计实施绿色"一带一路"的对外援助工程,切实支持相关国家环保能力建设。须秉持开放原则,在环保技术产业输出等领域与新加坡、以色列等环保技术较为先进的国家加强合作,共享惠益,切实推进环保领域的新成果、新概念在"一带一路"浇灌更加广阔的土壤。

第三章　社会事业

第一节　指数介绍

中国对"一带一路"沿线国家和地区的投资建设能够促进东道国的就业增长和人才培育。通过加强基础建设产能合作,能够有效改善沿线国家和地区社会环境,完善公共卫生体系,带动沿线国家和地区的经济增长和贫困减少。"一带一路"沿线国家和地区社会事业沟通交流的结果直接影响到"一带一路"沿线国家和地区的绿色健康发展。

社会事业领域大部分交流活动相对来说不容易直接量化,由于提法相对较新,针对该问题,本报告主要选取了能反映某国在社会事业方面基本情况的客观指标,来间接反映该国在相应领域需要国际交流的程度,从而间接反映民心相通可以深入的深度。具体指标选取与来源情况如下。

关于指标赋权的说明。社会事业相通指数主要从援助建设、人才与就业、社会公益与减贫、公共卫生、青年妇女儿童五个方面来考量(见表3-1)。在人才与就业方面,人力资本指数直接反映了相应国家人才的基本情况,同时用就业和失业指标综合考量反映人才就业的情况。在公共卫生方面,选取了与民生最紧密的基本卫生服务覆盖指数、人均国内一般政府卫生支出和人均国内私人卫生支出三个指标,基本卫生覆盖指数反映了相应国家的卫生水平情况,而人均国内一般政府卫生支出、居民卫生支出则反映了该国改善卫生状况的意愿程度,是间接反映沿线国家和地区与中国关于公共卫生合作方面民心相通的指标,相对来说间接反映民心相通的深度,为此赋予权重较低。

表 3-1 社会事业相通指数指标选取与来源

二级指标	三级指标	指标含义	数据来源
援助建设 (0.1)	接受无偿援助和捐赠的物资金额(0.1)		中国海关总署
人才与就业 (0.3)	失业(0.1)	失业人员占总劳动力百分比	世界银行
	就业(0.1)	年龄 15 岁以上就业人口比率	世界银行
	人力资本(0.1)	人力资本指数(HCI): 范围 0—1	世界银行
社会公益与减贫 (0.2)	获得援助情况(0.1)	中国对该国援助金额,已收到的人均官方发展援助(ODA)净额(现价美元)	世界银行
	贫困人口比例变化 (0.1)	按城市贫困线衡量的贫困人口占人口百分比	世界银行
公共卫生 (0.3)	基本卫生服务覆盖指数 (0.1)	UHC 基本卫生服务的覆盖率指数,以 0 到 100 的比例表示,经过加权平均计算得出	世界卫生组织,全球卫生观察站数据存储库(见 https://www.who.int/data/gho)
	人均国内一般政府卫生支出(0.1)		世界银行
	人均国内私人卫生支出 (0.1)		世界银行
青年妇女儿童(0.1)	儿童图书进出口(0.1)		中国海关总署

资料来源:北京大学"一带一路"五通指数研究课题组:《"一带一路"沿线国家五通指数报告》,经济日报出版社 2017 年版。

第二节 总体评价结论

在社会事业相通指数方面,"一带一路"沿线各国的差异比较大。民心相通发展潜力较大的国家是新加坡、新西兰、以色列、韩国、俄罗斯、爱沙尼亚、波兰、拉脱维亚、立陶宛、巴林(见表 3-2),而发展潜力较低的国家得分在 5 分以下。其中公共卫生领域各国的差异最为明显,新加坡、韩国、以色列和新西兰的公共卫生几乎接近满分,而公共卫生条件差的国家如埃塞俄比亚、马达加斯加和阿富汗,得分都在 1 分以下。整体来看,总得分排名靠前的国家在公共卫生领域得分相对也比较高,这说明良好的公共卫生往往相伴于较好的社会发展环境。

表 3-2 社会事业相通指数

排名	国家	对外援助	人才就业	社会公益	公共卫生	青年妇女儿童	总得分
1	新加坡	0.87	2.26	1.43	2.86	0.95	8.37
2	新西兰	0.87	2.11	1.43	2.94	0.81	8.16
3	以色列	0.87	2.04	1.43	2.84	0.82	8.00
4	韩国	0.58	2.07	1.43	2.78	1.00	7.86
5	俄罗斯	1.00	2.02	1.31	2.31	0.94	7.58
6	爱沙尼亚	0.87	2.03	1.45	2.41	0.66	7.42
7	波兰	0.87	1.90	1.43	2.32	0.86	7.38
8	拉脱维亚	0.87	1.98	1.42	2.34	0.69	7.30
9	立陶宛	0.87	1.93	1.42	2.36	0.69	7.27
10	巴林	0.87	1.82	1.43	2.47	0.66	7.25
11	斯洛伐克	0.87	1.91	1.31	2.49	0.62	7.20
12	叙利亚	0.97	1.67	1.76	2.13	0.63	7.16
13	沙特阿拉伯	0.87	1.50	1.43	2.44	0.90	7.14
14	克罗地亚	0.87	1.83	1.43	2.29	0.68	7.10
15	科威特	0.87	1.59	1.43	2.41	0.75	7.05
16	阿联酋	0.87	1.67	1.43	2.13	0.92	7.02
17	卡塔尔	0.87	1.48	1.43	2.48	0.75	7.01
18	黎巴嫩	0.68	1.57	1.67	2.30	0.73	6.95
19	捷克	0.87	1.67	1.43	2.13	0.84	6.94
20	格鲁吉亚	0.74	1.89	1.54	1.95	0.80	6.92
21	保加利亚	0.87	1.75	1.43	2.16	0.69	6.90
22	塞尔维亚	0.77	1.87	1.49	2.13	0.64	6.90
23	土耳其	0.87	1.59	1.38	2.15	0.83	6.82
24	罗马尼亚	0.87	1.56	1.43	2.06	0.79	6.71

续表

排名	国家	对外援助	人才就业	社会公益	公共卫生	青年妇女儿童	总得分
25	巴拿马	0.85	1.47	1.04	2.44	0.85	6.65
26	文莱	0.87	1.75	1.43	2.22	0.35	6.62
27	亚美尼亚	0.87	1.60	1.52	1.97	0.61	6.57
28	阿曼	0.87	1.52	1.43	2.07	0.62	6.51
29	约旦	0.92	1.21	1.60	2.01	0.73	6.47
30	黑山	0.87	1.64	1.55	2.02	0.36	6.44
31	土库曼斯坦	0.87	1.54	1.04	2.08	0.82	6.35
32	哈萨克斯坦	0.87	2.07	0.55	2.05	0.75	6.29
33	匈牙利	0.00	1.77	1.34	2.40	0.77	6.28
34	马其顿	0.87	1.50	1.47	1.98	0.44	6.26
35	越南	0.67	1.82	1.31	1.67	0.78	6.25
36	波黑	0.87	1.67	1.54	2.13	0.00	6.21
37	乌克兰	0.93	1.85	0.80	1.91	0.71	6.20
38	吉尔吉斯斯坦	0.87	1.69	1.48	1.56	0.54	6.14
39	蒙古国	0.68	1.68	1.53	1.59	0.61	6.09
40	马尔代夫	0.74	1.42	1.26	2.22	0.43	6.07
41	白俄罗斯	0.93	1.58	0.76	2.12	0.64	6.03
42	斐济	0.58	1.56	1.64	1.64	0.56	5.98
43	伊朗	0.83	1.39	0.82	2.20	0.72	5.96
44	乌兹别克斯坦	0.74	1.81	1.12	1.70	0.56	5.93
45	阿尔巴尼亚	0.45	1.70	1.32	1.81	0.63	5.91
46	泰国	0.76	1.50	0.95	1.84	0.84	5.89
47	伊拉克	0.88	0.96	1.41	1.74	0.86	5.85
48	不丹	0.87	1.59	1.26	1.28	0.82	5.82
49	阿塞拜疆	0.86	1.71	0.86	1.98	0.41	5.82
50	埃及	0.82	1.27	1.26	1.70	0.73	5.78
51	菲律宾	0.96	1.47	0.94	1.52	0.87	5.76
52	南非	0.13	1.24	1.44	2.15	0.79	5.75
53	摩尔多瓦	0.87	1.22	1.35	1.80	0.48	5.72
54	柬埔寨	1.00	1.41	1.35	1.24	0.65	5.65

排名	国家	对外援助	人才就业	社会公益	公共卫生	青年妇女儿童	总得分
55	马来西亚	0.87	1.69	0	2.09	0.99	5.64
56	斯里兰卡	0.95	1.44	0.91	1.65	0.49	5.44
57	老挝	0.96	1.45	1.45	1.00	0.53	5.39
58	尼泊尔	0.87	1.66	1.39	0.91	0.52	5.35
59	缅甸	0.87	1.09	1.30	1.22	0.65	5.13
60	塔吉克斯坦	1.00	0.96	1.35	1.38	0.38	5.07
61	也门	0.83	0.92	1.55	1.00	0.71	5.01
62	印度尼西亚	0.43	1.60	0.76	1.46	0.74	4.99
63	阿富汗	0.87	1.08	1.63	0.57	0.82	4.97
64	埃塞俄比亚	0.94	1.34	1.38	0.51	0.73	4.90
65	孟加拉国	0.87	1.47	1.24	0.77	0.48	4.83
66	印度	0.71	1.11	0.89	1.15	0.83	4.69
67	马达加斯加	0.79	1.49	1.52	0.19	0.62	4.61
68	巴基斯坦	1.00	0.83	1.24	0.81	0.68	4.56

第三节　分项评价结论

一、援助建设与民心相通

（一）指数排名及得分

"一带一路"沿线国家和地区大部分工程因规模较大而需要大量资金投入,但是部分沿线国家和地区缺乏相应的财政、人力与技术资源支撑,设施联通、贸易畅通以及民心相通的实现在一定程度上依赖于中国在资金、人力、技术方面的援助,所以援外建设工作就显得非常必要。

我国秉持"合作—发展"的理念开展对外援助,向发展中国家或多边机构以无偿援助、无息贷款和优惠贷款等方式提供资金、设施、物资和人员支持。"一带一路"倡议不仅可以保证在新的经济格局下,中国的经济合作获得新突破、经济实力得到持续增长,同时也能推动包括沿线国家和地区乃至发达国家在内的世界各国实现互利共赢。援助理念与援助方式的差异,决定了中国的对外援助与发达国家提供的对外援助相比存在一定优势。此外,与发达国家的对外援助相比,我国的经济发展水平与其他发展中国家更为接近,在技术、设备、人员方面差距更小,在基础设施建设方面具有比较优势,因而在经济合作与发展援助基础上,更容易使其他发展中国家形成自身"造血"功能,助其摆脱贫困。本报告主要根据是否曾接受中国援助以及接受国家间、国际间援助与捐赠的物资数量来评估援助建设方面的民心相通程度(见表3-3)。

表3-3 援助建设排名及各项得分情况

排名	区域	接受无偿援助和物资金额	总得分
1	巴基斯坦	10.00	1.00
2	俄罗斯	10.00	1.00
3	柬埔寨	10.00	1.00
4	塔吉克斯坦	10.00	1.00
5	叙利亚	9.66	0.97
6	老挝	9.62	0.96
7	菲律宾	9.56	0.96
8	斯里兰卡	9.54	0.95
9	埃塞俄比亚	9.37	0.94
10	乌克兰	9.31	0.93
11	白俄罗斯	9.30	0.93
12	约旦	9.19	0.92
13	伊拉克	8.75	0.88
14	阿富汗	8.71	0.87
15	阿联酋	8.71	0.87
16	阿曼	8.71	0.87
17	爱沙尼亚	8.71	0.87
18	巴林	8.71	0.87

排名	区域	接受无偿援助和物资金额	总得分
19	保加利亚	8.71	0.87
20	波黑	8.71	0.87
21	波兰	8.71	0.87
22	不丹	8.71	0.87
23	哈萨克斯坦	8.71	0.87
24	黑山	8.71	0.87
25	吉尔吉斯斯坦	8.71	0.87
26	捷克	8.71	0.87
27	卡塔尔	8.71	0.87
28	科威特	8.71	0.87
29	克罗地亚	8.71	0.87
30	拉脱维亚	8.71	0.87
31	立陶宛	8.71	0.87
32	罗马尼亚	8.71	0.87
33	马来西亚	8.71	0.87
34	马其顿	8.71	0.87
35	孟加拉国	8.71	0.87
36	缅甸	8.71	0.87
37	摩尔多瓦	8.71	0.87
38	尼泊尔	8.71	0.87
39	沙特阿拉伯	8.71	0.87
40	斯洛伐克	8.71	0.87
41	土耳其	8.71	0.87
42	土库曼斯坦	8.71	0.87
43	文莱	8.71	0.87
44	新加坡	8.71	0.87
45	新西兰	8.71	0.87
46	亚美尼亚	8.71	0.87
47	以色列	8.71	0.87

续表

排名	区域	接受无偿援助和 物资金额	总得分
48	阿塞拜疆	8.63	0.86
49	巴拿马	8.46	0.85
50	也门	8.31	0.83
51	伊朗	8.25	0.83
52	埃及	8.15	0.82
53	马达加斯加	7.89	0.79
54	塞尔维亚	7.69	0.77
55	泰国	7.55	0.76
56	乌兹别克斯坦	7.43	0.74
57	格鲁吉亚	7.38	0.74
58	马尔代夫	7.37	0.74
59	印度	7.14	0.71
60	蒙古国	6.84	0.68
61	黎巴嫩	6.82	0.68
62	越南	6.65	0.67
63	斐济	5.79	0.58
64	韩国	5.76	0.58
65	阿尔巴尼亚	4.45	0.45
66	印度尼西亚	4.25	0.43
67	南非	1.29	0.13
68	匈牙利	0.00	0.00

(二)基本概况

自国际金融危机后,发展援助委员会(Development Assistance Committee,DAC)①成员的经济发展都呈现出放缓的迹象,援助数额占其国民生产总值(Gross National Product,GNP)的 0.2%—0.3%,远低于联

---

① DAC 是经济合作与发展组织属下的委员会之一。该委员会负责协调向发展中国家提供的官方发展援助,是国际社会援助发展中国家的核心机构。

合国 1970 年制定的 0.7% 的目标。近年来,援助项目中社会和经济基础设施类开发合作项目占比不断增多,援助性质的债务减免占比不断下降,标志着纯援助性质的合作在对外援助中的重要性逐渐弱化,而以互利共赢为核心,强化受援国"造血功能"的发展合作更受到施受双方青睐。

中国提出的"一带一路"倡议有效地融合了国家发展利益与国际发展利益的双重需求,因而不仅得到国内社会及舆论的支持,也受到了国际社会的关注。需要指出的是,在"一带一路"沿线国家和地区中,大多数国家的经济发展和基础设施较为落后,缺乏相应的财政、人力与技术资源,尤其是设施联通、贸易畅通以及民心相通的实现,一定程度上依赖于中国在资金、人力、技术方面的援助,所以援外工作就显得非常必要。

中国的对外援助建设指为帮助发展中国家提高自主发展能力,促进施受双方的共同发展和互利共赢,推动"南南合作"。

（三）政策举措

2018 年 4 月 18 日,国家国际发展合作署举行揭牌仪式。与商务部以往的对外援助职责相比,新成立的发展合作署具有"拟定对外援助战略方针、规划""统筹协调援外重大问题并提出建议""监督评估外援项目的实施情况"等新职能。此外,"援外的具体执行工作仍由相关部门按分工承担"。这意味着新部门将领导对外援助总体战略,协调各部门实施对外援助,从最高层开始应对对外援助面临的挑战,并根据国际发展合作的风向更加注重对外援助的落实性。

2018 年 11 月,国家国际发展合作署制定《对外援助管理办法（征求意见稿）》,加强了对外援助的战略谋划和统筹协调,推动了援外工作的统一管理,开创了中国对外援助工作发展的新时代。

（四）工作进展、成果及数据

1. 中国对外援助白皮书数据（2014 年以前）

中国对外援助的资金主要有三种类型:无偿援助、无息贷款和优惠贷款。截至 2012 年年底,中国对外提供的无偿援助资金总额为 1385.2 亿元,无息贷款资金为 838 亿元,优惠贷款援助资金总额为 1233.1 亿元,合计为 3456.3 亿元人民币。

从地理方面看,中国对外援助的国家分布比较平均,包括亚洲、非洲、东欧、大洋洲、拉丁美洲和加勒比地区的大多数发展中国家。我国对外援助经济的比重严格按照受援国的实际经济状况进行分配,最不发达国家和其他低收入国家的占比一直维持在2/3的水平。中国已向 161 个国家和 30 多个国际和区域组织提供了援助,其中为 123 个发展中国家提供了长期援助,包括非洲 51 个、亚洲 30 个、加勒比地区及拉丁美洲 18 个、大洋洲和东欧地区各 12 个。亚非地区贫困人口占比较大,因而中国 80% 的援助工作着眼于亚洲和非洲。

中国帮助发展中国家建设了 200 多个生产和生活类的成套项目,涵盖农业、工业、卫生、交通、通信、能源、电力、文化教育等多个领域。根据《中国的对外援助(2014)》显示,近年来我国援外总资金总额达 893.4 亿元人民币,其中,对外提供优惠贷款 497.6 亿元人民币,占对外援助总额的 55.7%;对外提供无偿援助达 323.2 亿元人民币,占对外援助总额的 36.2%;对外提供无息贷款 72.6 亿元人民币,占对外援助总额的 8.1%。

中国的对外援助资金主要向最不发达国家倾斜,占总额的一半以上,其次是中低收入国家、中高收入国家、其他低收入国家等(见图 3-1)。

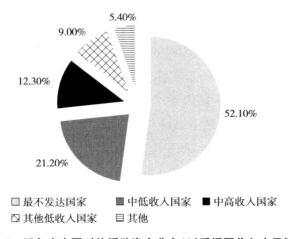

图 3-1 近年来中国对外援助资金分布(以受援国收入水平划分)

资料来源:中华人民共和国国务院新闻办公室:《中国的对外援助(2014)》,人民出版社 2014 年版。

近年来,我国对外援助的主要方式包括开展技术合作和人力资源开发合作、提供通用物资、协助建设成套项目、派遣医疗队和志愿者、提供紧急人道主义援助和减免受援国债务等。其中,中国累计在 80 个国家建造了 580 个成套项目,主要着眼于基础建设及农业等领域;向 96 个国家和地区提供了 424 批物资援助,内含药品以及医疗设备、交通运输工具、生活用品、办公用品、机械设备、检测设备等种类;在 61 个国家和地区完成了 170 个技术合作项目,重点是工业生产经营、农业种植养殖、清洁能源开发、文化教育、医疗卫生、规划咨询、体育训练等;在国内共举办 1951 期培训班,包括在职学历教育项目、技术人员培训班、官员研修班等,累计培养 49148 名其他发展中国家优秀人员;向 54 个国家分批派遣 55 支援外医疗队,共计 3600 名医护人员,在受援国开展定点或者巡回医疗服务,累计诊治患者近 700 万人次;向 30 余个国家提供紧急人道主义援助,即物资和现汇援助,总金额高达 15 亿元人民币;向 60 多个国家派遣汉语教师志愿者和青年志愿者近 7000 名;免除赤道几内亚、坦桑尼亚、科特迪瓦、喀麦隆、赞比亚、马里、多哥、贝宁、苏丹 9 个最不发达国家、重债穷国共计 16 笔到期无息贷款债务,累计金额约 14.2 亿元人民币。图 3-2 为近年来中国对外援助资金分布(以援助投入领域划分),表 3-4 为近年来中国对外援助成套项目领域分布。

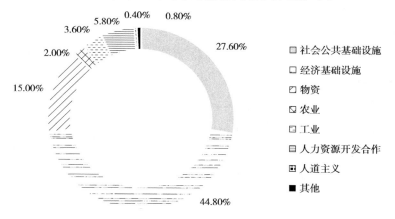

图 3-2 近年来中国对外援助资金分布(以援助投入领域划分)

资料来源:中华人民共和国国务院新闻办公室:《中国的对外援助(2014)》,人民出版社 2014 年版。

表3-4　近年来中国对外援助成套项目领域分布

行业		项目数（个）	
社会公共设施	医院	80	360
	学校	85	
	民用建筑	80	
	打井供水	29	
	公用设施	86	
经济基础设施	交通运输	72	156
	广播电信	62	
	电力	22	
农业	农业技术示范中心	26	49
	农田水利	21	
	农业加工	2	
工业	轻工纺织	7	15
	建材化学	6	
	机械电子	2	
总计			580

2. 其他数据（2014年以后）

自2017年以来,中国在南南合作援助基金项下加强了与世界贸易组织和其他国际组织的合作,实施了"促贸援助"领域的合作项目,帮助其他发展中成员提高从全球价值链中受益的能力。

截至2018年3月,中国对已建立外交关系并完成文件交换的36个最不发达国家97%的关税项目实行零关税。同时,我国积极响应世贸组织"促贸援助"倡议,利用多双边援助资源帮助其他发展中成员,特别是最不发达国家成员加强基础设施建设、经贸人员培训、发展贸易投资,提高其自主生产能力,向世界贸易组织"贸易便利化协定基金"捐款100万美元,协助落实《贸易便利化协定》。

2018年6月,国务院新闻办公室发布了《中国与世界贸易组织》白皮书,透露自 2018 年起 3 年内,中国将向参与"一带一路"建设倡议的发展中国家和国际组织提供 600 亿元人民币援助,用来建设更多民生项目。中国将设立"南南合作援助基金",继续加大对最不发达国家的投资力度,适当免除符合特定条件国家的债务,继续推动"一带一路"建设。

2018 年 10 月 29 日,国家国际发展合作署与联合国开发计划署在纽约联合国共同举办中国援非农业项目案例研究报告发布会,这是中国政府首次与联合国开发计划署进行此类合作,该研究报告通过对几内亚比绍的农业技术合作项目和莫桑比克的农业技术示范中心两个农业援助项目的评估,以展示南南合作能够实现的目标。该案例报告的发布标志着中国政府和联合国系统所代表的国际多边合作方式和内容的延展,标志着从资金合作、技术合作向知识合作的过渡。

(五)相关活动、项目、案例

近年来,我国向有关国际组织提供 10 亿美元资金支持,定向用于在"一带一路"沿线各发展中国家开展教育、农业、卫生、公益设施、人道主义等领域的合作与发展项目。中国将自身的发展经验和适用技术与国际组织的渠道和专业知识相结合,共同实施有关项目,更好地落实《2030 年可持续发展议程》。

1. 教育援助

改善教学条件。在教育设施方面,我国累计援助了 80 多个教育设施项目,包括中小学、大学以及图书馆的维修和援建,有效地改善了受援国的实际教学环境。此外,中国还为受援国资助了大量的教学设备和材料,如计算机、文体用品和教学用具等,并协助它们建立建成大学网络平台和远程教学系统,使受援国能够更好地丰富教学方式、扩大教学覆盖面。2018 年 8 月,中国正式结束了第一个文化援外项目,该项目最终目的在于为南苏丹建立一个现代化的完整教育体系。项目组为其编写的小学系列教材,可以使南苏丹 10% 的师生获益。

培养师资力量。中国一共举办了 30 多期教育、教职人员培训班,包括中小学校长和教师研修班、职业教育管理培训班、高等教育管理培训班、院校高级管理人员培训班、现代远程教育研修班等,一共能为受援国培训出上千名教职人员、校长和教育官员。

支持职业技术教育。中国积极帮助受援国发展职业技术教育,中国援建苏丹时建造的恩图曼友谊职业培训中心,已经为当地培训出 1000 多名当地学员,鉴于该成果效益良好,中方将进一步扩建该中心,以扩大招生规模。中国与埃塞俄比亚联合开展了农业职业技术教育培训,共向埃塞俄比亚派遣了 400 多名相关领域的专业教师,为当地培训了近 1800 名农职院校教师和 35000 名农业技术人员。云南民族大学援建的澜湄职业教育基地,累计为湄公河五国培训出 10000 多名专业技术人才。中国在卢旺达援建的穆桑泽职业技术学校已经成为该国北方最大的职业技术培训中心,培养了一大批当地急需的技术人才。

增加来华留学政府奖学金名额。近年来,受中国政府资助来华学习的留学生超过 80000 名。此外,为了促进区域发展,中国仍在扩大对非洲国家来华学习的留学生颁发的政府奖学金数量,增加太平洋岛国、东盟国家等政府对来华留学人员的支持,帮助上述欠发达国家培养实用人才。

2. 卫生援助

建立跨境远程会诊平台。新疆维吾尔自治区充分发挥自己的地理和语言优势,建立了国际医疗服务中心,中心内部的跨境远程会诊平台连接了自治区内部的 27 家医院、境外 3 个国家的 24 家大型医院,能够为邻近各国上千名外籍患者提供便利高效的医疗服务。

援助设施和设备。中国累计对外援建了医疗设施项目 80 个,涵盖综合性医院、专科诊疗中心、保健中心、中医中心、流动医院等,能够帮助受援国改善医疗卫生设施供给不足的问题。同时,中国累计向受援国资助了医疗设备和药品物资近 120 批,其中包括高端医疗设备如重症监护检测仪、重要手术器械、多普勒彩超仪、全自动生化仪、CT 扫描仪、母婴监护仪、核磁共振仪,以及传染病防治药品。

派遣医疗队。中国共派出对外援助医疗队 55 支,医疗工作者 3600 名,到达超过 120 个医疗点,为当地培训上万名医护人员,缓解受援国医疗服务供需不平衡的部分矛盾。受援国为 100 余名援外工作人员颁发了奖章,以表彰他们作出的卓越贡献。2015 年 9 月 6 日,尼日尔的首都尼亚美 KoiraTagui 社区进行了一场中国援外医疗队的义诊活动,累计有400多名患者接受了诊疗。与此同时,中国的医疗专家们还向该社区及周边民众免费发放了330余册疾病预防科普读物和防蚊药物,获得了当地人民的高度评价。

开展"光明行"活动。中国"光明行"活动旨在通过政府与民间并行的方式,帮助诊疗其他发展中国家的眼疾患者。中国向朝鲜、柬埔寨、孟加拉国、越南、巴基斯坦等亚洲国家先后派遣医疗队为当地眼疾患者进行免费治疗。2010年11月,中国"光明行"活动的版图首次扩展到了非洲,在津巴布韦、莫桑比克、马拉维、苏丹等国家累计诊疗上千名白内障患者。2018年5月,中国医疗队在一个月内为上千名柬埔寨磅湛省的白内障患者解除病痛、带来光明,并承诺在18个月对该省所有因白内障致盲的患者进行复明手术。

提供传染病防控援助。近年来,中国向其他发展中国家累计无偿提供了60批、近2亿元的霍乱疫苗、甲流疫苗和抗疟药,并在当地开展了传染病防治培训。中国与科摩罗联合开展青蒿素复方快速控制疟疾合作项目,促使科摩罗莫埃利岛的疟疾发病率较同期下降90%。中方还进一步巩固灭疟项目成果,并在该国昂儒昂岛进行推广试行。

3. 农业援助

援建农业技术示范中心。我国在农业领域进行对外援助的重要平台之一是农业技术示范中心。中国现已经在莫桑比克、利比里亚、卢旺达、东帝汶、老挝、苏丹、贝宁等17个国家建设完成了农业技术示范中心。该中心主要以试验、示范、培训等方式向当地民众推广先进、适用的农业生产技术。在利比里亚,当地农业技术示范中心经推广,已种植超过1000亩杂交水稻和玉米,并为当地培训了1000多名具有相关知识储备的农业科研技术人员和农民。在卢旺达,当地农业技术示范中心结合当地传统农业,进行了菌草、稻谷等种类的适应性研究、试验、示范工作,并且在卢旺达妇女协会、稻谷种植协会等机构开展了相关技术培训推广工作。

派遣高级农业专家和农业技术组。中国派遣多批次农业专家前往其他发展中国家积极参与受援国的农业规划,进行农业援助。在贝宁,专家组协助起草了该国的《农业管理法》和《农业法》;在博茨瓦纳和几内亚比绍,专家组分别参与了两国《农业发展规划》的编写。专家组还帮助受援国促进农业发展,在莱索托,专家组协助其向世界卫生组织申请无口蹄疫国家地位;在毛里塔尼亚,专家组协助当地制定出合理合规的农业综合分析测试中心实验室的建设方案。积极推广简单适用的农业技术,在博茨瓦纳,专家组根据当地环境特点,推广了地膜覆盖种植技术;在马里,专家组设计并推广了稻田铁制水耙,节约了当地农民精耕细作的成本。2016年10月11日,中国驻布隆迪高水平农业专家组在位于布班扎省英博平原的水稻示范地喜获第三期的丰收。经统计,示范地面积为3.44亩,水稻总产量2466千克,平均亩产725.3千克,其中1.91亩Y两优900产稻谷1765千克,亩产924千克。

开展农业管理与技术培训。根据其他发展中国家农业的实际需要和发展特点,我国共组织了形式多样、内容丰富的研究培训项目近300项,培训了近7000名相关农业官员和科研技术人员。农业培训项目内容多样,在农业管理领域,包括种植业、畜牧业、林业、渔业等;宏观政策制定领域,包括农村发展与减贫、农业南南合作、粮食安全等;产业链发展领域,农业技术推广和农产品加工、储藏、销售与流通等均有所涉及。

4. 基础设施援助

支持交通运输建设。在交通运输方面,中国援建港口、机场、公路、桥梁等共计70多个项目。在肯尼亚,中国援建的西卡高速公路第三标段,全线连通了肯尼亚首都内罗毕和经济重镇西卡,有效促进了肯尼亚、坦桑尼亚、埃塞俄比亚等多个国家的互联互通。在斯里兰卡,中国援建的汉班托塔国际机场推动了当地立体化交通网络的完善,为该国与周边地区各国的联系和交往提供了便捷的桥梁。2015年8月26日,中国援孟加拉国卡兹尔特克公路桥项目对孟加拉国正式移交仪式在孟加拉国交通部举行。亚吉铁路开通,中非基础设施合作进入新阶段。2018年1月1日,全长752.7千米的联通埃塞俄比亚和吉布提的电气化铁路正式通车,这条铁路被视为落实"一带一路"倡议和中非合作论坛约翰内斯堡峰会"十大合作计划"的早期收获,也是中非"三网一化"(高速铁路网、高速公路网、区域航空网、工业化)和产能合作的标志性工程。这条铁路采用了中国铁路标准,并且在通车后,中国承建企业还将为亚吉铁路提供6年运营维护合同和2年技术服务合同,将中国铁路运营维护管理经验引入到非洲。亚吉铁路开通,标志着中非基础设施合作进入新阶段。

提升能源供给能力。中国累计援建输变电和配电网、地热钻井工程、水电站、热电站等20多个能源项目。在加纳布维,中国援建的水电站不仅可以水力发电,还能够进行农业灌溉、推动渔业发展和观光旅游,建成后一方面可以直接加速当地经济社会发展,另一方面更能够为西部更为广阔的非洲地区带来福利,在塞内加尔首都达喀尔,中国援建的输变电和配电网项目能够为15万余名当地居民解决电网设备老化、经常性大面积停电的问题。2016年12月15日,在埃塞俄比亚,中国援助的阿巴—萨姆尔水电站修复项目交接仪式在埃塞财经合作部举行,标志着该项目已顺利完工并正式移交至埃塞政府。

推动信息化社会发展。中国累计援建广播电视调频发射台、光缆电信传输网、电子政务网等约60个信息化项目。在厄立特里亚、土库曼斯坦、多哥等国,中国援建的电信项目为当地带来了高质量、稳定、清晰的通信系统,用户数量成倍增长。在坦桑尼亚、喀麦隆等国,我国援建的光纤骨干传输网项目极大地推动了光纤电缆在非洲各国的广泛应用。

5. 公益设施援助

实施打井供水项目。在其余发展中国家,中国总共施行了29个打井供水项目、600余口打水井。中国派出了一批高级水文地质、工程地质专家,协助受援助的国家钻井和供水,以克服不利的天然环境、疾病和恐怖主义威胁等困难。中国已经在多哥的卡拉区和中部区挖了200口井提供饮用水,在苏丹的达尔富尔区域和南苏丹朱巴市的科托尔区域挖了38口井提供饮用水,同时为之配套了潜水泵和发电机组。中国在尼日尔建造的津德尔供水项目,为该区域几万人提供了饮用水。约旦是最缺水的国度之一,经过水网的改造,50万民众的用水时间由每周三四个小时增加到了一整天。

改善居民居住环境。中国为其他发展中国家建造了80个居民住宅和保障性住房等民生项目,总面积近 60 万平方米。考虑到受援国的本地生活习惯和环境特点,房屋外观设计科学,内部结构合理正当,不仅节约了建筑成本,还严格控制了建筑质量,为受援国人民努力建造简单、美观、耐用的经济住房。

协助建设公用设施。中国协助其他发展中国家建设了 86 个公共设施,如文化场馆、体育场馆、办公会议设备等,促进了当地人民文化和体育生活的丰富、改善了东道国政府工作条件、提高了城市形象。中国对斯里兰卡纪念班达拉奈克国际会议中心的维护使该项目有了新的面貌,40 年前,该项目也是在中国的协助下建成的。该体育场也由中国援建。塞内加尔的国家表演艺术中心总建筑面积近 2 万平方米,是非洲最大的剧院之一,也由中国援建。2018 年 3 月,在武警学院礼堂举办了中国援建尼泊尔国家武警学院的投用仪式,尼泊尔总理奥利出席了仪式。

6. 人道主义援助

提供紧急救援物资或现汇的帮助。中国政府针对海地和缅甸的地震、柬埔寨和巴基斯坦的洪灾、古巴的飓风、利比亚和叙利亚的战乱动荡等自然与战争劫难,提供了 50 批价值约 12 亿元的急需救灾物资,包含帐篷、毛毯、燃油、食物、药剂、发电机、清水设备及紧急照明设备等。同时,还提供了 3 亿元现汇援助。2018 年中国的"南南基金"捐助了一大批生活安置物资,帮助巴基斯坦一些联邦部落区域的 8100 个家庭,总共将近 4.9 万名难民重新返回了他们的家园,此外,还向俾路支省捐助了 375 所学校及配套教室设备和教学用具,使超过 1.9 万名学生得以享受更优质的教学条件。

增强防灾救灾水平。我国积极提供物资和对别国人员进行培训等,帮助受援助的国家增加应急救援能力,提高防灾和救灾水平。中国免费向外国援助了十几批救援车辆等设备;开办了三十多期发展中国家防灾救灾培训、研修班,与 700 多名政府工作人员及专业人员进行了技术交流和经验分享。

7. 能力建设援助

人力资源开发合作迅速开展。中国共举办了 1500 多期官员研修班,邀请发展中国家近 4 万名政府工作人员来我国进行研修,内容涵盖经济管理、政治外交、职业教育、公共行政、多边贸易谈判和非政府组织等多个方面。中国举办的 357 期技术人员培训班,为发展中国家培训了近万名技术人员,涉及文化、体育、卫生、农业、工业、信息通信、环境保护、救灾防灾等领域。中国举办的 15 期在职学历教育项目,满足了发展中国家政府部门中高级管理人员提高能力的需要,有 359 名政府官员分别获得了教育、公共管理、国际传媒以及国际关系硕士学位,他们分别来自 75 个发展中国家。2015 年 8 月,在老挝首都万象,商务部主办的关于老挝铁路技术的海外培训班开办,该项目共持续了 35 天,共有 30 名政府工作人员参加,均来自老挝交通运输系统。

技术合作长足开展。中国向 50 多个国家派出了涵盖农业、手工业、文化体育事业、清洁能源、广播电视等多个领域共计 2000 多名专家,在加强技术合作的同时,转让合适的技术,以提高受援国的技术管理水平。中国派遣的高级别规划咨询专家,与其他发展中国家合作制定了治理河流、能源清洁和土地利用开发以及经济合作发展等规划。在利比里亚,中国有关工作人员展开了针对竹藤编织的技术合作,向近 500 名当地居民传授相关专业技能,一方面增加了当地民众的收入,扩大就业、摆脱贫困;另一方面促进了该国相关工业的发展。

发挥志愿者积极作用。中国持续向发展中国家派出志愿者,服务领域涵盖体育教学、语言教学、艺术培训、计算机培训、农业科技、工业技术、中医诊治、国际救援、社会发展等多个领域,服务对象涉及医院、学校、农场、政府机关和科研院所等多个部门。在利比里亚,有志愿者完美地救治了一位患有严重腹裂的畸形婴儿,因此荣获了"非洲之星"勋章。在埃塞俄比亚,志愿者们积极教授的甜瓜改良种植法使当地从事瓜果种植业的农民获得了当年大丰收;志愿者积极教授了有关沼气池的修建方法,有效帮助当地居民以清洁能源为动力进行生产生活。

(六)做法经验与挑战

1. 取得经验

(1)组建国家国际发展合作署显现中国负责任大国的形象,将提高

中国在全球性事务中的话语权

国家国际发展合作署是我国进行大国外交的关键举措,充分发挥了在援外事务中的重要作用,一方面加强对外援助的全面规划和战略性协调,推动了援助工作的整体开展;另一方面改良对外援助的方法,使其更积极地服务于我国包括共同描绘"一带一路"宏伟蓝图等在内的外交总体布局。这既是当前我国面临的国内外形势要求,也是与国际接轨的关键一步,彰显了中国负责任的大国形象,有利于提高中国在国际事务中的话语权。西方发达国家的相关机构成立较早,美、澳、英等国都设有国际发展署。

中国组建国家国际发展合作署是彰显大国担当和大国责任的关键举措,是支持推动全球化的重要步骤,是积极融入世界治理体系改革和建设的特别体现,有利于构建人类命运共同体和促进全球和平与发展。

(2)组建国家国际发展合作署将解决中国在对外援助工作上面临的现实问题

我国充分尊重受援助国家自主发展的权利,援外时没有附带任何政治性条件,此举受到别国欢迎。但对外援助规模的扩大也逐渐显现出了体制机制上的一些矛盾与不足之处,而国家国际发展合作署的成立将有助于解决这些问题。国家国际发展合作署将从整体上解决结构复杂问题,统筹财政部、外交部、商务部、援外工作管理的多个中央及地方部门、驻外使领馆等的机构,负责制定对外援助战略规划、方针、政策,以协调援外中的一些重大问题,提出针对援外事务的相关建议,推动援外方式改革,确定、监管和评估项目的实施等。有利于提高援外工作管理的层次级别,明确各方的分工和职责,优化战略布局,提升综合效益。

(3)组建国家国际发展合作署有利于推动"一带一路"的实施和中国企业更好"走出去"

一方面,成立国家国际发展合作署,有利于更好地服务国家外交总体布局和统筹实施"一带一路"等。另一方面,优化整合援外项目,有利于树立我国负责任的大国形象,也有利于"一带一路"沿线国家和地区的相关企业单位更有力地参与当地人文交流和经济建设,更好地"走出去",

使对外援助和企业"走出去"相得益彰。

综上所述,构建国家国际发展合作署有助于我国更好地处理国际合作,实现大国责任,承当大国义务,向全球展现良好的国际形象,同时也为世界发展和合作援助工作注入了新的活力。

2. 面临挑战

(1)对外援助应对接匹配"一带一路"倡议的落实

"一带一路"是在中国国际经济地位发生重大转变以及应对国际经济新挑战的背景下提出的,而对外援助作为重要的外交工具,应当服务于"一带一路"倡议的开展。即对外援助应当从战略上与"一带一路"进行对接,推动其实施,充分发挥援外工作的先导作用。

(2)更好统筹"一带一路"倡议新增援外资金形成的资金压力

为配合"一带一路"倡议的开展,中国对外援助资金无论是在资金的分配上还是在援助数额的总额上都出现了不同程度的调整。一方面,中国援助资金的分配将从分散走向适度集中。另一方面,要兼顾"五通"的发展,则必然需要增加对外援助的资金数额。更好统筹兼顾"一带一路"沿线国家援助资金预算,拨付和执行所产生的资金压力。

(七)思路创新及未来工作建议

1. 思路创新及建议

中国可以充分发挥技术成熟和人力成本相对低廉的优势,帮助其他发展中国家建设交通、通信、电力等基础设施项目,用以支持受援国的交通运输建设、能源供给能力提升,并推动其社会的信息化发展。

除了通过帮助"一带一路"沿线国家和地区建设基础设施、促进民生改善之外,中国还可以通过帮助沿线国家和地区培养专业技术人才、提供技术援助,开展教育、医疗、减贫开发等各类发展和人道主义援助,为深化各层面的经济合作奠定深厚的民意基础。

2. 工作建议

围绕"一带一路"倡议重点建设领域,加强对外援助建设与"一带一路"建设的战略对接,将沿线国家和地区的需求与我国的关切相结合,准确把握对外援助建设最适宜的领域和项目类型,特别注重发挥对外援助对于开发合作、商业投资的连带效应,将有限的对外援助资源用在最能体现施受双方发展要求、连带效应最为显著的区域和领域,确保援外资源的高效利用和投资回报,对经济效益较为稳定、实施风险较小的项目以市场化机制通过商业合作完成。

以咨询援助为主要手段促进政策沟通和民心相通。我国对外援助应更加注重为受援国提供经济发展规划咨询、经济发展战略对接、人力资源培训等软性能力建设支持,以对接双多边需求,协调解决合作中存在的问题,逐步构建以中央政府为主、地方政府为辅、非政府机构广泛交流的多层次宏观政策沟通机制。此外,要注重利用对外援助资金支持,鼓励与沿线各国社会各界深入交流,派遣各类技术专家和志愿服务团队在沿线国家和地区深根厚植,夯实"一带一路"建设的民意基础。

以开发援助为主要方式推进设施联通和产业投资。考虑到基础设施互联互通项目通常具有投资规模大、建设周期长、建设难度和风险高的特点,单纯商业投资难度较大,此类项目原则上应以开发合作方式为主,由开发性金融提供资金保障,只有少数具有战略意义的关键项目可以考虑采取援助方式。在产业投资方面,考虑以开发合作方式与沿线国家和地区合作共建能源资源生产加工园区、商贸物流园区、高端装备装配制造园区以及海洋合作科技园区等,打造开发合作项目的集团化园区化发展模式。

更好发挥国家国际发展合作署职能。有效利用国家国际发展合作署作为专职负责对外援助建设机构的定位,积极与"一带一路"沿线国家和地区对接项目建设需求,代表政府参与双多边发展合作事务,协调指导各类市场主体参与对外援助建设事务。同时,负责与沿线国家和地区合作开展国情民情调查,合作编制重点国别和重点区域发展规划,确定对外援助项目,为有关企业提供指导服务,组织援助效果评估和实施人才培养交流项目等。

二、人才就业与民心相通

(一)指数排名及得分

通过"一带一路"基础设施建设和产能合作,有效解决沿线国家和地区的劳动就业问题,有效开发沿线国家和地区庞大的人力资源,解决沿线国家和地区民众的生存问题,扩大民心相通"量"的范围,提升民众的幸福感和获得感,增进中国和沿线国家和地区之间的民间友谊。本报告选取人力资本指数直接反映人才质量,采取就业率和失业率来反映相应国家就业市场的情况。

在人才与就业方面,根据指标分析,新加坡、新西兰、韩国、哈萨克斯坦、以色列、爱沙尼亚、俄罗斯、拉脱维亚、立陶宛和斯洛伐克排名较高(见表3-5),这些国家的人力资本指数相对于其他国家来说较高,但同时也发现,这些国家的就业率和失业率也相对比较高,失业率都在5分以上。人力资本越高的地区劳动力的流动性相对来说越强。

表3-5 人才与就业排名及各项得分情况

排名	国家	人力资本指数	平均失业率	平均就业率	总得分
1	新加坡	10.00	5.84	6.72	2.26
2	新西兰	7.73	6.57	6.84	2.11
3	韩国	9.24	5.49	6.00	2.07
4	哈萨克斯坦	7.32	6.19	7.20	2.07
5	以色列	7.65	6.74	5.97	2.04
6	爱沙尼亚	7.34	7.61	5.33	2.03
7	俄罗斯	6.99	6.64	6.58	2.02
8	拉脱维亚	6.89	8.29	4.60	1.98
9	立陶宛	6.66	8.04	4.56	1.93
10	斯洛伐克	6.31	8.12	4.62	1.91
11	波兰	7.34	7.27	4.43	1.90
12	格鲁吉亚	4.76	9.02	5.07	1.89
13	塞尔维亚	7.50	9.10	2.12	1.87
14	乌克兰	5.40	7.44	5.63	1.85
15	克罗地亚	6.87	8.41	3.02	1.83
16	越南	5.77	4.09	8.37	1.82
17	巴林	5.81	5.82	6.58	1.82
18	乌兹别克斯坦	4.31	6.50	7.24	1.81

排名	国家	人力资本指数	平均失业率	平均就业率	总得分
19	匈牙利	6.49	7.31	3.91	1.77
20	文莱	4.31	7.17	6.05	1.75
21	保加利亚	5.96	7.62	3.88	1.75
22	阿塞拜疆	4.43	6.34	6.31	1.71
23	阿尔巴尼亚	4.89	8.63	3.45	1.70
24	吉尔吉斯斯坦	4.10	7.23	5.61	1.69
25	马来西亚	4.91	5.32	6.63	1.69
26	蒙古国	4.99	6.43	5.38	1.68
27	阿联酋	4.31	7.09	5.28	1.67
28	波黑	4.31	7.09	5.28	1.67
29	捷克	4.31	7.09	5.28	1.67
30	叙利亚	4.31	7.09	5.28	1.67
31	尼泊尔	2.35	6.07	8.18	1.66
32	黑山	4.78	9.09	2.48	1.64
33	亚美尼亚	3.94	8.32	3.76	1.60
34	印度尼西亚	3.22	6.14	6.62	1.60
35	科威特	4.02	3.95	7.95	1.59
36	土耳其	4.99	7.81	3.10	1.59
37	不丹	4.31	5.13	6.43	1.59
38	白俄罗斯	4.31	4.85	6.66	1.58
39	黎巴嫩	3.28	7.09	5.28	1.57
40	罗马尼亚	4.50	6.78	4.35	1.56
41	斐济	4.31	6.91	4.36	1.56
42	土库曼斯坦	4.31	5.77	5.28	1.54
43	阿曼	4.91	5.20	5.09	1.52
44	马其顿	3.20	10.00	1.84	1.50
45	沙特阿拉伯	4.19	6.54	4.27	1.50
46	泰国	4.56	2.80	7.59	1.50
47	马达加斯加	0.10	5.24	9.51	1.49
48	卡塔尔	4.78	0.00	10.00	1.48

排名	国家	人力资本指数	平均失业率	平均就业率	总得分
49	孟加拉国	2.14	5.74	6.86	1.47
50	巴拿马	3.17	5.43	6.10	1.47
51	菲律宾	3.48	5.31	5.87	1.47
52	老挝	1.61	5.49	7.36	1.45
53	斯里兰卡	4.17	6.04	4.18	1.44
54	马尔代夫	4.31	5.50	4.42	1.42
55	柬埔寨	2.41	2.80	8.92	1.41
56	伊朗	4.31	8.16	1.43	1.39
57	埃塞俄比亚	0.31	4.79	8.26	1.34
58	埃及	2.27	8.07	2.39	1.27
59	南非	0.72	9.80	1.85	1.24
60	摩尔多瓦	4.10	6.26	1.84	1.22
61	约旦	3.75	8.34	0.00	1.21
62	印度	1.38	5.03	4.69	1.11
63	缅甸	2.02	4.56	4.34	1.09
64	阿富汗	0.39	6.31	4.12	1.08
65	塔吉克斯坦	3.18	5.03	1.43	0.96
66	伊拉克	0.56	7.82	1.24	0.96
67	也门	0.00	8.57	0.61	0.92
68	巴基斯坦	0.39	3.75	4.12	0.83

（二）基本概况

1."一带一路"就业与民心相通

快速成长的年轻一代无法就业将给落后的经济体造成动荡。丝路沿线39个国家就业形势异常严峻,东南亚、南亚、中东国家面临人类历史上最为艰巨的短期就业挑战。就业缺口影响政治稳定,可能引发极端主义行动,危害地区稳定。"一带一路"倡议能够为沿线国家和地区创造成千上万的工作岗位,满足大量人员的就业需求,特别是年轻一代。

中国对"一带一路"沿线国家和地区投资能够促进东道国的就业增

长,充分就业是经济社会发展的主要目标之一,也是民生发展的重要领域。通过加强基础建设产能合作,能够有效提高沿线国家和地区的就业,维护社会稳定。

2."一带一路"人才互通与民心相通

"一带一路"倡议能否得到实施并取得一定成果的关键是"人"。合理分配和使用人才可以显著降低风险并提高效率。"一带一路"沿线国家和地区主要是发展中国家,人才短缺是制约国家和地区经济社会发展的重要因素。

来华留学教育的对外交流与合作具有培养沿线国家各领域所需人才、服务于当地社会基本功能、服务于文化的交流等多种不同职能,为"一带一路"倡议提供人才支持、智力支撑与文化理解的基础。他们向其本国民众介绍中国、讲述中国故事,可促使外国公众正面认识中国、理解中国。

3."一带一路"就业与人才互通

根据国务院国资委、中国社科院发布的《中央企业海外社会责任蓝皮书(2018)》显示,中央企业广泛参与"一带一路"建设,在"一带一路"沿线国家和地区共雇佣当地员工36万余人。96%的中央企业海外机构已建立平等的中外雇员雇佣制度,76%的中央企业建立了培养与晋升的平等雇佣制度。调查发现在制约中央企业海外履责的因素中,有75%的中央企业认为是缺乏专业组织与人才服务。"一带一路"倡议通过基础设施建设和产能合作为沿线国家和地区当地民众提供了大量的就业机会,在促进就业的基础上为当地雇员提供培训,提高劳动者的技能,实现了由人力资源向人才资源的转化,有效地开发了沿线国家和地区庞大的人力资源,扩大了民心相通量的范围。人才相通目的是解决"一带一路"建设中的人才需求,拉近与沿线国家和地区高端人才的心理距离,解决民心相通质的问题。

(三)政策举措

1."一带一路"人才互通政策

2014年,全国留学工作会议召开,习近平主席提出"统筹谋划出国留学和来华留学"的指导思想;2015 年 3 月,国务院发布《推动共建丝绸之路经济带和 21 世纪海上丝绸之路的愿景与行动》,中国每年向沿线国家和地区提供 1 万个政府奖学金名额,深化沿线国家和地区间人才交流合作等。2016 年 4 月,中共中央办公厅、国务院办公厅印发了《关于做好新时期教育对外开放工作的若干意见》(以下简称《意见》),指出要实施"一带一路"教育行动,充分发挥教育在"一带一路"人才建设中的重要作用,并且提出要加快留学事业的发展,提升留学教育质量。推进"一带一路"建设工作领导小组办公室印发了《关于加强和规范"一带一路"对外交流平台审核工作的通知》。为推进"一带一路"建设,贯彻落实中办、国办《意见》,教育部于 2016 年 7 月牵头制定了《推进共建"一带一路"教育行动》,提出要充分发挥教育的基础性和先导性作用。未来 5 年,每年资助 1 万名沿线国家和地区的新生来华学习或研修,并在未来三年每年向沿线国家和地区公派留学生 2500 人。

2."一带一路"人才互通管理制度

2014 年,国际学生申请中国政府奖学金资助和申请中国高校录取相分离,实现了国际学生和高校之间的双向选择,进一步保障了高校的招生录取自主权。管理体制的变革为来华留学教育创造了更多的发展空间,有利于高校发挥能动性和创造性,是来华留学教育发展的重要推动力。2015 年年底,国家颁布了《统筹推进世界一流大学和一流学科建设总体方案》,明确将"推进国际交流合作,加强与世界一流大学和学术机构的实质性合作,加强国际协同创新,切实提高我国高等教育的国际竞争力和话语权"作为五项改革任务之一,成为高校发展来华留学教育的强大内生驱动力量。

3."一带一路"人才互通实践

(1)中—蒙人才互通

2013 年,双方签署《中蒙战略伙伴关系中长期发展纲要》,指出为促进双方教育合作的顺利进行,中方将在未来 5 年每年为蒙方提供 1000 个或 1000 个以上的政府奖学金名额。并且在蒙古国大专院校开设汉语班,增派汉语教师,提供汉语教材等方面的支持。

（2）中国—中东欧人才互通

2014年10月，中、格两国签署《中格教育合作协议议定书》，双方教育合作日益规范化。2012年和2014年，我国分别与阿塞拜疆和摩尔多瓦签署教育合作协议，协议中提出了扩大互派留学生规模、更好地开展高校合作的目标。2014年，中国—中东欧国家高校联合会在天津启动，来自中东欧10个国家的12所高校与17所中方高校签署了《中国—中东欧国家高校联合会成立宣言》。2014年6月，首届中国宁波—中东欧国家教育合作交流周在宁波拉开帷幕，来自宁波的高校和中小学校与中东欧地区7个国家的13所院校签署了20余项教育合作协议。2015年，第二届中国(宁波)—中东欧国家教育合作交流会成功召开。

（四）问题与挑战

1. 推进"一带一路"人才就业面临的挑战

由于世界上多数国家经济发展进入疲软状态，丝绸之路沿线一些国家面临世界历史上最大的短期就业挑战。预计到2030年，39个丝绸之路沿线国家和地区的劳动人口将增加3.82亿。吸纳这3.82亿的新劳动人口要求在2030年前创造出比当前欧盟28国劳动人口总和更多的新就业岗位，成为"一带一路"建设需要关注的问题。

从就业行业来看，有17个国家的人口主要从事服务业，而农业是"一带一路"沿线国家和地区人口主要从事的产业。"一带一路"沿线国家和地区失业率方面差异性明显，失业率最高的前十个国家中，有一半是西亚国家；有38个国家的男性失业率比女性低。

针对"一带一路"建设所需人才的高等学校培养体系有待提高。国际化的课程资源和多样化的教学方法有待丰富，对国际学生管理服务的现代化水平有待改善；我国的来华留学教育高度集中于高水平的研究型大学，高等职业院校对来华国际学生的教学培养和管理服务能力较低，现阶段不能满足中国投资和企业"走出去"的需要。

高等学校"双一流"建设与"一带一路"建设的结合途径有待深化。目前的高校建设尤其是学科建设并没有针对这一历史使命进行相应的调整，以契合共建的需求。来华留学教育则往往被视作高校社会服务的一部分,承担着学校的政治、外交等辅助性功能,在很多学校也成立了国际学院等专门机构来承担此项任务,与学校教学、科研等核心业务部门相分离。很多高校在"一带一路"教育共建与"双一流"建设过程中未能找到契合点来协同发展,直接导致了在与"一带一路"沿线国家和地区开展教育共建的过程中课程开发不足、师资与支持性投入缺乏等状况。

来华留学政策体系在完备性和有效性上依旧存在不足。我国吸引外国学生的政策仍然比较单一,往往都采取奖学金支持、生活条件改善、医疗保障、签证便利、教育与职业资历认可、移民、就业优待等多方面的综合措施;政府对高校发展来华留学教育的激励和配套措施不足,相关的配套政策、对高校的经费支持、高校的硬件设施、课程体系设置、外籍教师及全英语课程开设等方面无法完全满足来华留学教育的需求,预科教育体制尚未完备,需要更多的政策及经费、人员支持。

面向"一带一路"沿线国家和地区的区域研究和教育研究仍然存在大量空白。"一带一路"倡议涉及的区域多为发展中国家和地区,我国学术界对其历史、政治、外交、文化、教育、经贸、交通等领域的深入研究较为缺乏,难以为"一带一路"倡议的实施提供足够的智力支撑。正是因为缺乏足够的学术研究储备,在制定来华国际学生的人才培养、课程设置、人文交流活动等政策时缺乏参考依据,这对来华留学教育政策的制定和实施产生了一定的制约。

"一带一路"倡议对于推动全球就业市场有非常重要的意义。在相对贫困的新兴国家,失业问题,特别是快速增长的青年劳动人口的失业问题,可能造成政局失稳。有调查发现,在包括政治和宗教争端在内的11个最关注的问题当中,"就业"在六个阿拉伯国家中均排在第一位。完善基础设施对创造就业而言至关重要。研究表明,每10亿美元的基础设施投资将带来13000—22000个就业岗位,对社会性基础设施(如教育、医疗)的投资将大大增加就业机会,且有望促进生产率的提高、收入的增长及经济的专业化。

2."一带一路"人才互通状况分析

（1）"一带一路"民众对于人才互通的认知

调查显示：21%的沿线国家和地区媒体和网民认为"一带一路"人才合作交流有利于国际化人才培养，并带来新的就业机会。78%的沿线国家和地区媒体和网民持中立态度，另有 1.32% 的媒体和网民持消极态度。

俄罗斯、波兰、巴基斯坦以及新加坡等东南亚国家最期待与我国开展"一带一路"人才交流合作。从沿线国家和地区媒体和网民的关注看，俄罗斯、波兰、巴基斯坦、新加坡等国家对人才建设与交流合作话题的关注热度最高且态度积极。

从沿线国家和地区媒体和网民关注话题看，"一带一路"对人才的具体需求最受关注（见图 3-3），媒体和网民认为"一带一路"需要语言、文化、经济、法律等多个方面的人才通力协作，期望进一步了解具体需求，以充分发挥各自的人才优势；其次，"'一带一路'人才培养方式"也引起媒体和网民的较多讨论，认为可以采取联合办学、互换留学生等方式加强交流。

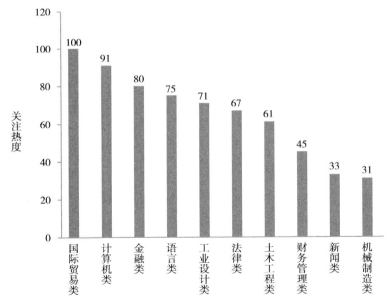

图 3-3 沿线国家和地区媒体和网民最关注的"一带一路"十大类人才

资料来源：国家信息中心"一带一路"大数据中心：《"一带一路"大数据报告（2018）》，商务印书馆2018 年版。

（2）"一带一路"留学生状况

根据美国国际教育协会《Project Atlas 2020》研究数据显示 2016—2017 学年世界八大留学目的国,其中,中国继续保持第三大留学国位置,2016—2017 学年接收高等教育国际学生 442773 人,2016—2017 学年增长 11.4%,较 2015—2016 学年增幅上升 5.9 个百分点(见表 3—6)。中国、澳大利亚和加拿大成为全球接收高等教育国际学生的主要增长极。

表 3-6　中国接受高等教育国际学生数量情况

排名	国家	2014—2015 学年人数	2015—2016 学年人数	2016—2017 学年人数	2014—2015 学年同比增长	2015—2016 学年同比增长	2016—2017 学年同比增长
1	美国	974926	1043839	1078822	10.0	7.1	3.4
2	英国	493570	496690	501045	2.6	0.6	0.9
3	中国	377054	397635	442773	5.8	5.5	11.4
4	澳大利亚	269752	292352	327606	9.2	8.4	12.1
5	法国	298902	309642	323933	1.3	3.6	4.6
6	加拿大	239665	263855	312100	13.1	10.1	18.3
7	俄罗斯	250251	282921	296178	—	13.1	4.7
8	德国	218848	235858	251542	6.8	7.8	6.6
八大留学目的国总人数		3122968	3322792	3533999	6.91	6.40	6.36

资料来源:笔者根据美国国际教育协会网站相关资料整理。

据统计,2016 年来华留学生规模突破 44 万人,比 2012 年增长了 35%,中国已成为亚洲最大留学目的国。2016 年在华留学生生源国家和地区总数为 205 个,其中前 15 名来源国家的留学生数量及占比见表 3-7,创历史新高。2016 年在华学历生人数占来华留学生总数的 47.4%。以汉语学习为主的格局被打破,学科分布更加合理。"一带一路"沿线国家和地区学生数量增长明显。2016 年沿线 64 国在华留学生共 207746 人,同比增幅达 13.6%。为服务国家战略,针对来华留学生的中国政府奖学金也向周边国家和"一带一路"沿线国家和地区倾斜。享受 2016 年中国政府奖学金的 49022 名学生中,"一带一路"沿线国家和地区奖学金生占比 61%。

表 3-7　2016 年中国国际留学生的前 15 名来源国家

来源国	2016 年学生数量(人)	占全部国际留学生比例(%)
韩国	70540	15.93
美国	23838	5.38
泰国	23044	5.20
印度	18717	4.23
巴基斯坦	18626	4.21
俄罗斯	17971	4.06
印度尼西亚	14714	3.32
哈萨克斯坦	13996	3.16
日本	13595	3.07
越南	10639	2.40
法国	10414	2.35
老挝	9907	2.24
蒙古国	8508	1.92
德国	8145	1.84
马来西亚	6880	1.55

资料来源:笔者根据中华人民共和国教育部网站相关资料整理。

　　"一带一路"沿线国家和地区来华留学的快速发展不仅为"一带一路"建设提供了人才支撑,也为汉语言文化传播及中国文化"走出去"提供了良好的发展机遇。

　　(3)"一带一路"人才互通管理

　　国际学生在华实习就业政策取得新的突破。2015 年 7 月颁布的公安部支持上海科创中心建设的 12 项出入境政策措施,就来华留学实习就业和开展创新创业活动的政策进行了突破创新,人才新政支持在我国高等院校毕业的外国留学生毕业后直接在上海进行毕业实习及创新创业活动,并为其办理有效期2年以内的私人事务居留许可。

2017年1月,人力资源和社会保障部联合外交部、教育部共同发布《关于允许外籍优秀高校毕业生在华就业有关事项的通知》(以下简称《通知》),对没有工作经验的外籍高校毕业生放开了在华就业的限制。

(五)相关活动与案例

1. 基础就业方面

(1)中企巴西特高压输电项目促进当地就业岗位

国家电网公司在海外首个独立中标的巴西美丽山水电送出±800千伏特高压直流输电工程项目,标志着中巴两国电力能源领域合作取得又一项里程碑成就。国家电网公司高度重视项目的实施,将在技术、资金和人员等方面提供全方位的支持,以一流的标准、一流的质量、一流的施工建设好这项工程,支持巴西经济社会发展。

美丽山二期项目是巴西第二大水电站——美丽山水电站(装机容量1100万千瓦)的送出工程,据预测,该项目将带动国产电力装备和施工服务出口超过25亿雷亚尔,同时可在巴西当地增加1.6万个就业岗位,并在项目建设期内为巴西贡献税收约22亿雷亚尔,实现了国家电网公司品牌与技术支撑世界能源绿色发展和中巴友好合作、互惠共赢。

(2)中企承建埃及输电工程促进当地就业

埃及EETC500千伏输电工程项目中布鲁斯—沙曼诺、沙曼诺—本哈两条路段成功实现送电。这个由中国公司承建的输电工程,是中埃产能合作首个签约项目,也是埃及规模最大、电压等级最高、覆盖范围最广的输电线路工程。项目全部竣工后,将大大缓解埃及多地面临的用电短缺问题,带动上下游产业发展,高峰时期为埃及当地创造约7000个就业岗位,为促进埃及经济发展提供动能。

(3)中企在肯尼亚推进员工本土化

肯尼亚中国经济贸易协会发布的《2018年肯尼亚中资企业社会责任报告》显示,在肯尼亚的中国公司员工本土化率达96%,2018年为当地创造了超过5万个就业岗位,并为约6.7万名当地员工提供了职业培训。

中国路桥在 3 年内分三批次全额资助 100 名肯尼亚优秀高中毕业生赴华留学。目前,前两批共 60 名留学生正在北京交通大学接受铁路相关专业本科教育。由中国路桥承建的蒙巴萨—内罗毕标轨铁路(蒙内铁路)全长约 480 千米,于 2017 年 5 月 31 日通车,这条肯尼亚独立以来的首条新建铁路全线采用中国标准。蒙内铁路在建期间为肯尼亚提供了约 4.6 万个工作岗位,当地雇员占全部员工比例约 90%。此外,中国路桥蒙内铁路运营公司培训肯方员工 1395 人,与肯尼亚铁路培训学院合作培训 1150 名技术工人。

2. 人才互通方面

(1)中国与印度尼西亚教育合作发展态势

据中国驻印度尼西亚使馆介绍,2017 年中国政府向印度尼西亚提供 215 个全额奖学金名额,较 2015 年增长了 11 倍。在印度尼西亚科学技术、研究与高等教育部和雅加达华文协调机构等部门的大力协助下,2016 年印度尼西亚全国有 600 多名学生申请中国政府奖学金,其中 215 名学生获得本科、硕士、博士以及进修生奖学金,学习年限 1 年至 5 年不等。

(2)中俄人才互通新局面

俄罗斯教育科学部社会研究中心公布一组数据,2015—2016 年,在俄高校学习的中国学生人数为 22529 名。在俄所有外国留学生中,中国学生人数排第三,仅次于哈萨克斯坦和乌克兰。俄罗斯高等教育的教学质量优异,其学费相较于英美高校低很多,教师很负责。中俄两国各领域的深入交流也决定了未来中国对俄语人才的需求量很大。

(3)中匈双学位项目开启

2018 年 10 月 5 日,复旦大学首个海外教学点——复旦大学经济学院匈牙利布达佩斯教学点正式启用,同时该教学点的首个合作项目"复旦—考文纽斯硕士双学位项目"也正式开启。

黑龙江中医药大学是最早与匈牙利开展联合办学的高校。2017 年 11 月,中匈两国政府就共同支持黑龙江中医药大学在匈牙利办学签署了正式协议。同时,《中国—中东欧国家合作布达佩斯纲要》决定在匈牙利设立中东欧中医医疗、教育与研究中心,目前正由塞梅尔维斯大学负责筹建。

（六）思路创新与建议

1. 进一步扩大教育合作,探索实施"人才本土化"战略

建设中国研究中心,增进沿线国家和地区对中国发展模式、政治制度、法律规范、民俗风情的理解与认同。企业应逐步探索"人才本土化"战略,聘用东道国人才,主动在人才培训及招聘等方面与东道国高校开展紧密合作,并通过建立世界级的研发实验室、工作室等汇聚一流人才的企业平台来切实增强企业"硬实力",真正做到"既招得进人,又留得住人"。

2. 围绕"智力输出"和开设海外分校推进"人才辐射"战略

鼓励边疆省份高校围绕"双一流"建设目标,积极"走出去",借助与邻国相近的民俗风情、统一的语言、紧密的民族情谊等消除障碍、规避风险,以及发挥得天独厚的地缘优势,将"一带一路""桥头堡"的角色做实、做好。发挥政府引领、行业主导作用,鼓励中国优质职业教育配合高铁、电信运营等行业企业走出去,探索开展多种形式的境外合作办学,合作设立职业院校、培训中心,合作开发教学资源和项目,开展多层次职业教育和培训,培养当地急需的各类"一带一路"建设者。

3. 大力推进来华留学教育,实施"人才孵育战略"

实施"一带一路"来华留学推进计划,全面统筹协调安排我国高水平院校的资源,设立高层次留学生"一带一路"中国政府奖学金,培养一批"知华、友华、爱华、亲华"的政府官员和企业领袖,加强双方价值认同、文化认同和区域身份认同。统筹利用国家和民间资源,实施"一带一路"教育援助计划,实施包含援建维修校舍、提供教学设备和资料、派遣教师和在华培训教师及专业技术人员等内容的一体化"一带一路"教育援助计划。

4. 深化投资贸易合作,探索包括教育合作在内的多方"共轭联动战略"

以国家公派留学为引领,推动更多中国学生到优质高校数量多、国际化程度高、经济较发达、社会较稳定的中东欧国家出国留学。同时要推进教育共同体建设,积极实现区域内学分互认、学位互授联授,助力各国学习者在不同层次和不同学科门类间进行无障碍地衔接与转换,并鼓励各国增设"人才护照"以有效促进我国与该象限国家的优秀人才的双向流动。鼓励"小语种"毕业生到孔子学院和孔子课堂工作,成为人文交流的"使者"与优秀的汉语"教育者",全力满足沿线国家和地区对于了解中华文化和汉语学习的需求。注重利用文化旅游、短期访学、人才发展论坛和新媒体社交等途径加强"一带一路"青少年交流,增进不同国家青少年间的友谊和对我国文化的理解。

三、社会公益、减贫与民心相通

(一)指数排名及得分

"一带一路"倡议的最终目标是打造人类命运共同体。由此可见,社会公益、减贫事业与"一带一路"倡议理念相通,是民心相通的重要组成部分。为了推动中国与"一带一路"沿线国家和地区通过社会公益来实现减贫,不少机构和组织一直在积极采取措施,加强沿线国家和地区民间组织的交流合作,重点面向基层民众,广泛开展社会公益与减贫活动,促进沿线贫困地区生产生活条件改善。《中国社会组织推动"一带一路"民心相通行动计划(2017—2020)》明确提出:在减贫领域,实施减贫示范项目,举办针对不同贫困人群的技能培训,开展扶贫经验交流,帮助沿线贫困国家发展经济、改善民生。在减灾救灾、人道主义援助方面,深入开展减灾救灾机制建设和交流,积极开展灾害救援及人道主义物资捐赠项目,帮助受灾地区重建家园。在青年工作领域,支持中国青年志愿者开展海外志愿服务,深度参与"一带一路"沿线国家和地区经济社会建设。因此,本报告选取了官方人均发展援助(ODA)净额与贫困人口比例情况两个指标来体现社会公益和减贫情况。关于贫困人口比例情况的考虑,主要基于中国对"一带一路"沿线国家和地区实施的减贫活动,贫困人口较多的国家直接获得中国更多的关注与支持。同时,中国推进"一带一路"建设对沿线国家和地区解决就业、提高生活水平、摆脱贫困有直接积极作用。

相对于其他国家而言,叙利亚、黎巴嫩、斐济、阿富汗、约旦、黑山、也门、东帝汶、波黑、格鲁吉亚和蒙古国获得的援助比较多,但贫困人口依旧处于中等偏上水平,这些是社会公益与减贫方面亟须改善的国家。同时,贫困人口较多的国家还有马达加斯加和南非,受到的援助也比较低。

(二)基本状况

美国威廉玛丽学院(College of William & Mary)"援助数据"项目(AidData)研究报告中的数据显示。自 2013 年"一带一路"倡议提出至2017 年四年内,中国对外援助的总金额达到 8774 亿美元,中国已经成为世界第四大对外援助国。根据中国财政部的统计,中国每年提供的对外援助规模总体呈上升趋势,从 2007 年的 111.54 亿元上升到 2015 年的最高值 195.37 亿元,2016 年出现了明显降幅,2017 年又开始回升,对外援助支出为 168.7 亿元(见图 3-4)。

(单位:亿元)

图 3-4　2007—2017 年中国财政对外援助支出

资料来源:笔者根据国家统计局相关资料整理。

根据《中国的对外援助(2014)》白皮书,现在中国对外援助主要有 8 种方式:成套项目、一般物资、技术合作、人力资源共同开发、医疗援助、紧急人道主义援助、援外志愿者和债务减免。

（三）政策举措

1. 习近平主席多次倡导对"一带一路"沿线国家和地区进行援助

2015 年减贫与发展高层论坛上，习近平主席提出共建一个没有贫困、共同发展的人类命运共同体的呼吁，并就此发出"四个着力"的倡议：着力加快全球减贫进程；着力加强减贫发展合作；着力实现多元自主可持续发展；着力改善国际发展环境。习近平主席此次讲话，表现出中国落实联合国发展峰会上通过的消除贫困为 2015 年后首要目标的发展议程的决心，彰显出中国负责任、敢担当的大国形象，不仅为国内扶贫工作提供了价值观和方法论，同时也为国际范围内消除贫困贡献出中国智慧。

近年来，为促进中国与东亚国家减贫理念和经验的共通共享，实现共同发展，中国和东亚国家减贫交流合作不断发展深化。目前已建立包括"国际减贫与发展高层论坛""中国—东盟社会发展与减贫论坛""东盟与中日韩（'10+3'）村官交流项目"等在内的多个机制化合作平台。一直以来，老挝、柬埔寨、缅甸都是我国的友好近邻，与三国共同启动实施的东亚减贫示范合作项目正是深化四国减贫合作交流的新实践。

2017 年 5 月，国家主席习近平在北京出席"一带一路"国际合作高峰论坛开幕式并发表主旨演讲，在演讲中习近平主席提到中国将在未来 3 年向参与"一带一路"建设的发展中国家和国际组织提供 600 亿元人民币援助，建设更多民生项目。中国将向"一带一路"沿线发展中国家提供 20 亿元人民币紧急粮食援助，向南南合作援助基金增资 10 亿美元，在沿线国家和地区实施 100 个"幸福家园"、100 个"爱心助困"、100 个"康复助医"等项目。

2. 商务部出台对外援助的各项试行制度，为援助打下政策基础

2014 年商务部出台了《对外援助管理办法（试行）》，对商务部的援外职责、方式等进行了梳理；2015 年出台的《对外援助项目实施企业资格认定办法（试行）》。合并了原来商务部发布的关于成套项目与物资项目企业资格认定的规定，使援外企业的资格认定规则更为完善、更具可操作性；2015 年 12 月以来先后出台或修订的《对外技术援助项目管理办法（试行）》《对外援助物资项目管理办法（试行）》《对外援助成套项目管理办法(试行)》分别针对不同的援助模式进行规制,以提高援助效果。此外,为规范对外援助项目的采购行为,商务部还出台了《对外援助项目采购管理规定(试行)》。[1]

(四)工作进展、成果及数据

1. 社会公益

教育公益,长久之道。中信百年职校(安哥拉)的创办得到中安两国政府的高度重视和大力支持。通过中信百年职校,带动了当地青年的职业水平,降低了失业率,减少了贫困,是国有企业"一带一路"对外公益事业成就的一个缩影。据统计,中信百年职校自2014年创办至2019年已为386名当地贫困家庭青年提供免费培训和食宿,并帮助他们走上工作岗位,毕业生的突出表现得到了中安两国政府和社会各界的称赞。2014年以来,开设专业由两个增加到三个再到五个,入学人数亦呈上升趋势,特别是2016年入学人数攀升,由2015年的67个上升到2016年的118名。

医疗公益,改变生命。2014年,"爱的回馈"中斯友好光明行——白内障复明大型慈善活动于9月25日圆满结束。中国医疗队克服各种困难,成功实施了1000例白内障摘除手术,让千名斯里兰卡患者重见了光明。2016年,"健康快车'一带一路'国际光明行"慈善项目启动。健康快车派出医疗队在斯里兰卡、缅甸和巴基斯坦开展"'一带一路'国际光明行"卫生援助与合作交流活动,为三个国家的1500多名贫困人士实施了白内障复明手术,并带教了当地的眼科医生,增进了不同国家之间人民的感情。截至9月,健康快车火车医院上复明的患者累计达到19.87万人,建成80所健康快车眼科中心和40家糖网中心。[2]"海南·柬埔寨光明行"于2016年9月首次在柬埔寨拉开序幕。义诊活动分别在柬埔寨磅湛省和暹粒省开展,累计筛查柬埔寨病患2487次,实施白内障复明手术543例,手术成功率为100%。[3]

---

①　曹俊金:《"一带一路"倡议与对外援助制度之完善》,《国际展望》2016年5月15日。
②　郑涛:《"健康快车一带一路国际光明行"慈善项目在京启动》,千龙网。
③　黄耀辉:《第五次"海南·柬埔寨光明行"义诊活动在柬举行》,中国新闻网。

慈善事业,带去温暖。招商局于2010年在中国香港发起成立招商局慈善基金会,以此作为集团统筹参与境外社会公益的专业平台。招商局主动承担世界公民责任,通过医疗救助、参与灾害救助等活动为当地社区传播一份温暖和希望,催生社会正能量。截至2018年9月,招商局共投入公益资金约3046.23万元港币,公益足迹遍及吉布提、白俄罗斯、斯里兰卡、澳大利亚等23个国家,紧密结合"一带一路"重要节点积极打造集团海外公益品牌,成效获多方认可。

2. 减贫

中国扶贫基金会"一带一路"沿线国家和地区扶贫项目。截至2018年年底,中国扶贫基金会在国际救灾和发展援助方面投入的资金和物资价值已超过1.6亿元人民币,惠及20多个国家和地区约45万人次。特别是首届"一带一路"国际合作高峰论坛举办以来,中国扶贫基金会累计投入国际救灾和发展援助超过6000万元,受益总人数超过20万人次。2018年,数以万计的爱心包裹在尼泊尔、缅甸、柬埔寨和纳米比亚进行了试点发放,受到当地政府、学校和民众的热烈欢迎。除了爱心包裹项目之外,中国扶贫基金会还将"新长城大学生助学项目"复制到国外,在缅甸开展"胞波助学金项目"并取得很好的效果。

国家开发银行金融减贫项目。国家开发银行依托上合组织银联体,在塔吉克斯坦发展普惠金融。多年来,开发银行将深化上合银联体框架下中塔双边合作作为在塔业务重点,与塔吉克斯坦金融机构开展了包括银行授信、境外人民币、经验交流与研讨等多种形式的合作,通过"塔吉克斯坦银行统借统还+转贷"的模式支持塔政府高度关注的农业、中小企业、南部贫困山区建设等领域,成为中塔两国间以金融促发展的典范。开发银行先后向塔吉克斯坦两任成员行——国民银行(央行)和储蓄银行授信,支持塔吉克斯坦农业、中小企业及南部贫困山区经济发展,惠及75家中小企业、个人农场主以及5316个农户,带动上万人就业,特别是500万美元的南部山区微贷款,帮助山区贫困群众发展养禽业、畜牧业、养蜂业、园艺及其他产业,通过普惠金融促进当地群众更好地脱贫致富,直接受益农户达4208户。

开设扶贫经验培训班,将中国的扶贫经验分享给友国。中国脱贫攻坚战取得了全面胜利,引得了"一带一路"众多友国学习的目光。以中国供销合作总社举办的"一带一路"合作社扶贫技能培训班暨经贸对接会为例,其通过搭建国际合作交流平台,宣传中国供销合作社改革发展和扶贫工作取得的最新成果,同时让来自不同国家的合作社代表讲述减贫、扶贫故事,深入交流,相互启发,凝聚和扩大共识,为合作社扶贫事业发展献计出力。培训重点关注合作社在扶贫领域和实现联合国 2030 年可持续发展目标方面采取的成功做法和宝贵经验。

(五)相关活动、项目、案例

1. 中国专家团队赴缅支援救灾

2018 年 8 月 29 日,缅甸勃固省东吁县刷溪水坝溢洪道损毁,导致库水大量下泄,刷镇区、耶达谢镇区及周边村庄被水淹没,该洪灾造成 1200 个家庭受灾,受灾群众达 6 万余人。中国电力建设集团有限公司从国内派出由 5 名专家组成的专家组,火速前往刷溪水坝检查损毁情况并协助缅甸专家进行水坝修复与重建。同时向受灾民众发放总价值 3000 余万缅元的大米、面、油、矿泉水、饼干等救灾物资。根据勘察结果,中电建专家组向缅方作出损毁报告和灾情评估,并提供水坝恢复、溢洪道建设、溢洪道地基处理等恢复重建方案的建议。

2. 公羊会的"一带一路"公益活动

2015 年 4 月 25 日 14 时 11 分,邻国尼泊尔发生 8.1 级强震。公羊会创始人迅速成立了由 3 名医生、2 名抗震救援专家和 1 名翻译共 6 名专业队员组成的"公羊队赴尼泊尔抗震医疗救援队",筹措急需药品和装备,成为浙江出动的最早一批民间救援力量。

2015 年 10 月 26 日 17 时 9 分,一场突如其来的里氏 7.8 级地震在阿富汗与巴基斯坦交接处爆发,中国友好邻邦巴基斯坦遭难,造成 272 人遇难,2152 人受伤,25364 座房屋受损,数十万人在寒风中流离失所。地震发生半小时后,公羊队所有队员集合,前往灾区进行救援。他们紧急调配了血压计、血氧仪、便携式 B 超机、便携式 X 光机、空气净水器、4 大箱救援药品和 1 架无人机等地震救援必备装备,并于 31 日赶赴灾区进行救援。在巴基斯坦救援期间，公羊队先后到白沙瓦、斯瓦比等多个地方，给灾民发放了面粉、食用油等物资，为灾民进行身体检查。考虑到地震容易对孩子的心理造成创伤，公羊队员还通过播放动画片、做游戏等方式，帮助孩子缓解紧张情绪，开展心理疏导工作。

2016 年当地时间 8 月 24 日凌晨 3 时许，意大利中部发生 6.0 级地震，造成多人员伤亡或失踪。获悉灾情后，公羊队经过紧张准备，迅速筹备救援物资，携带破拆工具、生命探测仪、医疗救援等设备，派出由 3 名资深救援人员组成的第一梯队前往意大利地震灾区参与救援工作，并于当地时间 25 日晚上 19 时许抵达意大利首都罗马。8 月 28 日，公羊会顺利完成了第一阶段的跨国紧急救援任务，意大利总统马塔雷拉视察了灾区并看望了救援一线的工作人员，并对所有参与救援人员的付出表示感谢。

3. 慈善组织助力"一带一路"民心相通

近年来，中国的公益慈善组织也在积极搭建国际慈善交流合作平台，以期更好地用公益慈善助力"一带一路"建设。

2017 年 6 月 4 日，2017 丝绸之路国际慈善公益合作与可持续发展高峰论坛在陕西西安举行。此次论坛由陕西省人民政府、中国慈善联合会、中华慈善总会共同主办，来自丝绸之路沿线国家和地区的慈善公益组织、国内慈善公益界知名专家学者以及国内近 200 家慈善公益组织代表参加了该会议。论坛通过分享经验、扩大参与、凝聚共识，推动丝路沿线国家和地区民间组织在教育医疗、生态保护、减贫开发等领域交流与合作，分享慈善事业进步成果，共商共建"一带一路"国际慈善公益组织交流平台。

4. 用社会公共项目带动当地发展

中国巴新友谊学校——"布图卡"学园建设项目。2018 年 8 月中国巴新友谊学校——"布图卡"学园建设项目顺利完工。全新的布图卡学园成为一所包括幼儿园、小学和中学的综合性学校，可容纳 3000 名学生。除教室和教师公寓外，学校还设有多功能厅、橄榄球场、篮球场、网球场等区域，占地约 5 万平方米。

（六）做法经验

消除贫困是全世界的共同难题,也是"一带一路"相关中低收入国家发展的重要任务。[①] 随着"一带一路"建设的推进,中国积累的消除贫困的基本经验也将为"一带一路"相关国家提供有益的借鉴和启示。

第一,大力发展经济是消除贫困的根本之策。中国扶贫事业之所以可以取得举世瞩目的成就,其根本原因在于,中国始终坚持以经济建设为中心,坚持改革开放,为大规模持续减贫奠定了坚实的经济基础。对于"一带一路"低收入国家来说,发展经济是解决贫困问题的根本,相关国家应着力发展市场经济,借助"一带一路"倡议带来的经济发展合作机遇,不断提高对外开放水平,在经济发展中逐步消除贫困。

第二,扶贫开发应坚持政府主导下的多元主体参与。中国依托从中央到地方的扶贫工作领导机构,建立起了中央统筹、省负总责、市县抓落实的扶贫工作机制,持续实施了一系列全国性的扶贫开发计划。其中包括因地制宜地实施金融扶贫、产业扶贫、易地搬迁等一系列扶贫举措。同时广泛动员社会各方力量,构建起政府、社会和市场协同推进的大扶贫格局,进而确保通过集中配置各类要素,持之以恒地推进大规模扶贫开发。对于"一带一路"相关西亚、北非以及南亚等地区的国家扶贫开发来说,政府发挥主导作用制定科学减贫战略,并纳入工作全局,保持政策定力和连贯性,才能充分凝聚各方力量投入减贫事业。

第三,应充分发挥农业产业的减贫效应。产业扶贫是贫困地区脱贫和发展的有效路径。中国大规模减贫实践经验表明,农业发展在减贫中发挥了不可替代的作用。"一带一路"相关部分国家农业资源丰富,农业发展潜力巨大,许多国家农业占 GDP 比重超过 20%。对于以农民为主体或农业为主的部分国家来说,借鉴中国大力发展农业产业扶贫的经验,把发展农业摆在突出位置,加大扶持力度,确保快速发展,并与城市化和工业化相协调,有利于持续稳步推进减贫事业。

---

① 宁爱照、郭静利:《中国扶贫经验为"一带一路"国家提供借鉴》,《经济日报》2017 年 12 月 7 日。

第四,坚持开发式扶贫。中国的实践证明,开发式扶贫模式注重培育贫困地区和人群脱贫发展的内生增长机制,是扶贫开发得以成功的必由之路。完善基础设施建设不仅是开发式扶贫的重要内容,也是经济持续增长的必要条件。"一带一路"相关中低收入国家基础设施普遍不足,资源禀赋优势不能顺利转化为经济优势,成为掣肘经济发展的重要因素。因此,这些国家应加快补齐基础设施短板,以促进贫困地区丰富的农业、矿产、文化等优势资源"走出去",同时将资金、技术、人才等要素"引进来",充分释放经济发展潜力,为扶贫开发和经济持续增长增添内生动力。

第五,应不断深化扶贫开发领域的国际合作。长期以来,中国高度重视并积极吸纳海外援助,扶贫事业得到了国际组织、诸多国家或地区的援助,这些机构和人员为中国带来了资金支持、技术援助和有益的模式经验等,一定程度上加速了中国扶贫开发进程。基于已有的扶贫事业支援经验,"一带一路"相关国家也应加强减贫方面的国际交流与合作,因地制宜汲取中国及其他国家扶贫开发的基本经验,与亚投行、丝路基金等多边国际金融机构广泛合作,构建适合本国国情的扶贫开发模式。

第六,应积极推动"一带一路"沿线国家和地区绿色减贫合作。"一带一路"沿线国家和地区大多属于发展中国家,扶贫、脱贫是这些国家面对的共同主题。中国的绿色减贫实践表明,绿色与减贫并非矛盾,妥善处理、科学融合,完全能够实现绿色减贫。研究结果表明,绿色减贫水平较高的片区经济增长、绿化度和减贫效果都比较好。通过中国绿色减贫实践,"一带一路"沿线绿色资源增值,绿色扶贫、脱贫有巨大潜能。绿色减贫其本质是通过有效利用资源优势,提升资源利用价值,并将其转化为经济、社会及生态等价值,进而达到绿色发展和减贫效果。

(七)思路创新及未来工作建议

"一带一路"倡议作为全球范围内的区域性国际合作工程,其目标是:在共同打造区域经济合作框架、共建利益共同体的同时,大力倡导和支持公益慈善,用公益慈善的力量带动社会建设,共同营造"'一带一路',美好家园"的社会共同体。为此提出如下政策建议:

借鉴国际经验,加快培植发展中国特色的国际公益组织。要积极研究借鉴别国的相关经验和各种可用机制,建立"'一带一路'、公益同行"的政府支持计划和支持基金,有计划地支持并重点培植发展一批中国特色的国际公益组织,使之加快成长并融入国际社会。

建立体制和政策通道,支持有条件的公益组织"走出去"。建议建立体制和政策上的绿色通道,为有条件"走出去"的公益组织提供全面的支持与配合。

发起"一带一路"青年国际志愿者行动计划,鼓励公益创新创业。建议行动计划由共青团中央牵头,定期公开招募青年志愿者,动员一批有志于公益创新的国内外基金会、公益创投基金、社会影响力投资等,建立扎根当地社区并与驻在国中资企业密切合作的社会协同体制。

倡导"一带一路"企业公益行动,践行企业社会责任。要呼吁中方投资和中资企业积极融入当地社区,关心当地各种公益慈善活动,有条件的企业应努力发展与当地非政府组织特别是草根组织的合作关系,资助他们开展公益服务活动,在条件许可的情况下可探索设立当地的社区基金会,将企业公益行动常态化、组织化,同时鼓励员工参与当地的公益志愿者活动。

引导华侨华人关注当地社会建设,共同建设美好家园。要积极联系并发挥华侨华人社团的作用,积极引导华侨华人关注并倾力于当地的社会建设,采取多种形式推动当地公益慈善活动和社会共治。

举办全球公益学大会,推动公益学的学科建设和人才培养,引领全球范围内的公益慈善研究。建议在有关部门的指导和支持下,整合并动员国内外相关学术资源,适时举办全球公益学大会,发起全球公益学人组建相关国际学术组织,积极推动公益慈善学的学科建设和人才培养。

积极推进"一带一路"绿色减贫合作。积极开展绿色减贫指数的合作研究,为"一带一路"沿线国家和地区的绿色减贫提供参考和服务。扩大减贫范围和领域,在原先中国—东盟减贫、中非减贫合作的基础上,积极扩大并建立"一带一路"新框架下的减贫论坛和绿色减贫合作新尝试,积极开展绿色减贫,实现发展转型。积极开展绿色减贫理念、理论和政策实践等方面的交流与研究合作等。

四、公共卫生与民心相通

（一）指数排名及得分

健康是人类生存和社会发展的基本条件。经过长期不懈奋斗,我国显著提高了人民健康水平,公共卫生整体实力、医疗服务和保障能力不断提升,全民身体素质、健康素养持续增强,被世界卫生组织誉为"发展中国家的典范"。《中国健康事业的发展与人权进步》白皮书中公布,近年来,全球化使健康风险的传播速度不断加快。在 2015 年联合国提出的17 项可持续发展目标中,卫生指标不仅列在第三位,其他目标也都与健康息息相关。2017 年 1 月,在联合国日内瓦总部演讲时,习近平主席强调重大传染性疾病是事关世界命运的全球问题。中国是医疗卫生领域国际合作的倡导者、推动者和践行者,始终致力于实现国际人口与发展大会行动纲领,全面落实联合国《2030 年可持续发展议程》特别是健康领域可持续发展目标,积极开展对外医疗援助和全球应急处置,认真履行健康领域国际公约,勇于承担国际人道主义责任,积极参与医疗卫生国际规则体系建设。中国较早签署批准《世界卫生组织组织法》,加入《麻醉药品单一公约》和《精神药物公约》。

公共卫生问题事关"一带一路"沿线国家和地区人们的生存和发展,是重要的民生问题。通过开展"一带一路"公共卫生合作,能够有效地改善沿线国家和地区人民的生存质量,提高健康水平,增强沿线国家和地区人民的幸福感和获得感,从而争取民心,夯实民心相通的社会基础。

公共卫生排名靠前的国家有新西兰、新加坡、以色列和韩国,基本卫生服务覆盖指数都非常高,覆盖率超过 80%,而且人均国内一般政府卫生支出和私人卫生支出也相对比较高(见表 3-8)。巴基斯坦、孟加拉国、阿富汗、埃塞俄比亚和马达加斯加的基本卫生服务覆盖指数和人均卫生支出水平都处于较低水平,这些国家相对比较小,很多依赖于周边国家的医疗卫生服务,由于公共卫生规模相对较小,与我国公共卫生领域的合作也相对较少。

表 3-8　公共卫生排名及各项得分情况

排名	国家	基本卫生服务覆盖指数	人均国内一般政府卫生支出	人均国内私人卫生支出	得分
1	新西兰	10.00	10.00	9.41	2.94
2	新加坡	9.90	8.71	10.00	2.86
3	以色列	9.48	9.11	9.80	2.84
4	韩国	9.90	8.56	9.37	2.78
5	斯洛伐克	8.92	8.32	7.67	2.49
6	卡塔尔	7.96	9.15	7.71	2.48
7	巴林	8.92	7.84	7.94	2.47
8	巴拿马	9.15	7.74	7.53	2.44
9	沙特阿拉伯	8.57	8.16	7.64	2.44
10	科威特	8.81	8.63	6.67	2.41
11	爱沙尼亚	8.69	8.19	7.21	2.41
12	匈牙利	8.57	7.89	7.58	2.40
13	立陶宛	8.45	7.73	7.45	2.36
14	拉脱维亚	8.21	7.43	7.79	2.34
15	波兰	8.69	7.64	6.91	2.32
16	俄罗斯	8.57	7.31	7.23	2.31
17	黎巴嫩	8.45	6.81	7.78	2.30
18	克罗地亚	8.21	8.36	6.37	2.29
19	马尔代夫	7.01	7.89	7.28	2.22
20	文莱	9.58	7.97	4.63	2.22
21	伊朗	8.33	6.16	7.52	2.20
22	保加利亚	7.56	6.79	7.29	2.16
23	土耳其	8.57	7.09	5.86	2.15
24	南非	7.96	6.67	6.87	2.15
25	塞尔维亚	7.43	7.03	6.85	2.13
26	阿联酋	7.70	7.05	6.54	2.13
27	波黑	7.70	7.05	6.54	2.13
28	捷克	7.70	7.05	6.54	2.13

续表

排名	国家	基本卫生服务覆盖指数	人均国内一般政府卫生支出	人均国内私人卫生支出	得分
29	叙利亚	7.70	7.05	6.54	2.13
30	白俄罗斯	8.81	6.48	5.95	2.12
31	马来西亚	8.45	6.19	6.23	2.09
32	土库曼斯坦	8.08	5.22	7.48	2.08
33	阿曼	8.21	7.66	4.84	2.07
34	罗马尼亚	8.57	7.05	4.99	2.06
35	哈萨克斯坦	8.81	6.32	5.32	2.05
36	黑山	7.83	6.97	5.42	2.02
37	约旦	8.81	6.13	5.11	2.01
38	阿塞拜疆	7.43	4.94	7.47	1.98
39	马其顿	8.33	6.18	5.27	1.98
40	亚美尼亚	7.96	4.25	7.46	1.97
41	格鲁吉亚	7.56	5.15	6.77	1.95
42	乌克兰	7.83	5.59	5.64	1.91
43	泰国	9.26	5.77	3.32	1.84
44	阿尔巴尼亚	6.57	5.44	6.04	1.81
45	摩尔多瓦	7.96	5.17	4.86	1.80
46	伊拉克	6.87	5.32	5.24	1.74
47	埃及	7.83	4.13	5.04	1.70
48	乌兹别克斯坦	8.45	4.38	4.13	1.70
49	越南	8.69	4.21	3.75	1.67
50	斯里兰卡	7.56	4.40	4.52	1.65
51	斐济	7.29	5.18	3.90	1.64
52	蒙古国	7.01	4.79	4.09	1.59
53	吉尔吉斯斯坦	8.08	4.01	3.53	1.56
54	菲律宾	6.87	3.70	4.60	1.52
55	印度尼西亚	6.27	3.98	4.31	1.46
56	塔吉克斯坦	7.83	2.80	3.20	1.38

续表

排名	国家	基本卫生服务覆盖指数	人均国内一般政府卫生支出	人均国内私人卫生支出	得分
57	不丹	7.01	4.42	1.37	1.28
58	柬埔寨	6.72	2.43	3.20	1.24
59	缅甸	6.87	2.12	3.21	1.22
60	印度	5.96	2.35	3.21	1.15
61	也门	3.58	2.62	3.83	1.00
62	老挝	5.29	2.57	2.09	1.00
63	尼泊尔	5.29	1.43	2.41	0.91
64	巴基斯坦	4.19	1.82	2.06	0.81
65	孟加拉国	4.75	0.98	1.94	0.77
66	阿富汗	2.46	0.00	3.25	0.57
67	埃塞俄比亚	2.92	1.28	0.91	0.51
68	马达加斯加	0.00	1.88	0.00	0.19

（二）基本状况

公共卫生不是普通意义上的医疗服务,它是由国家始终干预的伦理性公益事业,通过政策发展和保障措施来预防疾病和促进健康,具有典型福利性和社会性特征,因而公共卫生伦理就是"人类在人群中促进健康、预防疾病和伤害的行动规范"。我国各种各样的传染病在不同地区有着不同程度的流行,虽然大部分传染病已经得到基本控制,但是传染病的发病情况整体呈现上升趋势。① WHO 预计到 2050 年世界老龄人口将达到 20 亿,这些老年人中 80% 将来自低收入和中等收入国家。虽然寿命延长,但生命质量得不到保证——60 岁以上人群占全球死亡和疾病总负担的近 1/4。

中国政府始终坚持以人民为中心的发展思想,牢牢把握人民群众对美好生活的向往,把增进人民福祉、促进人的全面发展作为发展的出发点

---

① 刘花:《我国传染病现状与防治对策研究》,《健康必读》2011 年第 9 期。

和落脚点,我国公共卫生实力不断提升,国民健康素养不断增强,得到了国际社会的充分认可(见图3-5、图3-6)。

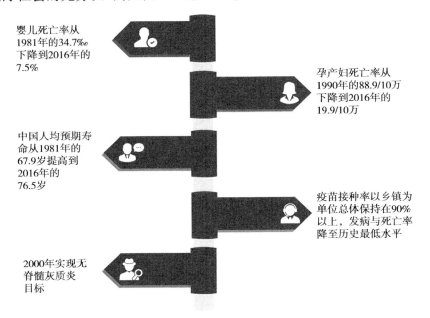

图 3-5 中国公共卫生所取得的成就—1

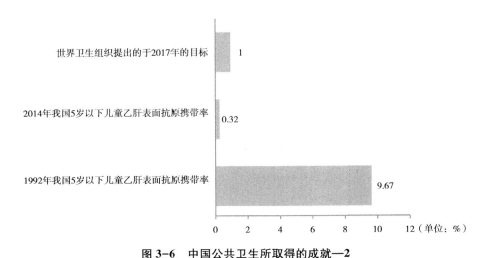

图 3-6 中国公共卫生所取得的成就—2

资料来源:刘花:《我国传染病现状与防治对策研究》,《健康必读》2011 年第 9 期。

（三）政策举措

1. 习近平总书记倡议建立"健康丝绸之路"

2017年1月18日,中国政府与WHO签署了关于"一带一路"卫生领域合作的谅解备忘录,对双方通力合作改善沿线国家和地区卫生现状具有里程碑意义。在谅解备忘录的基础上,各国将通过共同努力建立"一带一路"卫生政策研究网络,推进《联合国2030年可持续发展议程》中健康相关目标实现。加强"一带一路"沿线国家和地区在重大传染性疾病的监测、防控和应对以及突发卫生事件应急的协调和合作等,与100多个国家或地区签署双多边卫生合作协议,共同发起和参与的国际(区域)卫生合作机制超过11个,初步形成了全方位、多层次、宽领域的"一带一路"卫生合作战略布局。

2. 卫健委制定推进"一带一路"卫生交流合作实施方案

《国家卫生计生委关于推进"一带一路"卫生交流合作三年实施方案(2015—2017)》(以下简称《三年实施方案》)意在打造"健康丝绸之路",为全面提升中国和"一带一路"沿线国家和地区人民健康水平和全方位加强对外卫生合作,坚持和平合作、开放包容、互学互鉴、互利共赢。《三年实施方案》将重点放在周边国家,基于多双边合作机制,共同促进各方医疗卫生发展(见图3-7)。

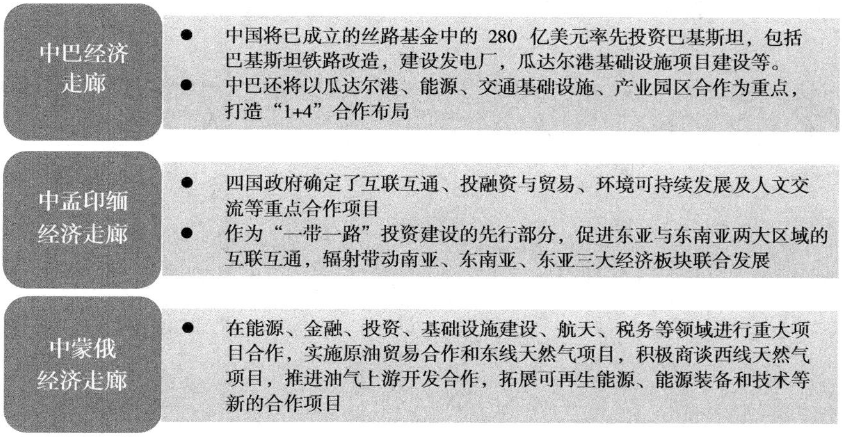

中巴经济走廊	● 中国将已成立的丝路基金中的280亿美元率先投资巴基斯坦,包括巴基斯坦铁路改造,建设发电厂,瓜达尔港基础设施项目建设等。 ● 中巴还将以瓜达尔港、能源、交通基础设施、产业园区合作为重点,打造"1+4"合作布局
中孟印缅经济走廊	● 四国政府确定了互联互通、投融资与贸易、环境可持续发展及人文交流等重点合作项目 ● 作为"一带一路"投资建设的先行部分,促进东亚与东南亚两大区域的互联互通,辐射带动南亚、东南亚、东亚三大经济板块联合发展
中蒙俄经济走廊	● 在能源、金融、投资、基础设施建设、航天、税务等领域进行重大项目合作,实施原油贸易合作和东线天然气项目,积极商谈西线天然气项目,推进油气上游开发合作,拓展可再生能源、能源装备和技术等新的合作项目

图3-7 中国与"一带一路"经济走廊的合作空间

资料来源:中华人民共和国商务部网站。

《三年实施方案》主要内容包括八个方面:(1)建设合作机制,在卫生领域加强与沿线国家和地区的高层互动。(2)建立与沿线国家和地区的跨境传染病信息沟通和联防联控机制。(3)建立人才培养合作,依托我国边境省份和地区建立高级卫生专业人才培养基地,开展多种时长、多种形式的培训项目和计划。(4)对沿线国家和地区积极推进卫生应急领域交流合作和提供紧急医疗援助。(5)在教育、科研和企业等多领域开展传统医药和民族医药交融。(6)在政策交流方面建立长期有效合作机制。(7)向部分欠发达国家和地区提供医疗和技术上的援助。(8)推动与周边国家的健康产业合作发展,主要通过医疗旅游、跨境远程医疗、境外投资医药企业等,实现创新化和科技化的贸易和投资。

(四)工作进展、成果及数据

1."一带一路"沿线国家和地区医疗卫生总体态势

世界卫生组织 2018 年统计报告显示在中低收入和中等收入国家妇女难产死亡率和儿童营养不良率较高。2016 年全世界有 303000 名妇女死于难产。其中 99% 发生在低收入和中等收入国家,约 64% 发生在非洲。2017 年全世界有 1.51 亿的 5 岁以下儿童(约 22%)发育不良,在东南亚区域和非洲区域生活的儿童占到总量的 3/4。在低收入和中低收入国家,基本的孕产妇、儿童卫生服务覆盖面仍然存在巨大差距。这些国家 39% 的母子对至少接受了七项基本干预措施中的六项,而 4% 的母子对完全没有接受干预措施。

在疾病控制方面,疟疾、霍乱和结核病是致死率最高的疾病。2016 年发生 2.16 亿例疟疾,导致 44.5 万人死亡。疟疾的暴发区域主要集中在东南亚、南亚、非洲和拉美。由于缺乏可持续的资金,影响了疟疾防治。霍乱是不平等和缺乏社会和经济发展的明显标志,霍乱严重影响到世界上最贫穷和最脆弱的人口。在 2011—2015 年向世界卫生组织报告的当地传播霍乱病例的国家中,大多数是只有少数人口能够获得基本饮用水和卫生服务。据估计,在 2008—2012 年,69 个霍乱流行国家每年共发生 130 万—400 万例霍乱病例,每年造成 21000—143000 人死亡。但是,在同一时期,向世界卫生组织报告的病例和死亡的平均每年人数分别只有

313000 例和 5700 例左右。2016 年，38 个国家向世界卫生组织报告了 132121 例霍乱病例和 2420 例死亡。

疟疾和霍乱的暴发与饮用水污染和缺乏卫生条件密切相关。霍乱和疟疾暴发的大多数国家是只有少数人口能够获得基本饮用水和卫生服务。报告显示，占世界人口 79% 约 52 亿人有排污和洁水设施，仍有 29 亿人缺乏必要的清洁设施（见图 3-8）。报告还显示在全球范围内，国家卫生支出占政府支出总额的比重为 11.7%，世界上至少有一半的人口没有得到基本卫生服务的全面覆盖。

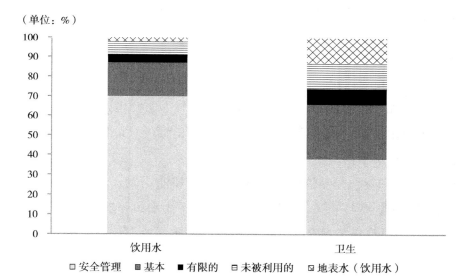

（单位：%）

图例：□ 安全管理　▨ 基本　■ 有限的　▤ 未被利用的　⊠ 地表水（饮用水）

图 3-8　2015 年按使用的饮用水服务和卫生服务类型划分的全球人口比例

资料来源：笔者根据世界卫生组织和联合国儿童基金会网站相关资料整理。

2. "健康丝绸之路"工作成果

联合国可持续发展目标提出在 2030 年结束包括霍乱等传染病流行。减少包括水污染在内的因环境污染造成的疾病和死亡。可持续发展目标还致力于实现确保水和卫生设施的可持续性管理，确保足够的医疗卫生人员。"健康丝绸之路"的建设目标与联合国《2030 年可持续发展议程》中健康相关目标高度契合。近年来，"健康丝绸之路"倡议工作成果体现在以下九个方面。

（1）"一带一路"卫生合作战略布局初步形成。与世界卫生组织签署关于"一带一路"卫生领域合作的谅解备忘录及执行计划；继续夯实中国—中东欧国家、上海合作组织、中国—东盟、金砖国家合作等多边机制下卫生合作；深化与俄罗斯、印度尼西亚、南非等"一带一路"支点国家双边卫生合作，与相关国家签署卫生合作协议；通过与美国、英国、法国、德国等人文和卫生合作机制，增信释疑。为护航"一带一路"倡议夯实了安全和民意基础。

（2）不断完善由政府主导、上下联动、多方参与的合作机制。结合我国"健康中国2030"规划纲要，推动中央与地方政府的主动谋划和紧密联动，以规划、政策和资源投入为引导，搭建平台、创造条件、营造氛围，带动全社会组织、智库和企业积极参与"一带一路"卫生合作，形成全国上下一盘棋的工作格局。① 通过全球或区域性合作机制，调动中国疾病预防控制中心、中国医院协会等全国科研机构和学术团体搭建"一带一路"公共卫生合作网络、卫生政策研究网络、医院合作联盟、可持续发展健康产业联盟等合作平台。

（3）不断健全完善传染性联防联控合作机制。以开展澜沧江—湄公河边境传染病联防联控等合作项目为抓手，5年来累计投入4300余万元人民币，重点加强与湄公河流域国家在艾滋病、疟疾、登革热、鼠疫等高发传染病防控合作，完善其传染病的预警、评估机制。与中亚国家开展包虫病、鼠疫等人畜共患病防控合作。目前，已建立了"一带一路"包虫病防控联盟，与湄公河流域国家建立了传染性疾病监测、防控合作、疫情通报机制。

（4）卫生医疗专业人才队伍建设成果显著。围绕中国—东盟公共卫生人才培养百人计划（2015—2017年）、澜沧江—湄公河千人公共卫生人才培训计划（2018—2022年）等旗舰项目，以及援外医疗队开展相关社区卫生工作者和医务任务培训，赴太平洋岛国开展"送医上岛"等长短期结

---

① 国家卫生计生委办公厅：《国家卫生计生委关于推进"一带一路"卫生交流合作三年实施方案（2015—2017）》，国家卫生和计划生育委员会官网，2015年10月14日。

合的进修培训项目,通过"请进来"和"走出去"现场培训指导等多种渠道,帮助"一带一路"相关国家培养卫生管理、公共卫生、医学科研等人员,有力提升了相关国家和区域卫生专业人才能力水平。

（5）有效提升联合处置突发公共卫生事件的能力。大力推进与"一带一路"相关国家在卫生应急领域的交流合作,与 WTO、东盟国家、中亚国家、俄罗斯等国开展国际联合突发公共卫生事件应急防控工作,先后组织参加东盟地区论坛第四次救灾演习、开展中俄地震灾害卫生应急联合演练;派员赴以色列开展医学卫生应急人员培训,与印度尼西亚等东盟国家合作培养卫生应急人才;赴尼泊尔为地震高发区的民众开展抗震救援实践培训和突发公共卫生事件的防控知识讲座,完善了尼泊尔当地的突发事件应急管理体系,提高了当地居民应对风险灾害的应急管理水平;派遣专家赴非洲处置黄热病、赴马达加斯加处置鼠疫疫情,帮助相关国家有效应对上述疫情。

（6）开展"一带一路"海外中医药中心建设,加速推动中医药"走出去"战略。结合中医药"走出去"战略背景下沿线国家和地区的民族医药特色,围绕中医药品质与疗效,开展技术研发、促进产业经济、推广文化精神,推进实施多方项目合作。设立首批中医药国际合作专项项目,投入8000万元,启动中国—捷克中医中心等一批"一带一路"海外中医药中心建设项目;举办中国—东盟传统医药论坛、中国—东盟传统医药健康旅游国际论坛（巴马论坛）,推进传统医药与健康旅游融合发展,提升传统医药健康旅游品牌形象和市场影响;举办"中国泉州—东南亚中医药学术研讨会"和第十六届世界传统药物学大会,推广中药资源研究、保护和开发利用的成功经验,推动中医药在东南亚的发展应用。

（7）中国企业"一带一路"医药领域跨国并购势头迅猛。传统的中国医药企业在基础药物的生产、制造等领域处于领先地位,但在医治疑难杂症方面的核心药物还是大量依赖进口药,中国目前加速开展跨国药企的收购具有远大的战略意义。药企的跨国收购一方面有利于本土医药资源的吸收与整合;另一方面有利于对国际卫生制药的反馈输出,形成良性循环。通过借鉴国外的核心技术与经验打造沿线国家和地区全新的国际医药产业链,实现"一带一路"下的健康共享。目前中国企业在医药领域的并购呈快速增长势头(见图3-9)。并购企业中民企占有相当比例,北美和欧洲是主要投资目的地。

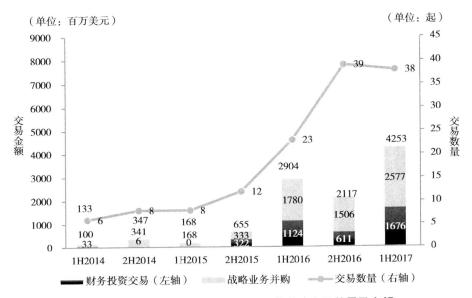

图3-9   2014年中国大陆企业出境医药并购交易数量及金额

资料来源:普华永道:《"一带一路"战略下的海外健康产业投资情况报告》。

(8)开展多种形式的卫生发展援助,援助效果显著。中国积极向部分欠发达国家或地区提供多种形式的卫生援助,先后向巴基斯坦、柬埔寨、老挝等国派遣专业眼科医疗团队,积极为他国居民献爱心,开展护眼知识小课堂,正常视力水平测试,免费为当地白内障患者开展复明手术。同时派遣专业医护团队赴瑙鲁、帕劳、萨摩亚、图瓦卢、基里巴斯等岛国开展"漂洋过海、温暖共建"活动,5年来,累计诊疗4500余人次。

(9)促进健康产业和医疗服务方面经贸合作。构建以新疆为核心的区域健康网,借助新疆地区独特的自然资源优势,把健康融入西域丝绸之路的经济体模式建设中。通过互联网客户端的远程医疗技术,提升疆域地区的健康服务质量,打造新疆与周边国家互援互助的医疗服务联合体。借举办研讨会、论坛等时机,积极举办口腔、传统医药、医疗器械等展会,增进与东盟、中东欧健康产业的经贸合作。大力加强中非在药物、诊断试剂等产品的合作，引导地方投入 5 亿元，推进中国—东盟医疗保健合作中心建设；与阿尔及利亚、埃塞俄比亚、塞拉利昂等非洲国家签订协议，开展医院医疗设备援助和技术帮扶；与阿拉伯国家联盟签订协议，开展医疗技术转让项目、医药产品经贸合作。

（五）相关活动、项目、案例

1. 中捷中医中心广受欢迎

作为中东欧首家政府支持的中医中心，我国推动"一带一路"倡议的首个医疗项目，中捷中医中心自 2015 年 9 月起正式运营，就受到捷克当地民众的广泛关注和欢迎。运营初期，医疗团队已接诊捷克患者 8000 多人次，不仅让当地人收获了中医治疗的非凡疗效，还让他们领略到博大精深的中医药文化及养生哲学。

2. 中国红十字基金会积极组织援外医疗

中国红十字基金会"丝路博爱基金"，在"一带一路"平台下，始终聚焦人道服务供给，在沿线 16 个国家沿线设定服务区域，培训医疗卫生技术人员，建立全球救护站和救护走廊，及时救助沿线国家和地区中存在需要的人群。自成立以来，中国红十字基金会"丝路博爱基金"相继开展了多个行动和项目，如"一带一路"大病患儿人道救助计划阿富汗行动、中巴急救走廊项目、蒙古国行动、中国公益组织联合援非行动等；援建了中孟博爱血液透析中心，并捐赠 8 台血液透析设备，总价值 134.4 万元；启动了博爱单车全球志愿服务计划，预计能够为全世界红十字会和红新月会志愿者提供100 万辆自行车。中国红十字基金会丝路博爱基金的成立使中国缺失民间援外专项公益基金成为过去式，并在公益援外领域发挥重大影响。

（六）做法经验、问题与挑战

"一带一路"公共卫生建设强调多双边为基础，服务六大经济走廊和重要节点国家的卫生合作战略布局初步形成。

参与"卫生健康走出去"人才相对匮乏。多年来，我国通过对非洲、湄公河流域等国家卫生健康合作，在艾滋病、疟疾等传染病领域培养了一批具有治理能力的专家队伍，在埃博拉医疗援助工作中发挥了积极作用。

但总体看,既懂国情,又具有国际视野、语言能力好、专业能力强的人才仍然十分匮乏,远远不能满足卫生合作发展的需要,人才短缺问题将制约着项目合作的进展和成效。

卫生健康领域对外"软合作"援助需进一步加强。卫生健康由于占据国际道义制高点、政治敏感度低、直接惠及民生等特点,在争民心、赢民意方面发挥重要作用。美、日在非洲、湄公河流域等相关区域的卫生援助中主要以技术援助等"软合作"为主,对推进合作的深度广度、拉近民众间情感,打造民意基础上发挥了重大的作用。近年来,我国对"一带一路"相关国家加大援助投入,援建了一批医院、诊所等硬件设施,尽管也在卫生政策、医院管理、医务人员培训、相关传染病防控人员能力提升等"软合作"领域开展了一些合作,但总体看"软件"援助投入不够,一定程度上影响了援建硬件设施作用的发挥。

公共卫生基础设施援助仍是短板。一些"一带一路"沿线国家和地区是疟疾、霍乱等传染病的高发地区,传染病暴发的主要原因在于当地的公共卫生设施,尤其是排污设施和水源清洁设施缺乏。公共卫生设施的缺乏是传染病暴发的根源,目前我国的医疗对外援助重点关注的是治疗设施的援建、药品的捐助和诊疗方面,而较少关注改善当地公共卫生设施。这样容易导致传染病病源无法根治,治标不治本。

(七)思路创新及未来工作建议

1. 统筹规划、多措并举,培养"卫生健康走出去"人才

组建"全球卫生人才库",向世界卫生组织、联合国艾滋病规划署等国际组织派遣相关工作人员,以培养其国际视野、语言能力和专业能力。通过参与中国—澳大利亚—巴布亚新几内亚三方疟疾防控合作项目、中国—英国—坦桑尼亚三方合作项目等"三方合作"项目,向澳大利亚、英国等具有丰富全球卫生合作经验的国家学习项目管理、监测和评估等能力,提高我国相关卫生机构和人员的能力。

2. 维护参与国家及区域卫生安全,促进我国和参与国家经济社会共同发展

以"一带一路"公共卫生合作网络为基础,以开展"一带一路"国际合

作项目、中国澳大利亚巴布亚新几内亚三方疟疾防控合作项目、澜沧江—
湄公河区域消除疟疾跨境合作项目、湄公河流域四国（中、缅、越、老）边
境地区传染病跨境传播联防联控及联合应急处置等合作项目为抓手，深
化和参与国家传染病防控合作；以周边毗邻国家和沿线灾害频发国家为
重点，进一步提升各方协同处置突发公共卫生事件的能力，为我国产业和
人员"走出去"提供健康保障。

3. 积极促进参与国家及区域健康发展交流活动，进一步夯实民意
基础

分享中国经验，为促进政策沟通和战略对接贡献力量；实施妇幼健康
工程，派遣长期医疗队和短期巡诊医疗队，赴老挝、柬埔寨、缅甸等国继续
开展"光明行"（白内障复明手术）、"微笑行"（唇腭裂手术）、"爱心行"
（儿童先天性心脏病手术）等医疗义诊，赴南太平洋岛国开展"送医上岛"
活动；借助"一带一路"医院合作联盟，开展医院间合作交流；实施长短期
结合的进修培训项目，打造一批卫生领域知华、友华、亲华生力军。

4. 推动科研与创新合作，促进健康产业发展与对接

深化与"一带一路"相关国家高校和科研机构合作，加快在前沿医学
科技、重大疾病防治、天然药物资源等领域开展联合研究和技术攻关；在
"一带一路"参与国家大力推进中医药准入，推进"走出去"步伐；提升我
国医学科研创新和成果转化能力，充分利用世卫组织等全球健康治理平
台，优化相关技术标准和政策国际化对接，促进我国质优价廉的传染病防
治和妇幼健康医药产品进入全球市场，继续增进与参与国家健康产业经
贸合作。

5. 发挥企业社会责任，积极改善当地公共卫生设施

在中国企业参与"一带一路"建设过程中，履行社会责任是树立企业
品牌战略，促进企业与当地民众民心相通的重要举措。参与"一带一路"
建设的企业具备改善当地公共卫生设施的资金和能力。建议各层级卫健
委加强与参与"一带一路"央企和地方企业的横向沟通协作和统一规划，
推动援外医疗与产能合作相互配合。将医疗人员的专业知识与企业的资
金和建筑能力相结合，通过加强公共卫生设施建设，因地制宜地开展排

污、净水等工作,铲除传染病病源,改善当地民众的生存质量。

五、青年妇女儿童与民心相通

(一)指数排名及得分

2015 年 10 月,习近平主席在联合国教科文组织第九届青年论坛致贺词时指出,世界的未来属于年轻一代。全球青年有理想、有担当,人类就有希望,推进人类和平与发展的崇高事业就有源源不断的强大力量。青年是未来推动"一带一路"倡议的主力军。2018 年,习近平主席在给参加"一带一路"青年创意与遗产论坛的埃塞俄比亚的汉娜·格塔丘等同学回信中指出:国之交在于民相亲,民相亲关键在于青年之间的交往。"一带一路"倡议提出以来,中国举办了一系列的青年交流与学习活动,包括"一带一路"青年创意与遗产论坛、"一带一路"沿线国家和地区青年金融才智论坛、丝路青年论坛、中俄青年友好交流年、"一带一路"国际青年论坛、中德青年友好交流年、"一带一路"创新创业国际高峰论坛、"一带一路"倡议中青年社会组织的作用与责任论坛等重要活动。中国积极鼓励各国青年互相学习,积极投身创业实践。

妇女是"一带一路"建设中的重要群体,妇女民间外交是国家外交事业的重要组成部分。在 2017 年 5 月"一带一路"国际合作高峰论坛上,习近平主席发表的主题演讲《携手推进"一带一路"建设》中提到,我们要加强各国议会、政党、民间组织往来,密切妇女、青年、残疾人等群体交流,促进包容发展。为使"一带一路"建设惠及更多妇女民众,在"一带一路"倡议提出之后,全国妇联积极响应"一带一路"倡议,紧紧围绕"凝聚女性力量,共建丝绸之路"谋篇布局,通过推动中外妇女人文交流机制建设、开展互访交流、举办能力建设研修班和专题论坛、组织对口交流及小额物资援助等多种形式,拓展性别平等和妇女发展领域交流合作,用"她力量"充实和丰富"一带一路"合作倡议的人文内涵,成效显著。

在"一带一路"倡议中促进各国儿童的交流也是国家交往的重要组成部分。通过形式多样、内容丰富的活动,加强各国少年儿童的交流交往,让孩子们去认识和感知不同国家的文化,学会相互鉴赏、相互欣赏、相互交流、相互促进,从小培养起对于不同国家的理解和情谊,促进民心相通。

　　关于青年、妇女与儿童交往方面,官方可查询的数据不多。但是从中国海关公布的信息可以发现,在儿童图书、绘画或涂色笔等进出口方面,我国与"一带一路"沿线国家和地区基本上都有交往。通过出口图书与绘画作品,加强各国青少年和儿童之间的交流,可以作为儿童互动的一个测度指标。在儿童图书领域,与我国进出口最多的国家为韩国、马来西亚、新加坡、俄罗斯、阿联酋、沙特阿拉伯,其贸易额分别为126149359元、103243748元、61634647元、52701458元、41441337元和29146849元(见表3-9)。

表3-9　各国儿童图书进出口情况　　　　　　　(单位:元)

国家	儿童图画书、绘画或涂色笔
韩国	126149359
马来西亚	103243748
新加坡	61634647
俄罗斯	52701458
阿联酋	41441337
沙特阿拉伯	29146849
菲律宾	18652529
波兰	17619958
伊拉克	16766668
巴拿马	13886929
捷克	12227839
泰国	11490199
印度	11242527
土耳其	10342741
阿富汗	9328514
不丹	9328514
土库曼斯坦	9328514
以色列	9328514
新西兰	8134996
格鲁吉亚	6776638

续表

国家	儿童图画书、绘画或涂色笔
南非	6190766
罗马尼亚	5834070
越南	4809185
匈牙利	4459814
卡塔尔	3328655
哈萨克斯坦	3219235
科威特	3158800
印度尼西亚	2793994
黎巴嫩	2415232
埃及	2383389
约旦	2366193
埃塞俄比亚	2302969
伊朗	2250323
也门	1889181
乌克兰	1776354
保加利亚	1451368
拉脱维亚	1323364
立陶宛	1299072
克罗地亚	1214448
巴基斯坦	1128507
巴林	903192
爱沙尼亚	845852
缅甸	801294
柬埔寨	798162
塞尔维亚	662833
白俄罗斯	645388
阿尔巴尼亚	547325
叙利亚	542370
斯洛伐克	495200
马达加斯加	486357
阿曼	473045

续表

国家	儿童图画书、绘画或涂色笔
亚美尼亚	458838
蒙古国	455783
斐济	220258
乌兹别克斯坦	210332
吉尔吉斯斯坦	148453
老挝	141787
尼泊尔	118792
斯里兰卡	78339
孟加拉国	67684
摩尔多瓦	66528
马其顿	35785
马尔代夫	30280
阿塞拜疆	24086
塔吉克斯坦	15971
黑山	11978
文莱	9438
东帝汶	4680
波黑	60

资料来源：笔者根据国家统计局、中国海关、智研咨询数据整理。

（二）基本概况

据教育部相关资料，在"一带一路"倡议推进过程中，中国注重来华留学高端人才的培养，专设卓越奖学金项目用以培养发展中国家青年精英和未来领导者。教育部设立"丝绸之路"中国政府奖学金项目，每年向"一带一路"沿线国家和地区额外提供总数不少于3000个的新生奖学金名额。2017年，有48.92万名留学生来华学习。截至目前，教育部已与46个国家和地区签订了学历学位互认协议，其中包括24个"一带一路"沿线国家和地区，此举进一步强化了我国与其他国家教育的互联互通与合作。包括波兰、立陶宛、拉脱维亚、爱沙尼亚、匈牙利、保加利亚、罗马尼亚、捷克、越南、泰国、菲律宾、印度尼西亚、马来西亚、哈萨克斯坦、吉尔吉斯斯坦、土库曼斯坦、乌兹别克斯坦、俄罗斯、亚美尼亚、乌克兰、白俄罗斯、蒙古国、斯里兰卡、埃及。

在"一带一路"倡议之下,推进"丝绸之路"留学项目,出台并实施《留学行动计划》。2016 年,共计选拔 226 名国别区域研究人才前往 34 个国家,选派 908 名涉及 37 门非通用语种人才出国培训进修。"丝绸之路"留学项目开展以来,我国高校已在境外 14 个国家和地区建立了 4 个机构,设立了 98 个办学项目,其中大部分在"一带一路"沿线地区。

在推进留学项目的同时,完善来华留学政策法规环境,构建完整的来华留学政策链条。将政府奖学金学历生比例提升至 90%、提高来华留学质量、建立质量标准体制和质量保障机制,推动品牌专业和品牌课程建设不断升级。

2014—2016 年,中国妇联分别与欧洲、中亚、俄罗斯、外高加索、东亚各国就性别平等、妇女就业、维护妇女权利进行了一系列交流活动。2014 年,妇女交流分别纳入中欧和中法高级别人文交流对话机制,促进性别平等与维护妇女权利正式写入中欧和中法高级别人文交流对话机制会议公报,提高了中国与欧洲国家妇女交流层次,拓宽了多方妇女交流的渠道。除了妇女交流活动,中国妇联还联合了各国政府举办了一系列妇女研修务实合作。2015 年,全国妇联与柬埔寨、老挝、印度尼西亚、缅甸、马来西亚、越南东盟 6 国共同举办"社会性别意识主流化与社会管理能力建设"研讨班;2016 年,举办了"澜沧江—湄公河流域国家妇女实用技术培训班",意在帮助东南亚国家妇女提升性别意识和管理能力,增强市场营销、手工编织等技能,推动中国—东盟妇女传承友谊并寻找新的互利共赢合作增长点。

儿童是祖国的花朵,在"一带一路"倡议的版图中促进各国儿童的交流也是重要的国家交往部分。在"一带一路"国际合作高峰论坛后,中国宋庆龄基金会积极举办了丝路嘉年华活动、共青团中央及各组织积极举办了各国儿童艺术展演、绘画展演、科创活动等活动。通过形式多样、内容丰富的活动,通过加强各国少年儿童的交流交往,让孩子们去认识和感知不同国家的文化,学会相互鉴赏、相互欣赏、相互交流、相互促进,从小培养对于不同国家的理解和情谊,促进民心相通。

(三)政策举措

1.青年

团中央高度重视青年人文交流的战略性、基础性、源头性地位,充分发挥青年交流群众性、互动性、体验性的特点,在推动"一带一路"民心相通、人文交流方面作出了不懈努力。近年来,团中央形成了《共青团中央关于未来五年加强中外青年人文交流的工作规划》和《共青团青年外事工作服务"一带一路"倡议工作规划》两份文件,强化青年外事顶层设计明确今后发展方向。

在国际青年交往布局方面,团中央与东南亚各国、南亚大国和传统友好国家已经建立起相对稳定的大规模青年交流机制,持续开展人文交流项目。通过中俄、中美、中欧、中法等国家级人文交流机制以及中国—中东欧("16+1")合作机制,与欧洲、中亚的不同类型组织机构持续开展交流项目,通过"亚非青年联欢节"等项目开展对亚洲、非洲各国的青年交流活动。

为响应国家"一带一路"政策支持沿线青年人才交流、促进"一带一路"沿线科技创新发展,各省亦出台政策支持青年交流创新。

上海市科委从2017年起连续发布"一带一路"青年科学家交流国际合作项目指南,一方面致力于推动与"一带一路"沿线国家和地区开展持续性的联合研究,以及为未来可能联合发起重大科研项目提供重要的平台和基地支持,另一方面重点资助"一带一路"沿线国家和地区的青年科学家来沪与我国高校和科研机构合作开展科研工作,促进上海与相关国家和地区的科技交流与长期合作。

河南省教育厅印发了《河南省推进共建"一带一路"教育行动计划》,河北省教育厅印发了《河北省推进共建"一带一路"教育行动计划》,计划均以响应教育部《推进共建"一带一路"教育》的通知,提到了促进沿线青年对于各国文化的学习和交流,增进对于不同国家的理解,培养高层次的文化互通的青年领袖。

2. 妇女和儿童

制定更加科学合理的发展战略,既要考虑各国国情、性别差异、妇女特殊需求,确保妇女平等分享发展成果,又要创新政策手段,激发妇女潜力,推动广大妇女参与经济社会发展。中国实践证明,推动妇女参加社会和经济活动,能有效提高妇女地位,也能极大提升社会生产力和经济活力。"一带一路"作为中国的重要经济社会倡议,习近平主席支持妇女在其中有所作为,发挥光和热。

"一带一路"妇女交流与联合国《2030年可持续发展议程》内容目标一致,致力于推动世界范围内的性别平等。"一带一路"女性公共外交不仅关注到国家层面的宏观发展,也注重在微观层面实现女性的人格尊严、培养自立能力以及提升社会地位等,这与联合国《2030年可持续发展议程》目标5——"实现性别平等,增强所有妇女和女童的权能"及其下属9项条款有诸多共通之处。在体系层面,全球治理所拥有的权威、资源及经验,与国家层面"一带一路"女性公共外交相结合,有望形成更为有效的治理途径。

(四)工作进展、成果及数据

1. 青年

(1)"一带一路"沿线七国青年调查

根据北京师范大学文化创新与传播研究院课题组的《"一带一路"沿线七国青年对中国文化认知的调查》和《中国青年报》社会调查中心联合问卷网,对2000名18—35岁的青年进行调查,这些青年来自"一带一路"沿线七个国家。调查分别选取了俄罗斯、哈萨克斯坦、印度、印度尼西亚、土耳其、埃及、以色列7个国家。数据显示,65.6%的受访青年对"一带一路"创造就业增长点具有信心,55.7%的受访青年认为"一带一路"对自己的未来生活选择影响大,82.1%的受访青年期待未来有更多的国际人才交流计划,65.6%的受访青年表示对"一带一路"创造的就业增长点有信心。认为"一带一路"对自己未来的生活选择影响大的受访青年中,有11.2%的人认为影响非常大,33.3%的人认为影响一般或不好说,6.8%的人认为影响较小,4.3%的人觉得没什么影响。

　　"一带一路"沿线七国青年调查,关注了沿线国家和地区青年群体对中国文化的认知与认同现状。综合考虑沿线国家和地区不同的政治、经济、文化、信仰等因素,调研发现"高学历、高收入"青年对中华文化认知意愿高。分布在全球 140 个国家(地区)的孔子学院,充分发挥了语言的文化传播作用,为"一带一路"文化交流奠定了基础。20.40%的受访者具有汉语初级使用水平,其中 2.80%的受访者能够与他人进行简单对话,8.60%的受访者掌握一些简单的汉字,9.00%的受访者能够使用中文传递基本信息。此外,1.30%的受访者能够使用中国俗语熟练表达。随着中国驻外语言机构在"一带一路"沿线国家和地区的网络化布局,语言服务及教育活动成为沿线国家和地区青年了解中国文化的窗口。受访者中,18—25 周岁(占比为 33.30%)、26—35 周岁(占比为 33.60%)、36—44 周岁(占比为 33.10%)三个年龄段分布比例相当。在学历构成方面,获得学士学位的青年占比为 56.60%,获得硕士学位的为 16.90%,博士学位的为 1.20%。在职业构成方面,在职人群是本次调研的主体,占比达67.30%;在读学生群体占比为 16.00%。

　　调查发现通过互联网认知中国文化,对中国文化印象正向且多样。电视依旧对社会舆论具有重要影响,8.30%的受访者通过电视了解中国文化,但互联网因其便捷性、交互性和即时性,正逐步成为信息传播的主要平台。在七国青年接触中国文化的渠道方面显示,互联网占比为53.60%,其中社交网站和搜索引擎成为青年群体了解中国文化的主要方式。此外,家人朋友(6.20%)、NGO(非政府组织)或 NPO(非营利组织)等社会组织(3.90%)、工作伙伴(3.20%)等人际传播与组织传播渠道超过广播(1.40%)、报纸(1.30%)和杂志(1.50%),成为青年群体接触、了解和认知中国文化的重要渠道。

　　有关首次接触中国文化的方式的调查显示,仅有18.00%的受访者尚未接触过中国文化。在82.00%接触过中国文化的受访者中,中国制造的商品(23.60%)和中国的影视作品(23.50%)成为他们首次接触中国文化的主要方式,接触中国人(7.40%)或到中国旅行(6.50%)也是首次接触中国文化的重要渠道。而新闻报道(4.20%)、书籍(4.00%)、课程

（3.50%）、工作（3.50%）、体育赛事（2.70%）、广告（1.80%）和现场活动（1.30%）对中国文化传播效果的影响逐渐减弱（见图3-10）。

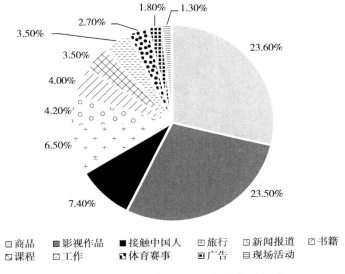

图3-10　受访者首次接触中国文化的方式

资料来源：藤依舒、杨越明：《国外民众对中国文化的接触渠道与意愿研究》，《对外传播》2018年第9期。

有关对中国文化印象"的调查显示，历史悠久（91.60%）、富有活力（79.20%）、有吸引力（77.50%）成为七国青年对中国文化产生的三种主要印象，在接触中国文化的过程中有亲切感（70.10%）。

价值观认同方面：数据显示，虽然文化背景各异，但超过4/5的受访者均对中国文化体现的价值观高度认同。85.60%的受访者认同"和而不同"的价值理念；84.60%的受访者认同"天人合一"观点；84.00%的受访者认为"己所不欲，勿施于人"应当成为处理国际事务的准则；80.60%的受访者赞同处理事情应当把握"中庸之道"；80.00%的受访者认为发展观念与行为应当践行"知行合一"理念；79.00%的受访者认同辩证看待事物、"阴阳相生"的观点。调查显示，"高学历、高收入"外国青年活跃在其所在国的网络空间，对中国文化认知正向且积极，对中国文化价值观认同度较高。一般而言，"双高"青年群体对所在国当代文化建构和社会舆论走向具有较大影响。为此，该群体对中国的文化印象和价值观认同与否，是影响"民相亲"的重要因素。"一带一路"倡议的提出,吸引了不同国家青年对中国文化的关注。调查显示,33.70%的受访者接触中国文化在3年以上,其中22.90%的受访者接触中国文化时长超过5年,10.80%的受访者接触中国文化为3—5年,19.80%的受访者在近三年内接触过中国文化,46.50%的受访者在近一年内接触到了中国文化。

(2)"一带一路"青年交流实践

上海合作组织青年交流营。2015年习近平主席在上合组织乌法峰会上确定的国家元首项目,旨在不断加深各国青年间相互了解,密切情感联系,促进上合组织成员青年客观了解中国国情与发展经验,倡导各国青年积极参与"一带一路"建设,引导上合组织国家青年认同和树立"一带一路"理念和命运共同体意识,推动成员之间关系向前发展。因此,为加强青年交往,中方在邀请上海合作组织国家青年领导人访华研修计划的基础上,自2016年起连续5年在华举办"上海合作组织青年交流营"。到2019年,共举办了四届"上海合作组织青年交流营",主题分别为"上合合作新未来""弘扬上海精神　构建青年伙伴关系""新上合、新伙伴""新机遇、新未来"。

复旦大学上海暑期学校(金砖国家项目)。与"一带一路"支持各国青年到华接受教育不同,复旦大学上海暑期学校(金砖国家项目)以促进青年交流、了解各国社会文化和政治经济发展为主要目标。上海暑期学校(金砖国家项目)自2014年开始,于每年7—8月进行,招收来自俄罗斯、巴西、印度、南非等金砖国家在校本科和研究生来上海学习生活一个月,金砖国家项目聚焦交流与融合这一主题,旨在为来自金砖国家的青年学生打造友谊与共识的平台,推动金砖国家青年一代对中国社会文化和政治经济发展、金砖国家合作与全球治理变革的了解与兴趣,促进彼此交流,夯实金砖合作的民众基础。

自2014年至2021年,金砖暑期班已成功举办八期,共计有263名来自巴西、俄罗斯、印度和南非等金砖国家的优秀青年学生全程参加。

各省份积极响应"一带一路"青年交流号召,承办、举办相应活动。2016年6月,广西壮族自治区积极举办了中国—东盟高校青年峰会,该峰会以"携手青春,共创未来"为主题,旨在加强中国—东盟青年间的相互了解与交流。来自中国、文莱、柬埔寨、印度尼西亚、老挝、马来西亚、缅甸、新加坡、泰国、越南和东帝汶11个国家44所高校的70余名青年领袖代表,6位东盟国家驻南宁和广州总领事馆官员,以及国际学生家长代表等200余人出席了开幕式。2017年,安徽省积极承办第四届中俄"长江—伏尔加河"青年论坛,是中俄两国民间外交领域的一次盛事。本次论坛以"两河情·徽风韵"为主题,约400名中俄青年来皖参加了"国际交流与青年使命"中俄青年圆桌会议、中国传统文化体验与创新创业平台展示和中俄"长江—伏尔加河"流域青年论坛文艺晚会等为期12天的活动。2017年,黑龙江积极创办"中俄青年创业孵化器"培训交流项目,2017—2018年,接待来自俄罗斯太平洋国立大学和布良斯克州大学生、青年创客、青年企业家代表20余人。在黑龙江举办期间,开展了培训学习、观摩交流、文化体验、创业项目设计、项目成果展示等活动,共签订合作意向书4个,在数码产品、供电设备、农产品包装、体育设施建设、电子商务合作等6个领域达成共识。

2. 妇女

中外妇女论坛促进全球性别平等。2015年10月14日至15日,由宋庆龄基金会与联合国开发计划署联合主办的"妇女·发展·未来"中外妇女论坛大会在北京举行。来自联合国、非洲联盟等国际组织和美国、俄罗斯、德国、意大利等30余个国家的100多名妇女界领导人、杰出人士和专家学者出席活动。习近平主席在全球妇女峰会上的《促进妇女全面发展共建共享美好世界》的重要讲话鲜明地表达了中国对性别平等和妇女发展这一重大国际关切问题的原则立场,展示了中国对促进全球性别平等事业的责任与担当,更是对全球妇女事业的重要贡献。中国宋庆龄基金会联合联合国开发计划署共同举办中外妇女论坛,旨在弘扬北京世界妇女大会精神,响应习近平主席在全球妇女峰会上的重要讲话精神,践行承诺,为各国专家就当代妇女问题的研究提供深度交流平台,通过分享经验与智慧,进一步加固两性"平等"舞台,为推动妇女未来全面发展奠基铺路。

中国和地方妇联致力于传播中华文化。2015年6月,中国妇女手工艺文化交流代表团一行15人前往伊朗参加第四届手工艺品国际博览会,并到访亚美尼亚。新疆、广西等地方妇联积极举办各种活动,在第五届中国—亚欧博览会框架下新疆维吾尔自治区妇联主办了首届丝绸之路沿线国家和地区妇女论坛。

3. 儿童

"一带一路"倡议实施以来,中国政府和企业积极投身沿线国家和地区儿童事业,通过捐助学校、书籍和学习用品等方式改善当地儿童的教育环境,提升全球儿童的教育水平。"一带一路"少年儿童文化间交流是民心相通的重要内容。为落实"一带一路"国际合作高峰论坛达成的重要共识,推动多元文化交流互鉴、促进民心相通,2017年7月17日,以"在中国,交世界的朋友"为主题的第八届宋庆龄国际青少年交流营在京拉开帷幕,来自17个国家的270名青少年参与其中。"一带一路"倡议实施以来,根据宋庆龄基金会的官网估算,每年组织"一带一路"青少年交流活动和论坛高达50余次。2017年5月31日上午,中国宋庆龄基金会在中国宋庆龄青少年科技文化交流中心举办"一带一路"沿线国家和地区在京儿童共度"六一"国际儿童节活动,旨在以实际行动推进"一带一路"高峰论坛达成的重要共识,面向各国少年儿童讲好中国故事,弘扬中华优秀文化,推动文明交流互鉴,增进各国民心相通。来自38个国家的650名中外儿童参加了此次盛会,欢庆自己的节日。

(五)相关活动、项目、案例

1. 青年

青年领导人研修加深各国青年精英社会认知。2014年9月,习近平主席在上合组织杜尚别峰会上宣布,未来5年内每年邀请50名上海合作组织国家青年领导人来华研修。团中央以全国青联名义实施该项目,项目启动以来已在上合组织成员中形成良好口碑,在欧亚地区增进了青年精英对华认知。

2016年4月19日至30日,应全国青联邀请,来自俄罗斯、吉尔吉斯斯坦、白俄罗斯、哈萨克斯坦、乌兹别克斯坦、塔吉克斯坦、土库曼斯坦和丝绸之路国际青年联盟(阿塞拜疆)的欧亚国家青年领导人代表团一行51人,来华参加"筑梦丝路欧亚青年领导人研修交流活动",代表团考察了青年工作项目,企业、文化设施,并参与了专题研讨会。团中央精心设计培训内容,加强对"一带一路"倡议的宣讲和专题座谈,取得了良好效果。

创新创业平台为"一带一路"青年提供深入合作机会。除去专门的青年交流活动,鼓励各国青年创业创新,为各国青年交流打造了另一个窗口。2016年,团中央所属中国青年创业就业基金会派遣中国青年创业就业考察团赴英国、以色列进行交流考察,此访加强了与英、以在高新技术、股权投资领域等的交流与合作,同时促进了青年创业就业工作的国际交流。2017年,"一带一路"国际合作高峰论坛,强调创新是推动发展的重要力量。推动"一带一路"倡议是一个创举,搞好"一带一路"建设也与创新密不可分。坚持创新驱动发展,加强在数字经济、人工智能、量子计算机、纳米技术等前沿领域合作,推动大数据、智慧城市建设、云计算等,连接成为21世纪的数字丝绸之路。促进科技同产业、科技同金融深度融合,不断优化创新环境,集聚创新资源。为互联网时代的各国青年打造创业空间和创业工场,着力成就未来一代的青春梦想。

"一带一路"青年创意与遗产论坛促进各国青年思想激情碰撞。2018年5月,"一带一路"青年创意与遗产论坛高级别会议在中国长沙正式启动。在论坛上,青年代表们根据自己国家的不同文化背景提问,进行了深入的交流和学习,促进了各国青年对于"一带一路"沿线国家和地区文化背景、经济政治状况的理解。活动为期四天,共推出"一带一路"青年创意与遗产论坛、中外青年联谊会、媒体艺术之夜——数字光电烟花秀、非遗艺术展及媒体艺术影像展、长沙铜官窑博物馆开馆仪式、长沙印象考察、橘洲音乐节等系列主题活动,旨在展示长沙近年来在媒体艺术及文化创意产业领域的最新发展成果,搭建起"一带一路"青年文化交流互学互鉴的桥梁纽带,加强长沙与"一带一路"沿线国家和地区的交流联系。

团中央联合地方落实强调青年社会组织在"一带一路"上的责任与作用。2017年6月16日,为贯彻落实"一带一路"国际合作高峰论坛精神,充分发挥青年社会组织在中国与沿线各国加强人文交流合作、增进民心相通中的积极作用,着力培育具备参与对外交往和国际事务能力的青年社会组织,共青团中央联合共青团广西区委、广西师范大学开展了"一带一路"倡议中青年社会组织的作用与责任论坛。该论坛确认了青年是建设"一带一路"的有生力量,青年社会组织是促进民心相通的重要主体,提出了"一带一路"倡议为沿线国家和地区青年交流合作开启了机遇大门,为我国青年社会组织"走出去"搭建了广阔舞台,能够发挥吸引青年投身于志愿服务、灾害救援、气候变化与环保、扶贫减贫、创新创业、文化交流、非物质文化遗产保护等各方面活动中的强大凝聚作用。

青年交流大联欢、青年交流年促进各国青年相亲相爱。2013 年,习近平主席访问俄罗斯时指出,要发展好中俄关系,就要面向未来,培养青年一代的友谊。要让青年人了解对方国家的历史和现在,学习对方国家的语言和文化,进行心灵的沟通,只有多交流、多接触,认识才能更全面、更深刻。2014 年与 2015 年,中俄两国联合举办了"中俄青年友好交流年"。该交流年的举办为两国交流打下了坚实的青年基础,为两国青年交流互助共同学习提供了广阔平台。

2014 年 3 月,习近平主席在德国提出了加强中德青少年交流的倡议。2016 年 3 月,习近平主席和德国总统高克共同出席了中德青少年交流年开幕式,标志着中德两国迎来了友好交往、青年交流的新一轮高潮。两国青年在教育、艺术、体育、科技方面举办了数次活动,促进了两国青少年共同成长,为中德关系的未来发展打下了坚固基础。2015 年 11 月,习近平主席在河内与越共中央总书记阮富仲会谈期间指出,要继续办好中越青年大联欢活动。2016 年 11 月,应越南胡志明共青团中央邀请,中国青年代表团一行 1000 人访问越南并参加第三届中越青年大联欢活动,创造了派遣千人规模青年代表团出访的新纪录。

2. 妇女

女性论坛展示女性魅力,助力"一带一路"民心相通。2017 年 9 月 22 日,2017 欧亚经济论坛·第二届"一带一路"女性论坛成功在西安隆重举行。论坛以"全球化背景下'一带一路'女性的作用与贡献"为主题,旨在促进"一带一路"女性事业发展,推动民心相通建设。会议中提到,欧亚经济需要新动力,而妇女是经济发展的重要动力,"一带一路"沿线欧亚各国经济的发展,应当也必须凝聚妇女的力量;打造欧亚合作共赢的平台,应当也必须通过妇女的交流合作来促进民心相通。审视全球化背景下的"一带一路"建设及其妇女的作用与贡献,我们相信,欧亚各国妇女更加广泛地参与经济与社会发展,将为"一带一路"伟大事业注入新的活力,也将对改变妇女的生活命运产生深刻影响。

"一带一路 巾帼云创",中国自贸区妇女之家向世界抛出橄榄枝。2017年4月1日,自贸区正式挂牌;4月10日,在省、市、区妇联的指导和地方党委政府的支持下,在中国(四川)自贸区双流综保区摩尔多瓦国家馆内正式挂牌成立了全国首个自贸区妇女之家。自贸区妇女之家以四川自贸区(双流综保区)为总基地,辐射青白江、泸州自贸基地,并在南充、简阳、凉山州、巴塘等地建立自贸驿站,同时在"一带一路"沿线国家,如摩尔多瓦、以色列、阿塞拜疆、乌克兰等建立自贸区妇女之家的海外基地,为海内外创业女性之间搭建起一座沟通的桥梁。

首届丝路沿线国家和地区妇女论坛:亮出女性声音。2018年9月,首届丝绸之路沿线国家和地区妇女论坛在乌鲁木齐召开。来自中国、法国、伊朗、印度尼西亚、亚美尼亚、泰国、越南、俄罗斯等"一带一路"沿线的19个国家和国际组织亚信(CICA)的百余名代表参加。该论坛是一次民间外交的大胆尝试,旨在推进丝绸之路经济带沿线国家和地区妇女组织及妇女间的交流交往、合作发展以及互助共赢,也是对中国—亚欧博览会实现在政治、外交、经贸、科技、人文等各领域全面交流的有益补充。其论坛主题为"妇女创业就业的机遇与挑战",下设"互联网+"女性发展空间、妇女创业与就业、女性领导力与经济效益三个分议题。近30名来自丝路沿线国家和地区政治、经济、文化等各界的女性精英,分享了参与经济社会发展的经验,展示了来自不同领域的发展与最新研究成果,共同探讨了妇女在创业就业中的新问题、新"瓶颈"。

3. 儿童

宋庆龄基金会积极举办丰富活动促进各国儿童交流。为响应"一带一路"国际高峰会议民心相通的号召,宋庆龄基金会积极举办了"一带一路""六一"国际儿童节、中外青少年艺术展演、"梦想同帆,携手同行"儿童绘画作品展、科创和国粹体验活动、咏春拳展示和无人机编队表演、丝路嘉年华等活动。活动内容丰富有趣,吸引了大量的"一带一路"的青年儿童的参与,在活动中孩子们用好奇的眼光认识了不同国家的文化和国情,加深了彼此的友谊。活动不仅受到了孩子们的喜爱,更是得到了不同国家的支持,来自巴基斯坦驻华大使马苏德·哈立德说,"一带一路"倡议不仅是设施联通,更重要的是民心相通。少年儿童是"一带一路"倡议的接班人,希望他们能成长为好公民、好领袖,为社会繁荣稳定贡献力量。①

　　"一带一路"照耀中意儿童携手共绘文化未来。2018 年 5 月,以"探寻文化珍宝·携手共绘文化遗产"为主题的第三届"绘意杯"儿童节主题活动在意大利驻华大使馆举行,意大利驻华大使馆文化处伊丽德、承办方意大利伊莫拉陶瓷中国区总裁张有利,以及 150 余位中意小朋友和家长参与了此次活动。该活动是在响应"一带一路"民心相通的基础上举办的一次儿童交流、文化交流活动。中意两国都是历史悠久的国度,拥有深厚的文化宝藏,在活动中中意两国儿童扮演文化传播者的角色,相互介绍和认识两国的文化。一方面,加深了本国儿童对于本民族文化的自豪感和热爱,增强对祖国的热爱和文化的保护;另一方面,让孩子们扮演文化传播使者相互交流,加深了"一带一路"上孩子的友谊,做到了民心相通。

　　"一带一路"青少年和平友好国际联盟促进青少年交流活动。2016年,中国科学教育促进会、中国科技交流中心共同发起创办了"一带一路"青少年和平友好国际联盟。该联盟秉持着"和平友好、开放包容、互学互助、共创未来"的理念,积极推动了青少年成为"一带一路"沿线国家和地区间友好交流的使者,增进各国人民之间的友谊,促进世界和平与发展。2016 年 5 月 14 日至 22 日,该联盟在北京民族文化宫举办了 2016 年科技活动周"一带一路"科普驿站暨科学创意展,中国科学教育促进会邀请包括伊朗、埃及、巴基斯坦、吉尔吉斯斯坦、塔吉克斯坦、斯里兰卡、尼泊

---

① 曹元龙:《今天的小伙伴　明天的好朋友》,《光明日报》2017 年 6 月 2 日。

尔、黑山、印度、以色列、韩国、日本、斯洛文尼亚、俄罗斯、罗马尼亚等"一带一路"沿线国家和地区的22名中小学生携带自己的科技作品来华参加本届科技活动周,参加"一带一路"青少年文艺汇演、科学创意秀等活动,并出席"一带一路青少年和平友好发展国际联盟"成立启动大会,成为首批"一带一路青少年和平友好发展国际大使"。该活动促进了"一带一路"沿线青少年在科技、文化上的交流和合作,促进了民心相通。

共享国际交流成果,掀开中国幼教"一带一路"新篇章。2017年7月11日,由中国民办教育协会、北京大爱思想教育研究院组成的访问团赴法国进行了为期9天的学前教育访问交流。其间,大爱研究院与占据法国幼教产品市场85%份额的纳唐集团签署了合作备忘录和互访备忘录,双方将在学前教育领域开展深入合作。法国是世界上学前教育最发达的国家之一,早在1992年,4—5岁儿童的入园率就达到了100%,目前学前教育的师资学历门槛是硕士。中国作为世界上学前教育发展最快的国家之一,无论在师资培训、园所管理标准还是学前教育衍生品开发上,中法双方都存在很大的合作空间。办中国式幼儿园,既要有民族化情怀,也需要有国际视野。与学前教育在全球领先的法国交流合作,必将对我国幼教事业的发展起到推动作用,北京大爱思想教育研究院院长赵春梅说。北京大爱思想教育研究院目前已与300多家幼教品牌建立合作关系。

"一带一路"人道救助计划患儿抵达乌鲁木齐。天使之旅"一带一路"人道救助计划第三批27名阿富汗先天性心脏病患儿,在2018年7月5日下午抵达乌鲁木齐后,被送到新疆医科大学第一附属医院接受手术救治。天使之旅"一带一路"人道救助计划由中国红十字会总会发起。2017年2月中国红十字会总会成立了"丝路博爱基金",投入资金750万元,用于救助100名0—7周岁的阿富汗先心病儿童,促进"一带一路"沿线国家和地区民心相通。

"一带一路"教育暖人心,中国为巴基斯坦捐建小学。由中国和平发展基金会捐建的巴基斯坦瓜达尔港法曲尔小学于2016年9月建成。这所现代化小学宽敞、明亮、舒适、安全,解决了附近约400名适龄儿童上学难的问题,充分展现了中巴两国人民的传统友谊。

（六）做法经验、问题与挑战

1."一带一路"国际环境形势复杂

当今世界国际环境复杂,很多国家对于"一带一路"倡议的内容、内涵仍然存疑。在支持"一带一路"倡议的国家中,许多国家为了坚持自己国家的发展战略,对于"一带一路"倡议并没有完全的配合,使在"一带一路"中所倡导的青年、妇女、儿童交流大打折扣。

2. 交流成果不易彰显

"一带一路"民心相通领域虽然已经举办了大量的论坛、研修会、体育艺术交流的活动,但工作的成效并不会在短期明显可见,再加上交流的成果是一个长期的过程,导致各国政府对于该类活动重视力度不足,缺乏长期的系统化的投入。"一带一路"民心相通工作还需要更为系统和长期的努力,但只要一直坚持,其隐性的成果会促进各国青年、妇女、儿童相互鼓励、共同进步。

3. 交流组织工作不够系统

"一带一路"沿线不少国家经济社会发展水平、科学文化水平较低。一方面,沿线国家交往对象在收到中国的邀请或协调工作时,面临着人力短缺或者经费短缺的问题,使工作不能很好地推进。另一方面,由于各国在青年、妇女、儿童教育水平和价值观念上存在一定的冲突,同时又存在语言、文化表达的困难,对于交流工作的推进存在阻碍作用。

（七）思路创新及未来工作建议

1. 积极推动建立伙伴关系

针对部分"一带一路"沿线国家和地区在面对"一带一路"倡议时态度仍然存疑,不能完全地信任中国,从而导致青年、妇女、儿童的交流受到了负面影响的问题,我们要积极地强调互信互利、共同利益、伙伴关系,要主动地接近友国与表明我们想要民心相通的决心和善意。要不断加强与主流媒体的合作,邀请其参与青年交流活动并报道青年交流成果和双方友好感情;要不断地挖掘和生产更多介绍中国基本国情、社会风貌、文化传统的资料,以最大的善意和合情合理的方法推动"中国故事"走向世界,让世界各国了解我们,愿意同中国做朋友加强交流。

2. 坚持创办长期交流活动

针对"一带一路"民心相通青年、妇女、儿童交流工作成果短期成效不显著、隐性的问题,我们要做到两方面:一方面,坚持不懈地创办交流活动,为长期的成果奠定坚实的基础;另一方面,大力地宣传活动的意义和成果,推动各国看到文化交流的益处,促进其积极地参与青年、妇女、儿童的交流活动。要不断地创新交流活动的形式、扩大交流活动的群体波及面,使青年、妇女、儿童群体真正地交流互动、结下友谊。要利用各种渠道和方式宣传青年、妇女、儿童交流的长久益处,只有青年儿童相互交流理解对方的文化,才能为两国长久的发展打下坚实的基础;只有妇女相互交流理解才能互相学习各国妇女的技能、互帮互助维护妇女的人权。

3. 打造形成系统化交流活动

针对青年、妇女、儿童交流组织工作不系统,仍处于较为零散状态的问题,一方面,建设好青少年、妇女对外交流服务平台,例如发挥好团中央所属的中国国际青年交流中心、中国青少年研究中心、中国青年企业家协会、中国青年报社、中国青少年发展基金会等平台成员单位的特色和优势,围绕"一带一路"倡议大力推进青年交流,形成系统的交流活动安排;另一方面,不断克服文化、语言的交流障碍,通过招募更多的志愿者服务文化交流活动,通过日积月累的不断交流来使交流的群体更好地互相理解,培养巩固更为深刻的情谊。

第四章　人文交流

第一节　指数介绍

"一带一路"横贯亚欧大陆,跨越中华、印度、穆斯林、西方等多个文明区,文化的差异必然会给"一带一路"建设带来一定的困难。积极加强人文交流,将有助于促进我国与"一带一路"沿线国家和地区的融合融通。在加强不同民族文化交流中不断提升中华文化的影响力,推动中国文化和中国智慧有机融入构建人类命运共同体的伟大进程中,用文化向世界表达中国,让世界了解中国,对于我们今天推进"一带一路"建设、推进中国与世界各国的交流互鉴具有重要意义。

人文交流相通指数主要是从文化文艺、广播电视、体育等方面来体现人文交流相通的程度。其中体育是人类共通的语言,通过体育赛事来加强国际合作,推动不同文明交流互鉴,实现合作迈上新台阶,可以为共同发展创造更加广阔的空间。但是目前关于体育的信息内容大多是人文活动与赛事,缺乏相应可查可统计的数据,因此暂未统计,只从文化文艺与广播电视两个方面进行指标筛选。文化文艺交流涉及生产、服务与人文交往,涉及更深入的双边交流,影响较广。广播电视方面因数据采集的困难,选用了广播电视等媒体语言种类数量等间接指标来代替民心交流程度,一个地区广播媒体语言越丰富,相应的对外沟通交流越频繁,对外影响也较广,其对外沟通交流的愿望也越迫切。

第二节　总体评价结论

在人文相通指数方面,各国与我国的民心相通程度相差悬殊。指数得分最高的俄罗斯为 4.52 分,得分最低的不丹为 0.56 分(见表 4-1)。通过数据发现,"一带一路"沿线国家和地区与我国的交流基础相差甚远,有些国家一直与我国保持一定的文化产品贸易,这些国家本身文化产品发展也相对比较成熟。总得分在 3.7 分以上的国家有俄罗斯、韩国、新加坡、越南、土耳其、波兰和马来西亚。在促进人文交流的具体方面,各国在文化产品进出口和艺术品进出口方面得分相对都比较高,平均分约为 6 分。但是在广播语言种类方面,各国差异较大,除个别国家得分较高外,大部分国家普遍得分比较低,平均分在 3 分左右。

表 4-1 "一带一路"人文相通指数排名及各项得分情况

排名	区域	文化文艺	广播电视	总得分
1	俄罗斯	3.52	1.00	4.52
2	韩国	3.24	0.86	4.10
3	新加坡	3.39	0.50	3.89
4	越南	2.99	0.90	3.88
5	土耳其	2.85	1.00	3.85
6	波兰	3.23	0.50	3.73
7	马来西亚	3.31	0.40	3.70
8	泰国	2.82	0.83	3.65
9	沙特阿拉伯	2.88	0.70	3.58
10	罗马尼亚	2.63	0.86	3.50
11	哈萨克斯坦	2.46	0.95	3.41
12	乌克兰	2.68	0.70	3.38
13	伊朗	2.80	0.58	3.38
14	菲律宾	2.97	0.40	3.37
15	巴基斯坦	2.64	0.70	3.34
16	印度尼西亚	2.93	0.40	3.33
17	以色列	2.73	0.50	3.23
18	阿联酋	2.98	0.25	3.23
19	匈牙利	2.65	0.50	3.15
20	白俄罗斯	2.49	0.65	3.14

续表

排名	区域	文化文艺	广播电视	总得分
21	南非	3.06	0.00	3.06
22	孟加拉国	2.42	0.65	3.06
23	埃及	2.55	0.50	3.05
24	保加利亚	2.20	0.83	3.03
25	乌兹别克斯坦	2.56	0.40	2.96
26	老挝	2.30	0.65	2.94
27	新西兰	2.87	0.00	2.87
28	格鲁吉亚	2.62	0.25	2.87
29	马其顿	2.14	0.70	2.84
30	捷克	2.74	0.00	2.74
31	吉尔吉斯斯坦	2.01	0.70	2.72
32	斯里兰卡	2.26	0.40	2.66
33	卡塔尔	2.39	0.25	2.64
34	印度	2.62	0.00	2.62
35	柬埔寨	2.26	0.25	2.51
36	阿富汗	1.72	0.79	2.51
37	爱沙尼亚	2.25	0.25	2.50
38	尼泊尔	2.00	0.50	2.50
39	斯洛伐克	2.48	0.00	2.48
40	阿塞拜疆	1.52	0.93	2.45
41	拉脱维亚	2.04	0.40	2.44
42	叙利亚	2.41	0.00	2.41
43	克罗地亚	2.38	0.00	2.38
44	黑山	2.37	0.00	2.37
45	巴林	2.02	0.25	2.27
46	塔吉克斯坦	2.00	0.25	2.25
47	缅甸	2.17	0.00	2.17
48	立陶宛	2.14	0.00	2.14
49	埃塞俄比亚	1.37	0.75	2.12
50	黎巴嫩	1.86	0.25	2.11
51	科威特	1.86	0.25	2.11

排名	区域	文化文艺	广播电视	总得分
52	蒙古国	1.70	0.40	2.10
53	也门	2.08	0.00	2.08
54	斐济	1.63	0.40	2.03
55	塞尔维亚	1.99	0.00	1.99
56	巴拿马	1.97	0.00	1.97
57	摩尔多瓦	1.96	0.00	1.96
58	波黑	1.85	0.00	1.85
59	文莱	1.84	0.00	1.84
60	阿曼	1.48	0.25	1.73
61	土库曼斯坦	1.70	0.00	1.70
62	马达加斯加	1.33	0.25	1.58
63	约旦	1.54	0.00	1.54
64	阿尔巴尼亚	1.51	0.00	1.51
65	伊拉克	1.19	0.25	1.44
66	亚美尼亚	1.29	0.00	1.29
67	马尔代夫	0.50	0.25	0.75
68	不丹	0.56	0.00	0.56

资料来源:该数据表为后面各节数据经过指数比处理后测算得出。

第三节　分项评价结论

一、文化文艺与民心相通

(一)指数排名及得分

向世界宣传中国文化,面对不同地区、不同文化、不同国家民众信息获取方式的差异,需要因地制宜、灵活运用不同的传播模式,建立全方位的对外传播话语体系。在讲好中国故事的同时,也应倾听别国声音,通过多渠道的沟通实现信息联通,从而搭建起"一带一路"不同国家和民族之间和平互惠的持久联系的桥梁。根据数据的可取性,本报告选取了文化产品进出口、艺术品进出口、电影院基础设施规模、图书贸易规模四个指标来间接反映文化文艺领域民心相通的程度(见表4-2)。

表4-2 文化文艺交流排名及各项得分情况

排名	区域	文化产品进出口	艺术品进出口	电影院基础设施规模	图书贸易规模	总得分
1	俄罗斯	7.75	9.58	10.00	7.89	3.52
2	新加坡	9.09	10.00	4.82	10.00	3.39
3	马来西亚	8.35	9.45	6.80	8.46	3.31
4	韩国	7.60	10.00	6.44	8.35	3.24
5	波兰	8.40	8.36	8.40	7.18	3.23
6	南非	6.70	8.19	8.84	6.92	3.06
7	越南	8.40	6.99	6.31	8.16	2.99
8	阿联酋	7.60	8.45	6.44	7.29	2.98
9	菲律宾	6.26	8.21	7.16	8.05	2.97
10	印度尼西亚	8.84	8.15	5.00	7.33	2.93
11	沙特阿拉伯	7.25	7.86	6.44	7.23	2.88
12	新西兰	6.02	8.99	6.60	7.07	2.87
13	土耳其	7.60	7.84	6.44	6.59	2.85
14	泰国	8.74	7.02	5.00	7.43	2.82
15	伊朗	7.60	7.59	6.44	6.32	2.80
16	捷克	7.60	6.70	6.44	6.72	2.74
17	以色列	7.14	7.48	5.30	7.42	2.73
18	乌克兰	6.04	7.31	7.80	5.62	2.68
19	匈牙利	6.53	6.86	6.99	6.12	2.65
20	巴基斯坦	7.97	5.41	5.99	6.99	2.64
21	罗马尼亚	6.05	7.22	6.13	6.93	2.63
22	格鲁吉亚	7.60	6.86	6.44	5.28	2.62
23	印度	10.00	8.42	0.00	7.75	2.62
24	乌兹别克斯坦	7.60	5.03	7.39	5.60	2.56
25	埃及	6.39	6.36	6.13	6.64	2.55
26	白俄罗斯	5.46	7.91	6.59	4.95	2.49
27	斯洛伐克	6.66	5.59	6.73	5.81	2.48

续表

排名	区域	文化产品进出口	艺术品进出口	电影院基础设施规模	图书贸易规模	总得分
28	哈萨克斯坦	5.45	6.11	6.17	6.84	2.46
29	孟加拉国	4.40	4.96	8.00	6.79	2.42
30	叙利亚	7.60	4.94	6.44	5.14	2.41
31	卡塔尔	5.77	7.37	4.93	5.87	2.39
32	克罗地亚	5.78	6.99	5.72	5.36	2.38
33	黑山	7.60	7.92	6.44	1.72	2.37
34	老挝	7.60	4.88	6.44	4.05	2.30
35	斯里兰卡	5.37	4.94	6.96	5.37	2.26
36	柬埔寨	5.36	6.99	3.37	6.86	2.26
37	爱沙尼亚	6.22	6.19	5.38	4.74	2.25
38	保加利亚	5.55	6.00	5.46	4.96	2.20
39	缅甸	4.58	4.82	5.00	7.31	2.17
40	立陶宛	6.24	4.79	5.13	5.25	2.14
41	马其顿	7.60	3.49	6.44	3.88	2.14
42	也门	3.36	5.79	6.44	5.20	2.08
43	拉脱维亚	6.24	4.57	4.42	5.18	2.04
44	巴林	7.25	6.01	2.64	4.32	2.02
45	吉尔吉斯斯坦	3.16	6.35	5.91	4.72	2.01
46	尼泊尔	4.21	5.01	6.44	4.35	2.00
47	塔吉克斯坦	7.60	4.68	3.76	3.96	2.00
48	塞尔维亚	5.58	3.15	5.98	5.24	1.99
49	巴拿马	6.70	6.46	0.00	6.58	1.97
50	摩尔多瓦	7.60	2.89	6.44	2.67	1.96
51	黎巴嫩	6.25	7.14	0.00	5.23	1.86
52	科威特	6.60	6.52	0.00	5.49	1.86
53	波黑	7.60	1.49	6.44	3.01	1.85
54	文莱	7.60	0.31	6.44	4.04	1.84
55	阿富汗	7.60	4.90	0.00	4.66	1.72
56	土库曼斯坦	7.60	0.00	6.44	2.98	1.70
57	蒙古国	2.68	3.97	5.00	5.35	1.70

排名	区域	文化产品进出口	艺术品进出口	电影院基础设施规模	图书贸易规模	总得分
58	斐济	3.98	7.92	0.00	4.44	1.63
59	约旦	6.15	3.95	0.00	5.25	1.54
60	阿塞拜疆	3.35	4.75	3.25	3.88	1.52
61	阿尔巴尼亚	3.23	5.36	2.64	3.89	1.51
62	阿曼	5.72	4.20	0.00	4.89	1.48
63	埃塞俄比亚	2.91	0.51	3.99	6.28	1.37
64	马达加斯加	3.34	3.91	0.94	5.11	1.33
65	亚美尼亚	4.69	4.43	0.00	3.81	1.29
66	伊拉克	0.00	5.52	0.00	6.40	1.19
67	不丹	0.16	2.85	2.64	0.00	0.56
68	马尔代夫	0.03	0.95	0.00	3.98	0.50

资料来源:中国海关总署、商务部:《对外投资合作国别(地区)指南》。

单纯从文化文艺角度来看,俄罗斯是与我国进行文化交流最多的国家,其与我国艺术品进出口来往最多,同时本国的文化基础设施相对发展比较好。新加坡是整体上与我国互动最频繁的国家,其在文化产品、艺术品和图书贸易方面占据了我国文化产品进出口的第一位。在文化产品进出口方面,贸易最多的国家是印度、新加坡、印度尼西亚和泰国,贸易额分别为204.37亿元、65.90亿元、48.03亿元和42.66亿元。在艺术品进出口方面与我国贸易最多的国家为新加坡、韩国、俄罗斯和马来西亚,贸易额分别为9350.03万元、9302.18万元、5502.95万元和4679.58万元。在图书贸易方面最多的国家为新加坡,贸易额为39亿元,远超其他国家。在电影院基础设施方面,俄罗斯、南非、波兰、孟加拉国和乌克兰的电影院数量较多,分别为1596个、677个、491个、365个和316个。

(二)基本情况

1. 加强顶层设计,健全互联机制

文化与旅游部印发"一带一路"文化发展行动计划(2016—2020年),成立工作小组,统筹推进"一带一路"文化建设。2013—2018年,我国已与"一带一路"沿线国家和地区签署双边文化合作文件 108 份,推动建立中国—东盟、中国—中东欧、中俄蒙等一系列双、多边文化旅游合作机制,利用中意(大利)、中法(国)、中英(国)、中南(非)等人文交流机制拓展与"一带一路"延长线国家合作空间。同时,以文化机构为主体的"一带一路"国际合作不断深化,世界旅游联盟正式成立,丝绸之路国际剧院、博物馆、艺术节、图书馆、美术馆联盟逐步建立并完善,成员(境外成员)规模分别达到 93(66)家、146(37)家、129(126)家、25(24)家和 21(20)家,为推动沿线国家和地区跨区域合作开辟了新渠道。

2. 推进平台建设,开展品牌活动

截至 2017 年年底,已在"一带一路"沿线国家和地区设立 16 个文化中心,举办文化活动逾 1600 场。大力推进交流品牌建设,举办中国—中东欧、中国—东盟、中国—欧盟等 10 余个文化年、旅游年,连续 3 年以"美丽中国——丝绸之路旅游年"为主题进行系列宣传推广,成功打造"丝路之旅""欢乐春节""青年汉学研修计划""中华文化讲堂""千年运河""天路之旅""阿拉伯艺术节"等近三十个中国国际文化品牌。此外,还推动举办了丝绸之路(敦煌)国际文化博览会、丝绸之路国际艺术节、海上丝绸之路国际艺术节等以"一带一路"为主题的综合性文化节会,成为我国集中彰显"一带一路"倡议感召力,不断扩大影响力的重要平台。

3. 拓展合作领域,推进文化遗产交流

大力推进与"一带一路"沿线国家和地区文化遗产领域交流合作,与柬埔寨、缅甸等 11 个国家签署了 12 份文物安全及文化遗产领域双边协定和谅解备忘录。2013—2018 年,我国与"一带一路"沿线国家和地区举办"华夏瑰宝展""海上丝绸之路主题文物展"等文化遗产展览 54 次,有效拉近了"一带一路"沿线民众心与心的距离。

4. 增强产品供给,开展产业合作

大力推进"一带一路"国际美术工程和文化睦邻工程,鼓励广西、云南、内蒙古和黑龙江建设跨境旅游合作区。组织实施"一带一路"主题舞台艺术作品创作推广、西部及少数民族地区艺术创作提升计划以及结对帮扶项目,共同打磨"一带一路"题材原创剧目和优秀作品,不断提升文化艺术人才业务水平和综合艺术实力。大力推进丝绸之路文化产业带建设,实现区域特色文化产业优势互补和共同发展。《动漫游戏产业"一带一路"国际合作行动计划》《2018 年"一带一路"文化贸易重点项目名录》相继印发,我国自主原创的手机动漫标准成为国际标准,两项数字艺术展示标准在国际电信联盟成功立项,为文化企业开展"一带一路"国际合作提供了政策、资金和技术扶持。

(三)政策举措

为贯彻落实《推动共建丝绸之路经济带和 21 世纪海上丝绸之路的愿景与行动》,加强与"一带一路"沿线国家和地区的文明互鉴与民心相通,切实推动文化交流、文化传播、文化贸易创新发展,文化和旅游部编制了《文化部"一带一路"文化发展行动计划(2016—2020 年)》(见图 4-1)。

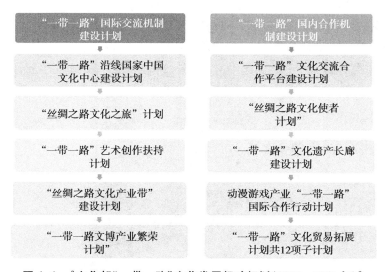

图 4-1 《文化部"一带一路"文化发展行动规划(2016—2020 年)》

资料来源:国家发展改革委、外交部、商务部:《文化部"一带一路"文化发展行动规划(2016—2020 年)》。

2017 年,《文化部"十三五"时期文化发展改革规划》发布,强调将加强中国与"一带一路"沿线国家和地区开展文化交流与合作。据文化和旅游部 2017 年文化发展统计公报显示,截至 2017 年年底,中国已与 157 个国家签署了文化合作协定,累计签署文化交流执行计划近 800 个,初步形成了覆盖世界主要国家和地区的政府间文化交流与合作网络。

2018 年召开的北京峰会通过了《关于构建更加紧密的中非命运共同体的北京宣言》和《中非合作论坛——北京行动计划（2019—2021）》两个成果文件,集中体现为"两个文件"和"八大行动"。二者构成未来一段时期发展中非关系的纲领和指南。

继《动漫游戏产业"一带一路"国际合作行动计划》之后,又印发了《2018 年文化和旅游部"一带一路"文化贸易与投资重点项目名单》,进一步推进与"一带一路"沿线国家文化交流合作和文化贸易发展。

（四）工作进展

1. 海外中国文化中心发展历程及主要成果

设立文化中心是双边关系进一步深化的主要标志,旨在加强两国文化交流与合作,增进两国人民之间的相互了解和友谊。随着中国国际地位和影响力的迅速提升,海外中国文化中心进入快速发展阶段。按照国务院批复的《海外中国文化中心发展规划（2012—2020 年）》,到 2020 年,我国已在海外建成 50 个文化中心,海外文化中心进入大发展阶段（见图 4-2）。

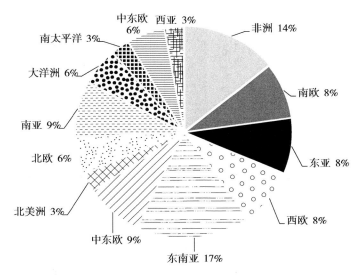

图 4-2　文化中心分布

资料来源:国务院新闻办公室网站。

　　为规范各中心工作,形成完整的中国对外文化三维交流结构,海外中国文化中心明确了国情宣传、文化交流、思想对话、教学培训和信息服务的五项基本职能。

　　近年来,开展深入的思想文化交流已成为中国海外文化中心开展工作的重要组成部分。一方面,组织研讨会和论坛,邀请中外知名专家学者进行面对面的对话;另一方面,促进文学、影视、音乐等领域的中外交流。

　　教学培训也是海外中国文化中心的重要工作。各中心都推出了一大批"接地气、聚人气"的培训项目。除中文与武术两大热门主题外,还有书法、绘画、烹饪、中医药、乐器、舞蹈、传统棋类等多种内容。毛里求斯中国文化中心的舞蹈培训班已开办二十多年,为当地培养了一大批舞蹈骨干;新加坡中国文化中心与中国儿童艺术剧院合作的"中国儿艺马兰花艺校"少儿艺术班,自2015年开办以来一直受到当地民众追捧。

　　2."一带一路"沿线国家和地区创意产品贸易概况

　　2016年中国对"一带一路"沿线国家和地区主要文化产品出口额排在前十名的国家分别是阿联酋、越南、泰国、印度尼西亚、新加坡、菲律宾、马来西亚、柬埔寨、孟加拉国、沙特阿拉伯(见图4-3),仍然是沿线国家和地区中进口我国文化产品数额最多的国家,尤其是阿联酋人口最多和最大的城市迪拜,其是中东地区的转运中心、观光旅游购物中心,经济繁荣发达,市场需求相当广阔。另外,东南亚有7个国家进入榜单的前十名,

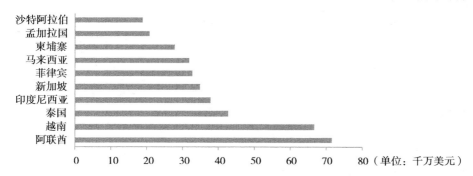

图4-3　2016年中国对"一带一路"沿线国家主要文化产品出口额前十名排行

资料来源:中国一带一路网。

东南亚国家与我国的文化相似性强,语言融合互通性高,容易形成文化认同,一直以来就占据着我国贸易伙伴国的绝对优势地位,但是印度、俄罗斯等与我国文化贸易有着非常密切的经济贸易关系的国家排名滑落至十位以下,分别排名第 11 位和第 12 位,孟加拉国和沙特阿拉伯进入排行前十名。此外,土耳其、波兰、斯里兰卡、缅甸、伊朗、巴基斯坦、埃及等国也与我国保持着紧密的经济贸易往来和文化交流合作。

2010—2015 年,中国对"一带一路"沿线国家和地区创意产品出口额占中国创意产品总出口额的比重稳中有升,相互依赖程度在日益加深。表 4-3 为 2015 年中国与"一带一路"相关国家创意产品贸易十强。

表 4-3　2015 年中国与"一带一路"相关国家创意产品贸易十强

序号	国家	中国的出口额	在对沿线国家出口中的份额	在对全球国家出口中的份额	国家	中国的进口额	在对沿线国家进口中的份额	在对全球国家进口中的份额
1	新加坡	41.16	10.97	2.44	新加坡	13.28	37.48	8.98
2	俄罗斯	40.48	10.78	2.4	泰国	3.57	10.07	2.42
3	马来西亚	33.21	8.85	1.97	越南	3.56	10.06	2.41
4	阿联酋	32.67	8.7	1.94	缅甸	3.36	9.5	2.28
5	印度	25.84	6.88	1.53	马来西亚	2.32	6.55	1.57
6	沙特阿拉伯	21.99	5.86	1.31	菲律宾	1.90	5.36	1.29
7	越南	20.89	5.56	1.24	印度尼西亚	1.51	4.27	1.02
8	菲律宾	20.00	5.33	1.19	印度	0.88	2.5	0.60
9	泰国	14.12	3.76	0.84	波兰	0.87	2.45	0.59
10	印度尼西亚	13.87	3.69	0.82	以色列	0.72	2.04	0.49
	总计	264.23	70.38	15.68	总计	31.97	90.28	21.64

资料来源:UNCTAD 数据库。

文化产品贸易方面,出口实现快速增长。2017 年,文化产品出口超过 900 亿美元,并且产生了新的特点:一是出口结构趋于优化;二是国际市场更加多元;三是国内区域布局相对集中。

文化服务方面,进口增势明显,出口结构不断优化。2017 年,文化服务进口额232.2亿美元,同比增长20.5%(见表4-4)。从国内布局看,文化服务贸易主要集中于东部,中西部地区增长迅速。上海、广东、北京为文化服务出口前三位,合计占我国文化服务出口的87.2%(见图4-4)。

表4-4　2017年中国文化贸易主要指标一览

指标	数额(亿美元)	同比增速(%)
进出口总额	1265.1	11.1
文化产品进出口总额	971.2	10.2
文化产品出口额	881.9	12.4
文化产品进口额	89.3	-7.6
文化服务进出口总额	293.9	14.4
文化服务出口额	61.7	-3.9
文化服务进口额	232.2	20.5

资料来源:根据商务部、中商产业研究院相关数据整理。

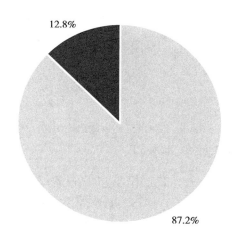

12.8%

87.2%

□上海、广东、北京　■其他省份

图4-4　2017年我国文化服务出口区域分布

资料来源:国家统计局。

3.“中国书架”项目拓展情况

“中国书架”(THAT'S CHINA)项目于2015年启动,项目充分发挥市场在对外传播文化资源配置中的积极作用,由政府提供书架、场地租赁费用和首批图书项目启动补贴,五洲出版社则因地制宜,寻找优秀企业合作。短短几年间"中国书架"已经遍及五大洲,铺设了中国文化走向世界的书香之桥。

总体来看,我国版权输出得到长足发展(见图4-5),呈现出不少亮点。越南文、泰文、俄文、尼泊尔文等版权输出实现了较快增长。2017年,在中国图书版权输出语种的前十位中,阿拉伯文、越南文、泰文、俄文等"一带一路"沿线国家和地区主要语种输出2600多种,与2016年相比增加近900种。从输出国家和地区上看,中国图书版权输出89个国家和地区,总计输出4000多种。

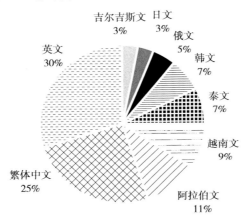

图4-5 2016年北京地区图书输出比例前十的语言

资料来源:《国际出版周报》2016年北京地区图书。

拓展互联网渠道也是助推版权输出的有效途径。在亚马逊开设的"中国书店",在线品种67.3万种,海外发货37万册;提质升级中国出版物国际营销渠道拓展工程等已有渠道平台,全力开展出版物对外贸易,在逐年缩小出版物贸易逆差的同时,让浓郁的中国书香飘溢在世界各地,温润海外读者心灵。

(五)主要做法和经验

1. 中华文化通过多种途径传播,逐步走向世界

从历史角度来看,中华文明自古以来就具有广阔的世界视野,讲求"协和万邦、天下大同",中华文化具有极大的开放性和包容性,主张"兼

容并蓄""和而不同"。

从实践角度来看,作为全球化问题的中国方案,"一带一路"建设展现了中国开明开放的精神风貌和互利共赢的合作态度,契合沿线国家和地区的共同需求,为中国文化走向世界开辟了广阔空间。《"一带一路"文化发展行动计划(2016—2020 年)》中提出:"助推'一带一路'沿线国家和地区积极参与文化交流与合作,传承丝路精神,促进文明互鉴,实现亲诚惠容、民心相通,推动中华文化'走出去',扩大中华文化的国际影响力,为实现《愿景与行动》总体目标和全面推进'一带一路'建设,夯实民意基础。"

2. 打造机制平台和重点项目,深化合作交流

近年来,文化与旅游部着力建立"一带一路"文化交流机制,夯实互联互通基础,建立健全丝绸之路国际剧院、博物馆、艺术节、图书馆、美术馆联盟。开展"一带一路"文化贸易与投资重点项目征集活动,培育了一批重点文化企业和文化项目,推动文化产业蓬勃发展。

2012—2019 年,国务院新闻办连续举办 8 期"丝绸之路经济带相关国家媒体负责人研修班",邀请了沿线国家和地区的 100 多家媒体负责人齐聚新疆,进行研修、交流、考察。这些媒体人士与中国经济、文化、民族、宗教等领域专家学者座谈交流,增进了对中国的理解和认识。

3. 重视搭建多个青年文化互动"友谊之桥"

青年是祖国的未来,是祖国的希望。中国政府特别重视青年间的文化交流往来,搭建了多个青年互动"友谊之桥"。"一带一路"倡议提出以来,围绕这一主题举办的中外青年文化交流活动异彩纷呈。2018 年 5月,"一带一路"青年创意与遗产论坛在长沙和南京举办,来自 51 个国家的 73 名青年代表参加了论坛。自习近平主席 2014 年 3 月访问联合国教科文组织总部并发表重要讲话以来,中方日益重视与联合国教科文组织携手推动跨文化对话和文明交流互鉴,尤其是青年人之间的交流。本次论坛正是中外文化交流的成果之一。

此外,中国举办了多届"中国·新疆国际青少年艺术节",邀请中亚四国及俄罗斯、蒙古国、巴基斯坦、印度、马来西亚、泰国、韩国、阿塞拜疆

等 12 个国家共 119 个文艺团体的 2330 余名青少年来新疆演出交流。2017 年,教育部邀请哈萨克斯坦 138 名中学生来华参加夏令营,访问了乌鲁木齐、北京、哈尔滨等地。

(六)相关活动项目

1. 中国—中东欧国家文化合作

(1)中国—中东欧国家文化季。由文化和旅游部主办、中国对外文化集团公司承办的"2017 中国—中东欧国家文化季"推动中国与中东欧国家文化交流的常态化和可持续发展,搭建起了中国与中东欧国家民心相通的桥梁,打造成了中国—中东欧文化艺术交流典范。

"2017 中国—中东欧国家文化季"所呈现的不仅是多彩绚丽、高潮迭起的演出,其活动涉及北京、上海、广东、陕西、山西、山东、福建、浙江、甘肃、新疆、四川、吉林等 25 个省(自治区、直辖市),使得中东欧国家的高质量艺术形式及其文化产品惠及全国各地,促进了各省(自治区、直辖市)对外文化交流的互通与合作。"2017 中国—中东欧国家文化季"已成为中国—中东欧文化艺术交流的典范之作,为促进"16+1"文化关系和民心相通作出了实实在在的贡献。

(2)中国与俄罗斯文化交流。自"一带一路"倡议提出后,中俄全面战略协作伙伴关系正在深入发展,丝绸之路经济带与欧亚经济联盟对接一步一个脚印地落实。莫斯科中国文化中心,仅在 2013 年一年,就举办逾百场各类中国文化活动,接待访客超过 1 万人次,主办或承办了多项中俄两国间的高端文化交流项目,引起了驻在国社会各界的热烈反响和广泛关注。此外,在俄罗斯,各类汉语课堂如雨后春笋般涌现。截至 2021 年,俄罗斯共有 19 所孔子学院及 4 个孔子课堂,为中俄文化交流培养出了大批人才。

2014 年是中俄两国建交 65 周年的纪念之年,在此契机下,中俄两国最高领导人共同宣布于 2014 年和 2015 年举办"中俄青年友好交流年"。这是两国继成功互办"国家年""语言年""旅游年"之后,又一次举办的重大人文交流活动。2019 年适逢中俄建交 70 周年,中国"俄罗斯文化节"在京成功举办,文化节期间还举办了中俄建交 70 周年图片展、俄罗斯民族服饰展和钢琴独奏音乐会等其他活动,为新时代中俄文化交流注入新的活力。

中俄全面战略协作伙伴关系不断向前发展的进程中,两国媒体发挥了重要作用。双方以主流媒体为主力军,成功开展多项活动,全方位、立体式地推动两国关系的发展。具有代表性的事件有"中俄头条"上线、媒体峰会"第三届中俄媒体论坛"召开、"喀秋莎"电视频道在中国开播等。

(3)中国与匈牙利文化交流。2015年6月6日,中国同匈牙利签署了《中华人民共和国政府和匈牙利政府关于共同推进丝绸之路经济带和21世纪海上丝绸之路建设的谅解备忘录》。这是中国同欧洲国家签署的第一个此类合作文件,匈牙利成为第一个确认加入中国倡导的"一带一路"的欧洲国家。匈牙利在共建"一带一路"中发挥了引领和先行作用。近年来,两国文化交流不断取得新的成果。包括:2014年中匈建交65周年时在匈牙利艺术馆举办的图片展;《美丽中国—美丽匈牙利》画册;匈牙利交响乐团(米什科尔茨)2013年在华巡演,2014年上海"走进大剧院——汉唐文化国际音乐年";2015年1月29日,"蒙卡奇和他的时代:世纪之交的匈牙利艺术"美术展等活动;2018年6月,"匈牙利当代艺术展";2021年7月,"文化中国·水立方杯"在匈牙利首都布达佩斯成功举办。

此外,匈牙利还十分重视汉语的学习。匈牙利罗兰大学早在1923年便设立中文系,并建立了匈牙利第一所孔子学院,大力开展汉语教学,推广中国文化,向匈牙利各机构输送汉语人才。截至2020年,匈牙利已建有5所孔子学院,其中赛格德大学孔子学院已在匈牙利建立了14个教学点。孔子学院已经成为中匈文化交流的重要载体。

以"美丽中国·欢乐春节"为主题的2019年匈牙利"中国春"文化节在匈牙利首都布达佩斯举行。该文化节吸引了约3万名匈牙利民众及当地华侨华人的热情参与,起到了传播中华文化、促进两国民心相通的作用。目前,"欢乐春节"已经成为中国文化通过匈牙利这个"桥头堡"走进欧洲的一个缩影。

(4)中国与斯洛伐克文化交流。斯洛伐克位于欧洲的中心区域,也属于申根区的一部分,是连接东西欧市场的桥梁和通往巴尔干地区的门户。中斯交往历史源远流长,中国的快速发展吸引了越来越多的斯洛伐克人学习中文,同时也增加了斯洛伐克人民对中华文化的理解和热爱。

2014 年 8 月,斯洛伐克首个孔子学院在斯洛伐克技术大学落户,这是中国与斯洛伐克文化交流和学术交换历史上的重大事件。2016 年 10 月 24 日,"走进斯洛伐克——丝路国际总商会合作机制与平台路演活动"在斯洛伐克的首都布拉迪斯拉发举行;2019 年 11 月,《西风东韵——中国与斯洛伐克绘画艺术联展》在上海艺术品博物馆举办,展出的 60 余幅中国和斯洛伐克艺术家绘画艺术作品,体现了中斯两国艺术家对艺术的不同理解。

(5)中国与波兰文化交流。中东欧是连接欧亚的重要枢纽和通道,是"一带一路"的重要区域,而波兰具备独特的区位优势。波兰地处欧洲"十字路口",也是"琥珀之路"和"丝绸之路"的交会点。目前,有多条中欧班列途经波兰或以波兰为目的地。2015 年 6 月和 9 月,"2015 中东欧(波兰)中国家居品牌博览会""第四届中国出口商品展"在华沙开幕。2016 年,波兰雅盖隆学院孔子课堂举办题为"新丝绸之路背景下的中波机遇和挑战"的研讨会。2016—2018 年,连续三年开展"波兰文化圈——中国行",举办包括流行音乐会、钢琴音乐会、爵士音乐会、华人文化大讲堂、学术交流及平面作品展等交流活动。

2. 中国—亚洲国家文化合作

(1)中国与日韩文化交流。中国与日韩文化同出同源,日韩文化自古以来便受到中华文化的影响,两国一直与中国保持着密切的文化交流关系。而"一带一路"倡议的提出,推动了中国与日韩两国的关系,打通了文化交流的新渠道。

2013 年,中、日、韩三国共同启动首届"东亚文化之都"评选工作。2017 年 8 月 26 日,第九次中日韩文化和旅游部长会议在 2017 年"东亚文化之都"日本京都召开。除文化城市交流外,中、日、韩三国还将文化产业交流作为主要文化事业交互方式。中日韩文化产业论坛由中国文化和旅游部、韩国文化观光部、日本经济产业省联合主办,依次在三国轮流举办。

（2）中国与巴基斯坦文化交流。截至2020年年末，中国在全球设有45家海外中国文化中心。这其中，位于巴基斯坦首都伊斯兰堡的巴基斯坦中国文化中心亮点突出，通过扎实的工作实践，促使中华文化的影响力在当地与日俱增，中巴文化领域的交流合作不断深入，两国深厚的传统友谊不断谱写新篇章。2010年，中巴两国签署互设文化中心的谅解备忘录；2014年9月，巴基斯坦中国文化中心投入试运营；2015年4月20日，巴基斯坦中国文化中心揭牌，标志着中心正式投入运营。2017年，巴基斯坦中国文化中心共举办各类文化活动38场，参与人数累计达3.6万人次。中心2017年累计培训学员1000人次，创下历年新高。在中国国庆节及传统节日、中巴建交纪念日等重要节点，中心积极筹划安排，组织举办相关主题活动。2016年举办了"庆祝中巴建交65周年"大型文艺演出、中国电影周、"丝绸之路上的中国穆斯林"摄影展、"庆祝中巴建交65周年"图片展等大型活动。与此同时，巴基斯坦中国文化中心还与巴基斯坦国家艺术委员会合作启动了"中巴经济走廊文化大篷车"项目：巴基斯坦选派10名艺术家赴中国新疆、辽宁参观交流，中国也选派6名艺术家赴巴基斯坦主要城市走访，交流完成后，中巴共同举办成果展。此外，中心安排中国作家代表团参加巴基斯坦第四届语言、文学和社会国际会议，协助中国电影代表团赴巴基斯坦参加首届亚洲和平电影节、举办"2017中国电影之夜"，并积极组织中心培训班巴基斯坦方优秀学员、中心合作伙伴代表访华，组织巴基斯坦方文艺工作者来华采风创作、参观学习等。

（七）思路创新及未来工作建议

"一带一路"建设能否顺利推动在很大程度上要依赖各国人民的信任与支持。要消除不同文化的隔阂和偏见，使世界更多的国家认识中国、了解中国、理解中国，必须充分发挥文化的桥梁作用和引领作用，在"一带一路"倡议框架下，深化双边和多边合作，用"中国理念""中国智慧"来塑造一个开放和谐文明的大国形象，呼应新时代的崭新需求，推动中国文化的世界表达。

第一，提升民族文化软实力，构建"一带一路"文化交流机制。一方面,加快文化交流合作基础设施建设,推动开展创意研发、遗产保护与利用、贸易与资源配送等文化交流合作服务,为促进沿线国家和地区间文化交流合作的深入开展提供基础支撑;另一方面,构建文化发展与交流的积极互动与良性循环机制,包括建立平衡、完整科学的文化交流互动话语体系,凸显多元化、包容性的文化传播理念和态度,提高中国文化的对外吸引力和影响力。

第二,推动我国文化产业发展,拓展"一带一路"合作空间。在政策层面,要注重推动文化产业创新发展,以加强内容原创和技术研发为手段,培育发展新动力,推出品牌文化产品,通过构建产业新体系,增强文化产品贸易实力。在实施层面,应积极面向"一带一路"沿线国家和地区开展国际合作,鼓励和促进企业参与国际分工与合作,推动和优化产业链全球布局,为文化产业发展提供中国模式。

第三,依靠多元化的传播渠道,向世界讲好中国故事。随着新媒体时代的到来,文化传播的方式和路径已经发生了深刻变革。广播、电视、网络等新兴媒介的不断延伸和扩展,使对外文化传播与交流获得了更大的发挥空间。因此,要善于采用多元化、多渠道的传播方法,借助网络电视、博客、播客、视频、电子杂志等新媒体平台以及游戏、音乐等娱乐化手段实现对文化资源的深度开发,利用新媒体便捷快速的传播优势,拓展信息传播的范围,提高文化传播的效率,为中华文化赋予新的时代活力。

二、广播电视与民心相通

(一)指数排名及得分

作为"一带一路"建设的重要目标和支撑手段,在促进民心相通以增进沿线人民情感、构建人类命运共同体的过程中,广播电视媒体扮演了极为重要的角色。作为跨地域空间传播中国文化的重要平台,广播电视媒体通过新闻报道、节目共享、稿件交流和人员往来等多种形式,向"一带一路"沿线各国人民介绍彼此的生活、信仰、文化和价值观,增进各国和人民间的彼此理解和相互认同,减少合作中的猜忌和摩擦。

本报告选用了当地广播语言的种类来体现该地区对外交流的广度与

深度,从侧面反映与我国民心相通的可能深度。相对来说,广播语言种类较为丰富的国家有俄罗斯(38 种语言)、土耳其(16 种语言)、哈萨克斯坦(14 种语言)、阿塞拜疆(13 种语言)和越南(12 种语言)等(见表 4-5)。这些国家对外开放程度相对比较高,与我国交流相对比较频繁。"一带一路"广播语言种类排名及得分情况见表 4-6。

表 4-5　广播语言种类丰富的国家

国家	广播语言种类
俄罗斯	38
土耳其	16
哈萨克斯坦	14
阿塞拜疆	13
越南	12
韩国	11
罗马尼亚	11
保加利亚	10
泰国	10

资料来源:笔者根据"中国一带一路网"相关资料整理。

表 4-6　"一带一路"广播语言种类排名及得分

排名	区域	广播语言种类	加权得分
1	俄罗斯	10.00	1.00
2	土耳其	10.00	1.00
3	哈萨克斯坦	9.52	0.95
4	阿塞拜疆	9.25	0.93
5	越南	8.96	0.90
6	韩国	8.65	0.86
7	罗马尼亚	8.65	0.86
8	保加利亚	8.30	0.83
9	泰国	8.30	0.83
10	阿富汗	7.92	0.79
11	埃塞俄比亚	7.50	0.75

续表

排名	区域	广播语言种类	加权得分
12	巴基斯坦	7.02	0.70
13	吉尔吉斯斯坦	7.02	0.70
14	马其顿	7.02	0.70
15	沙特阿拉伯	7.02	0.70
16	乌克兰	7.02	0.70
17	白俄罗斯	6.46	0.65
18	老挝	6.46	0.65
19	孟加拉国	6.46	0.65
20	伊朗	5.80	0.58
21	埃及	5.00	0.50
22	波兰	5.00	0.50
23	尼泊尔	5.00	0.50
24	新加坡	5.00	0.50
25	匈牙利	5.00	0.50
26	以色列	5.00	0.50
27	菲律宾	3.96	0.40
28	斐济	3.96	0.40
29	拉脱维亚	3.96	0.40
30	马来西亚	3.96	0.40
31	蒙古国	3.96	0.40
32	斯里兰卡	3.96	0.40
33	乌兹别克斯坦	3.96	0.40
34	印度尼西亚	3.96	0.40
35	阿联酋	2.50	0.25
36	阿曼	2.50	0.25
37	爱沙尼亚	2.50	0.25
38	巴林	2.50	0.25
39	格鲁吉亚	2.50	0.25
40	柬埔寨	2.50	0.25
41	卡塔尔	2.50	0.25
42	科威特	2.50	0.25

排名	区域	广播语言种类	加权得分
43	黎巴嫩	2.50	0.25
44	马达加斯加	2.50	0.25
45	马尔代夫	2.50	0.25
46	塔吉克斯坦	2.50	0.25
47	伊拉克	2.50	0.25
48	阿尔巴尼亚	0.00	0.00
49	巴拿马	0.00	0.00
50	波黑	0.00	0.00
51	不丹	0.00	0.00
52	黑山	0.00	0.00
53	捷克	0.00	0.00
54	克罗地亚	0.00	0.00
55	立陶宛	0.00	0.00
56	缅甸	0.00	0.00
57	摩尔多瓦	0.00	0.00
58	南非	0.00	0.00
59	塞尔维亚	0.00	0.00
60	斯洛伐克	0.00	0.00
61	土库曼斯坦	0.00	0.00
62	文莱	0.00	0.00
63	新西兰	0.00	0.00
64	叙利亚	0.00	0.00
65	亚美尼亚	0.00	0.00
66	也门	0.00	0.00
67	印度	0.00	0.00
68	约旦	0.00	0.00

（二）基本概况

广播电视节目资源和媒介技术的融合、创新与共享成为我国与"一带一路"沿线国家和地区文化交流合作重要部分,取得了丰硕的成果。

1. 广播电视节目资源共享交流频繁,优秀作品引入逐渐上升

"一带一路"倡议推进以来,我国与沿线国家和地区的广播电视类相关的传媒项目交流日益深入,我国引入了大量优秀的外国广播电视作品,加强了与"一带一路"沿线国家和地区的影视剧作交流,用人民喜爱的方式来增进各国文化理解,据国家广播电视总局相关通告显示,2015年6月至2021年12月,全国引进专用于信息网络传播的境外影视剧3815部。从历年引进的数目来看,2015年半年内共引进223部境外影视作品,2016年达542部,2017—2021年引进数量分别为428部、450部、610部、848部和717部。数据表明,自2016年后,境外影视剧引进数量呈逐年上升态势,一方面表明网络视听企业在高速发展期有着充裕的资金购买权;另一方面也代表众多网民有着旺盛的观剧(影)需求。与此同时,也代表着网络视听行业的自制影视剧仍有较大的发展空间。此外,随着"一带一路"倡议的提出,我国制作的影视剧中很多明星形象常为沿线国家和地区人民津津乐道。还有众多包含纪录片在内的广播电视节目和其他文化影视作品也进入了沿线各国市场。

2. 技术融合、创新和共享成果显著,民心相通基础更加坚实

在广播电视技术上,开展了广泛的学术交流、人才培养合作。在技术交流上,2017年推出了"新丝路上的蓝色集装箱"一带一路建设·国际文化经济交流项目,采用文化语言去阐释、展示和推动广播电视媒介技术的学习交流和合作,希望通过技术等优势把广播电视媒介节目和技术同时进行推介,助力沿线国家和地区的新闻媒介从根本上得到长足发展;在人才培养合作上,中国与"一带一路"沿线国家和地区的许多学校在影视、传媒等专业方面建立了广泛的交流、合作培养机制。广播电视传媒技术的合作为"一带一路"商贸、经济和文化等交流打下了坚实的基础。

(三)政策举措

2012年,党的十八大报告明确提出要增强国家文化软实力,这对中国广播电视"走出去"工程以及强化文化中国理念等提出了明确要求;2017年,国家新闻出版广电总局、发展改革委、财政部、商务部、人力资源和社会保障部五部委联合下发了《关于支持电视剧繁荣发展若干政策的

通知》,明确提出支持优秀电视剧"走出去"。包括每年有计划地组织制作机构参加有国际影响力的国际影视节,设立展台并举办节目推介活动。

（四）成果案例

1. 纪录片与科普作品

（1）《超级工程》走出国门,诠释"不一样"的中国纪录片。

2018 年 11 月 14 日,由中国中央电视台制作推出的《超级工程》纪录片阿拉伯语版在中东广播中心首播,这部纪录片针对的是从事"超级工程"建设的普通百姓,并真实地记录了他们的智慧、生活、情感和梦想,生动地展现了奇迹背后的困难和努力,这部科学工程主题纪录片充满了浓郁的人情味。纪录片的播放还给阿拉伯地区的外国观众带来了视觉冲击和精神震撼,向他们展示了一个充满活力和创造力的中国。

《超级工程》在海外播出后,引起强烈反响,很多外国民众在收看该纪录片后,对中国整体制造业、建筑业和装备制造业的先进水平留下了深刻印象,更重要的是该片向中东地区阿拉伯世界的人民传递出中国勇于担当、不畏困难、积极挑战的负责任大国形象,为"一带一路"沿线重要地区人民增进对现代中国的理解起到了积极作用。

（2）"中国农场"推广中国技术,助力沿线观众生产生活。

2017 年,CCTV-7 农业频道打造了一档全新电视栏目"中国农场"。在老挝、柬埔寨、坦桑尼亚、肯尼亚等沿线国家和地区播出,给当地农民的生产生活带来了极大的帮助。该栏目精选了一批制作精良、形式活泼、科学实用、符合当地生产实际需要的农业专题节目,介绍中国先进的农业技术和致富理念,在这些国家引起了不小的轰动。

"中国农场"栏目遵循农业技术的科学性、服务性、实用性,介绍中国国内种植、养殖、水产等农业生产相关模式,向"一带一路"沿线国家和地区传送实实在在的致富智慧、可学可用的典型,帮助当地农民科学种植及防治农副产品的病虫害,实现丰产丰收、脱贫致富。

2. 影视剧作品

影视节目是中国文化走出去的中坚力量,中国影视制作也在"一带一路"建设倡议过程中不断走向世界。"中国剧场"在老挝、越南、柬埔寨、印度尼西亚、菲律宾等"一带一路"沿线国家和地区开播,为当地人民打开一个了解中国的重要窗口,中国影视剧成为国家文化交流的一张新名片。

3. 广播

"一带一路"广播联合体平台建成,广播媒体的国际影响力不断增强。2015 年 7 月,由中央人民广播电台主办,国家新闻总局培训学院协办的"一带一路,广播随行"国际论坛在北京举行。来自印度和印度尼西亚等 24 个国家的广播公司代表以及来自中国 17 个相关省级广播公司代表参加了论坛。该国际论坛是国家新闻出版广电总局丝绸之路影视桥项目的活动之一,是中央人民广播电台"一带一路建设大型采访报道活动"子项目。在会议期间,柬埔寨国家广播电台、哈萨克斯坦国家广播电视集团、蒙古国广播电台 EVSEG、尼泊尔国家广播电台、斯里兰卡独立电视台、塔吉克斯坦国家广播电台和中央人民广播电台与新疆、陕西、宁夏、甘肃、青海、内蒙古、黑龙江、吉林、广西、云南、西藏、上海、福建、浙江、广东、海南、重庆等"一带一路"相关省份的广播电台相连,共有 24 家广播电视组织签署了成立"一带一路广播协作网"的合作备忘录。

"一带一路"广播协作网依托广播这一重要而便捷的传播平台,在沿线国家和地区不同语言圈、文化圈之间起到联通听众的桥梁和纽带。协作网通过高层互访、采访合作、节目交流等方式发挥作用,加强各成员台在节目、技术、人员等方面的交流与合作,为各成员台提供服务与帮助;同时共同营造和参与更加开放的国际媒体合作环境,在选题、采访、制作等方面共享优势资源和便利条件,通过互访和联合采访等方式,为"一带一路"沿线国家和地区广播听众带来不一样的视听感受,进一步提升沿线国家和地区广播媒体的国际影响力。

(五)政策建议

1. 加强广播电视传播国际协作体系建设,构筑民心相通基石

"一带一路"视域下的广播电视媒体传播,绝不仅仅是中国的独奏,而是沿线国家和地区的合唱,以传播文化为引领,以增进交流为手段,以增强理解为桥梁,最终达到民心相通。在这个过程中,广播电视媒体应聚

焦国际协作体系的建设,打开庞大的"一带一路"沿线用户群体,以及拓宽手机用户群体;整合沿线广电资源,充分发挥沿线国家和地区不同资源之间的优势,如印度宝莱坞电影、泰国电视制作、新加坡后期制作、"一带一路"沿线丰富的文化创作素材等,以各国优秀作品对接各国人民,促进沿线国家和地区文化交流,为民心相通筑牢基础。

2. 加强广播电视内容建设,为"中国制作"走出去创造条件

内容是核心竞争力,广播电视制作过程中,选题的特色、策划、作者资源、文化背景直接决定了广播电视节目是否能得到海外媒体机构的认可和读者的接受。中国文化要真正实现"走出去",不仅需要政策扶持,更需要创作者积极创新创作,不断提高影视作品的策划、制作水平,积极拓展营销渠道,对接国际水准,用现代化、国际化的表达手段来讲好中国故事、传递中国声音。

3. 推进开发广播电视衍生产品,促进产业融合发展

与其他产业相比,"一带一路"沿线广播电视产业发展还需要克服不同文化、传统和语言障碍,要面对不同年龄人群的不同口味,这也使其面临更多问题和挑战,但同时也给沿线广播电视合作带来了更大的想象空间。应大力推进"一带一路"沿线车载广播、在线直播、电视点播等广播电视衍生模式。同时,面对庞大需求,也需探讨各国广电机构间资讯交流、信息采集路径和经验,加强各国在节目、技术、人员等方面交流合作,为各国合作发展提供便利和更多元平台。沿线国家和地区可以广播电视为交流媒介,加强共同投资、相互引进、相互译制的无障碍合作,促进"一带一路"广电产业融合发展。

第五章　公共外交

第一节　指数介绍

"一带一路"沿线各国和地区加强政党交往,对彼此政策与战略达成一定共识,国家城市内部之间频繁互动并形成长期良好关系,社会组织之间广泛深入交流,驻外企业在东道国发展,这些都将促进双边关系不断深化,加强合作深度,进一步推动经济合作。

公共外交相通指数主要测度在跨区域交流过程中,双方互动的频次与在此过程中获得的相应成果,主要是通过政党外交、城市外交、社会组织和驻外企业四方面来体现公共外交民心相通的程度。该部分绝大多数数据以商务部发布的《对外投资合作国别(地区)指南》为参考,对其中涉及的数据和信息提取整理而成。

关于指标说明。政党外交方面,以相关国家与我国建交时间长短和我国党的高层领导互访的频次为主要指标,测度两个国家间政党民心相通的程度。建交时间长短直接反映两国外交关系的稳定程度,外交越稳定,政治环境越稳定,民心交往的意愿则相对越强,交往活动也越频繁。

城市外交方面,我国与大部分国家建立友好城市关系,可以较好地反映当前"一带一路"沿线国家和地区与我国交往的具体情况。

在社会组织方面,报告选取了工会组织、民间组织、华人商会和社团数量三个指标。我国企业到"一带一路"沿线国家和地区投资建厂所产生的劳工关系需要与当地的工会组织加强沟通交流才能更好地融入当地,除了工会组织,民间组织是双方直接交流沟通的媒介,对于了解当地人行为习惯、处事方式等有直接作用。而华人商会和社团的数量,则直接反映了我国在相应国家投资交流等民心交往的程度,数量越多,说明我国与该国的融合交往越深入。

具体指标选取与来源情况如表5-1所示。

表 5-1　公共外交相通指数指标选取与来源

二级指标	三级指标	指标含义	数据来源
政党外交 (0.6)	建交时间 (0.3)	建交后若中途有间断以最近一次建交时间算起	商务部《对外投资合作国别(地区)指南》
	高层互访频次(0.3)	主要指双边高层互访情况	商务部《对外投资合作国别(地区)指南》
城市外交 (0.6)	主流媒体对中国好感度 (0.3)	以国外相应主流媒体以及公众对中国的关注度以及报道的客观性为依据	商务部《对外投资合作国别(地区)指南》
	友好城市结对子数目 (0.3)		《城市竞争力蓝皮书:中国城市竞争力专题报告(1973—2015)》
社会组织 (0.6)	工会组织 (0.1)	通过本国工会组织的数量、规模与活动情况赋予相应分数	商务部《对外投资合作国别(地区)指南》
	本国民间组织活跃度 (0.1)	通过本国民间组织的数量、规模与活动分为活跃、一般与不活跃三类并赋予相应分数	商务部《对外投资合作国别(地区)指南》
	华人商会、社团数量 (0.4)		商务部《对外投资合作国别(地区)指南》
驻外企业 (0.5)	中资企业数目(0.4)	在沿线国家和地区的中国企业	商务部《对外投资合作国别(地区)指南》
	外商直接投资(0.1)	采用外商直接投资净流入多少,侧面反映该国对外来企业的交流接受程度	世界银行

资料来源:北京大学"一带一路"五通指数研究课题组:《"一带一路"沿线国家五通指数报告》,经济日报出版社2017年版。

第二节　总体评价结论

"一带一路"沿线各国在公共外交指数方面差异显著,各个指标项最大值与最小值差距较大,得分普遍相对较低(见表5-2)。整体来看,蒙古国、南非、新西兰、越南、罗马尼亚、韩国、埃及、斯洛伐克等地区与中国的公共外交联系相对较好。相对来说,这些国家社会组织较为活跃,与我国建交情况相对比较稳定。从四个分项指标的情况来看,政党外交方面,虽然各国建交时间差异较大,但是总体来看我国与"一带一路"沿线国家和地区交流密切,发挥了较好的促进作用。但是城市外交方面,大多数地区的来往国家集中在美国、韩国等发达国家,与"一带一路"沿线很多国家的交流仍然较少。社会组织和驻外企业也是集中在少数国家,整体来看在促进民心相通方面仍有较大发展空间。

表5-2 "一带一路"沿线国家和地区与我国的公共外交指数排名及各项得分情况

排名	区域	政党外交	城市外交	社会组织	驻外企业	总得分
1	蒙古国	5.57	4.14	5.30	4.85	19.85
2	南非	4.64	4.38	5.50	4.19	18.71
3	新西兰	5.29	6.00	3.42	2.90	17.61
4	越南	4.18	6.00	4.45	2.57	17.19
5	罗马尼亚	5.30	5.94	3.00	2.16	16.41
6	韩国	4.46	4.50	3.37	4.03	16.36
7	埃及	5.41	2.22	4.48	4.02	16.14
8	斯洛伐克	6.00	3.95	4.37	1.35	15.67
9	阿联酋	4.34	3.00	3.73	4.33	15.40
10	柬埔寨	5.03	3.72	5.30	1.00	15.05
11	捷克	5.53	2.45	4.37	2.64	14.99
12	菲律宾	4.66	4.35	2.86	2.92	14.80
13	泰国	5.20	4.44	3.50	1.60	14.75
14	匈牙利	5.25	4.38	3.58	1.38	14.60
15	波兰	4.73	4.29	3.23	2.33	14.57
16	老挝	5.17	4.99	1.86	2.04	14.06
17	塞尔维亚	3.46	4.39	2.87	3.15	13.86
18	白俄罗斯	4.58	5.40	1.50	2.30	13.77
19	巴基斯坦	5.47	3.00	3.72	1.45	13.64
20	乌兹别克斯坦	4.73	4.20	1.80	2.75	13.48

续表

排名	区域	政党外交	城市外交	社会组织	驻外企业	总得分
21	埃塞俄比亚	5.46	2.70	1.80	3.39	13.35
22	吉尔吉斯斯坦	4.93	3.49	2.72	2.19	13.34
23	斐济	4.01	3.95	2.72	2.54	13.22
24	印度尼西亚	4.91	4.05	1.86	2.27	13.08
25	哈萨克斯坦	4.52	3.49	1.50	3.50	13.01
26	保加利亚	4.83	4.99	1.00	2.18	13.00
27	文莱	4.48	3.00	3.00	2.46	12.94
28	格鲁吉亚	4.58	3.60	1.86	2.83	12.87
29	马达加斯加	4.21	3.60	2.16	2.90	12.86
30	沙特阿拉伯	4.73	3.00	2.60	2.50	12.83
31	伊朗	4.46	4.99	1.00	2.35	12.80
32	塔吉克斯坦	4.63	4.20	1.00	2.87	12.70
33	乌克兰	4.73	5.75	1.50	0.37	12.35
34	缅甸	5.99	3.18	2.36	0.56	12.10
35	克罗地亚	4.90	4.20	1.50	1.48	12.07
36	新加坡	4.31	1.50	2.37	3.74	11.92
37	科威特	4.73	3.00	1.50	2.54	11.76
38	马来西亚	3.26	3.49	4.37	0.42	11.54
39	阿塞拜疆	4.15	3.00	1.30	3.04	11.50
40	斯里兰卡	5.74	1.68	1.86	1.93	11.22
41	土耳其	4.56	2.68	1.00	2.96	11.19
42	马其顿	5.01	3.00	1.50	1.54	11.04
43	尼泊尔	5.87	1.68	1.00	2.42	10.97
44	孟加拉国	4.74	0.00	2.66	3.55	10.95
45	阿富汗	4.55	3.00	1.00	2.02	10.57
46	巴林	4.02	3.60	1.00	1.83	10.45
47	阿曼	3.77	3.00	1.86	1.68	10.31
48	马尔代夫	4.06	3.00	1.00	2.23	10.29
49	亚美尼亚	3.94	3.60	0.60	1.72	9.86
50	立陶宛	4.35	2.45	1.00	1.75	9.55
51	俄罗斯	3.27	4.50	1.00	0.30	9.07

排名	区域	政党外交	城市外交	社会组织	驻外企业	总得分
52	叙利亚	5.18	2.10	1.00	0.39	8.66
53	土库曼斯坦	4.42	2.45	1.00	0.79	8.65
54	拉脱维亚	5.15	2.10	1.00	0.30	8.55
55	伊拉克	3.25	1.50	1.00	2.79	8.54
56	以色列	2.99	4.05	1.00	0.47	8.51
57	卡塔尔	4.04	3.60	0.60	0.19	8.43
58	阿尔巴尼亚	3.58	3.00	1.00	0.75	8.33
59	黎巴嫩	4.65	1.50	1.00	1.05	8.20
60	也门	4.75	2.10	1.00	0.00	7.85
61	波黑	4.97	1.50	1.00	0.29	7.76
62	摩尔多瓦	3.82	2.10	1.50	0.30	7.72
63	爱沙尼亚	4.60	1.50	1.00	0.47	7.57
64	约旦	3.55	2.10	1.00	0.47	7.12
65	不丹	4.02	1.50	1.00	0.14	6.65
66	黑山	1.81	2.10	1.00	0.75	5.66
67	巴拿马	1.40	1.50	1.00	0.88	4.78
68	印度	0.00	3.49	1.00	0.27	4.76

第三节　分项评价结论

一、政党外交与民心相通

中国共产党的政党民心相通既是中国共产党的对外工作,也是中国国家总体民心相通的重要组成部分。

整体来看,我国与大多数国家政党民心相通的程度都比较高,以斯洛伐克(6分)、缅甸(5.99分)、尼泊尔(5.87分)、斯里兰卡(5.74分)表现最为突出(见表5-3)。单独从建交时间来看,我国与"一带一路"沿线国家和地区建交时间差异较大,有相当一部分国家自古以来就与我国互通有无,从新中国成立时起就不曾间断,70多年来不断发展并形成战略合作伙伴关系,这些国家有阿尔巴尼亚、保加利亚、蒙古国、捷克、斯洛伐克、罗马尼亚、波兰、匈牙利、缅甸和巴基斯坦。但也有国家与我国建交时间较短,如巴拿马和塞尔维亚。

表5-3 "一带一路"沿线国家和地区与我国政党外交排名及各项得分情况

排名	区域	建交时间	高层互访频次	总得分
1	斯洛伐克	10.00	10.00	6.00
2	缅甸	9.97	10.00	5.99
3	尼泊尔	9.79	9.77	5.87
4	斯里兰卡	9.71	9.42	5.74
5	蒙古国	10.00	8.56	5.57
6	捷克	10.00	8.43	5.53
7	巴基斯坦	9.93	8.30	5.47
8	埃塞俄比亚	9.16	9.02	5.46
9	埃及	9.75	8.30	5.41
10	罗马尼亚	10.00	7.68	5.30
11	新西兰	9.06	8.56	5.29
12	匈牙利	10.00	7.50	5.25
13	泰国	8.91	8.43	5.20
14	叙利亚	9.75	7.50	5.18
15	老挝	8.01	9.23	5.17
16	拉脱维亚	7.84	9.33	5.15
17	柬埔寨	9.68	7.10	5.03
18	马其顿	7.67	9.02	5.01
19	波黑	7.76	8.80	4.97
20	吉尔吉斯斯坦	7.76	8.68	4.93
21	印度尼西亚	7.93	8.43	4.91
22	克罗地亚	7.76	8.56	4.90
23	保加利亚	10.00	6.08	4.83
24	也门	9.75	6.08	4.75
25	孟加拉国	8.91	6.88	4.74

排名	区域	建交时间	高层互访频次	总得分
26	沙特阿拉伯	7.93	7.85	4.73
27	乌克兰	7.76	8.00	4.73
28	乌兹别克斯坦	7.76	8.00	4.73
29	波兰	10.00	5.76	4.73
30	科威特	9.11	6.64	4.73
31	菲律宾	8.91	6.64	4.66
32	黎巴嫩	9.11	6.38	4.65
33	南非	7.17	8.30	4.64
34	塔吉克斯坦	7.76	7.68	4.63
35	爱沙尼亚	7.84	7.50	4.60
36	白俄罗斯	7.76	7.50	4.58
37	格鲁吉亚	7.76	7.50	4.58
38	土耳其	9.11	6.08	4.56
39	阿富汗	9.79	5.39	4.55
40	哈萨克斯坦	7.76	7.31	4.52
41	文莱	7.84	7.10	4.48
42	伊朗	9.11	5.76	4.46
43	韩国	7.76	7.10	4.46
44	土库曼斯坦	7.84	6.88	4.42
45	立陶宛	7.84	6.64	4.35
46	阿联酋	8.37	6.08	4.34
47	新加坡	8.62	5.76	4.31
48	马达加斯加	9.06	4.96	4.21
49	越南	7.84	6.08	4.18
50	阿塞拜疆	7.76	6.08	4.15
51	马尔代夫	9.06	4.46	4.06
52	卡塔尔	8.08	5.39	4.04
53	不丹	8.43	4.96	4.02
54	巴林	8.01	5.39	4.02
55	斐济	8.91	4.46	4.01

排名	区域	建交时间	高层互访频次	总得分
56	亚美尼亚	7.76	5.39	3.94
57	摩尔多瓦	7.76	4.96	3.82
58	阿曼	8.74	3.84	3.77
59	阿尔巴尼亚	10.00	1.92	3.58
60	约旦	8.80	3.04	3.55
61	塞尔维亚	4.22	7.31	3.46
62	俄罗斯	7.84	3.04	3.27
63	马来西亚	8.96	1.92	3.26
64	伊拉克	6.37	4.46	3.25
65	以色列	9.97	0.00	2.99
66	黑山	6.04	0.00	1.81
67	巴拿马	1.63	3.04	1.40
68	印度	0.00	0.00	0.00

资料来源:笔者根据"中国一带一路网"相关资料整理。

二、城市外交与民心相通

(一)指数排名及得分

友好城市是指我国各省、自治区、直辖市及其所辖城市与外国省(州、县、大区、道等)、城市之间建立的联系与合作关系,属于民间民心相通范畴,是加强与国外地方政府间的友好往来和民间合作的主要方式。友好城市起初源于城市间进行文化交流和社会管理的目的,随着全球化进程的加快,友好城市之间的联系与交往内容进一步拓展,延伸至经济合作、文化、科技交流和人才互换等多个方面。

我国友好城市相对比较集中,主要分布在发达国家或地区以及亚洲地区。"一带一路"沿线国家和地区中,与我国建立友好城市最多的前6个国家依次为韩国(160个)、俄罗斯(131个)、新西兰(32个)、越南(32个)、泰国(30个)和罗马尼亚(30个)(见表5-4)。

表 5-4 "一带一路"沿线国家和地区与我国建立友好城市情况

区域	友好城市数量
韩国	160
俄罗斯	131
新西兰	32
越南	32
泰国	30
罗马尼亚	30
匈牙利	28
南非	28
菲律宾	27
波兰	25
乌克兰	24
土耳其	22
蒙古国	21
以色列	19
印度尼西亚	19
白俄罗斯	16
柬埔寨	13
埃及	13
印度	10
保加利亚	10
哈萨克斯坦	10
吉尔吉斯斯坦	10
伊朗	10
老挝	10
马来西亚	10
斯里兰卡	7
尼泊尔	7
缅甸	7
塞尔维亚	5
塔吉克斯坦	4
乌兹别克斯坦	4

续表

区域	友好城市数量
克罗地亚	4
埃塞俄比亚	4
土库曼斯坦	3
斐济	3
捷克	3
立陶宛	3
斯洛伐克	3
也门	2
叙利亚	2
约旦	2
巴林	2
拉脱维亚	2
黑山	2
摩尔多瓦	2
卡塔尔	2
格鲁吉亚	2
亚美尼亚	2
马达加斯加	2
孟加拉国	1
阿尔巴尼亚	1
波黑	1
文莱	1
新加坡	1
马其顿	1
阿塞拜疆	1
巴拿马	1

资料来源:新华丝路:"一带一路"综合信息服务平台。

整体来看城市外交方面,新西兰、越南、罗马尼亚、乌克兰和白俄罗斯表现最为突出(见表5-5)。

表5-5 "一带一路"沿线国家和地区与我国的城市外交排名及得分情况

排名	区域	民众好感度	友好城市	总得分
1	新西兰	10.00	10.00	6.00
2	越南	10.00	10.00	6.00
3	罗马尼亚	10.00	9.81	5.94
4	乌克兰	10.00	9.17	5.75
5	白俄罗斯	10.00	8.00	5.40
6	保加利亚	10.00	6.64	4.99
7	老挝	10.00	6.64	4.99
8	伊朗	10.00	6.64	4.99
9	俄罗斯	5.00	10.00	4.50
10	韩国	5.00	10.00	4.50
11	泰国	5.00	9.81	4.44
12	塞尔维亚	10.00	4.64	4.39
13	南非	5.00	9.61	4.38
14	匈牙利	5.00	9.61	4.38
15	菲律宾	5.00	9.51	4.35
16	波兰	5.00	9.29	4.29
17	克罗地亚	10.00	4.00	4.20
18	塔吉克斯坦	10.00	4.00	4.20
19	乌兹别克斯坦	10.00	4.00	4.20
20	蒙古国	5.00	8.78	4.14
21	以色列	5.00	8.50	4.05
22	印度尼西亚	5.00	8.50	4.05
23	斐济	10.00	3.17	3.95
24	斯洛伐克	10.00	3.17	3.95
25	柬埔寨	5.00	7.40	3.72
26	巴林	10.00	2.00	3.60
27	格鲁吉亚	10.00	2.00	3.60
28	卡塔尔	10.00	2.00	3.60
29	马达加斯加	10.00	2.00	3.60
30	亚美尼亚	10.00	2.00	3.60
31	哈萨克斯坦	5.00	6.64	3.49

排名	区域	民众好感度	友好城市	总得分
32	吉尔吉斯斯坦	5.00	6.64	3.49
33	马来西亚	5.00	6.64	3.49
34	印度	5.00	6.64	3.49
35	缅甸	5.00	5.61	3.18
36	阿尔巴尼亚	10.00	0.00	3.00
37	阿富汗	10.00	0.00	3.00
38	阿联酋	10.00	0.00	3.00
39	阿曼	10.00	0.00	3.00
40	阿塞拜疆	10.00	0.00	3.00
41	巴基斯坦	10.00	0.00	3.00
42	科威特	10.00	0.00	3.00
43	马尔代夫	10.00	0.00	3.00
44	马其顿	10.00	0.00	3.00
45	沙特阿拉伯	10.00	0.00	3.00
46	文莱	10.00	0.00	3.00
47	埃塞俄比亚	5.00	4.00	2.70
48	土耳其	0.00	8.92	2.68
49	捷克	5.00	3.17	2.45
50	立陶宛	5.00	3.17	2.45
51	土库曼斯坦	5.00	3.17	2.45
52	埃及	0.00	7.40	2.22
53	黑山	5.00	2.00	2.10
54	拉脱维亚	5.00	2.00	2.10
55	摩尔多瓦	5.00	2.00	2.10
56	叙利亚	5.00	2.00	2.10
57	也门	5.00	2.00	2.10
58	约旦	5.00	2.00	2.10
59	尼泊尔	0.00	5.61	1.68
60	斯里兰卡	0.00	5.61	1.68
61	爱沙尼亚	5.00	0.00	1.50
62	巴拿马	5.00	0.00	1.50

续表

排名	区域	民众好感度	友好城市	总得分
63	波黑	5.00	0.00	1.50
64	不丹	5.00	0.00	1.50
65	黎巴嫩	5.00	0.00	1.50
66	新加坡	5.00	0.00	1.50
67	伊拉克	5.00	0.00	1.50
68	孟加拉国	0.00	0.00	0.00

（二）政策与举措

1. 政党民心相通实践举措

在中国共产党的领导下,中国在世界舞台上的影响力越来越强。和平发展的外交政策越来越受到国际认可,进一步彰显了中国共产党作为负责任的大国政党的形象。特别是自"一带一路"倡议启动以来,中国共产党与其他政党的交往逐渐加深,政党外交在民心相通的建设中起着越来越重要的作用。

2. 友好城市民心相通实践举措

友好城市民心相通的发展动力来源于许多方面,有地方经济社会发展的需求,城市国际化水平的提高,地方依据自身特色谋求适宜发展机会,国家经济治理的新出路,全球一体化的推动以及国家总体民心相通的要求,等等。因此需要大力建设友好城市民心相通,积极发挥其能动性。

（1）配合国家整体民心相通,组建城市民心相通共同体。

城市民心相通不能偏离国家总体外交,更不能与之相冲突,应该始终围绕坚持"三个服务",即"坚持服务中央总体外交、服务地方经济社会发展、服务地方日益增长的国际交往需求"来开展城市民心相通实践。① 城市的国际利益与国家利益是多样性的统一,在此前提下,一方面,要积极建构国家和地方关于民心相通的统筹机制,在国家民心相通的总体规划

---

① 赵可金、陈维:《城市民心相通:探寻全球都市的民心相通角色》,《民心相通评论》2013年第6期。

下,将推动民心相通的权力下放给予城市空间,以城市为载体来处理一些双方之间的具体问题。另一方面,有必要提高城市居民的协调与合作能力,并充分调动文化、旅游、医疗、技术创新的积极性,充分发挥企业、社会工作组织、地方政府部门以及社会各界人士对民心相通的能力,使城市民心相通在各个方面发挥其应有的实力。

（2）积极加入国际城市组织,引起共鸣感。

改革开放已有40多年,经济全球化一直是现在进行时,不仅国家要走出去融入世界,城市也要积极"走出去",充分发挥自身的特色,在文化或旅游等方面积极发展,踊跃加入各种相关的国际和地区城市组织,增加城市软实力。特别要注意发展同那些具有广泛影响力的世界性国际组织、区域性国际组织以及新兴的国际组织的交往,如世界城市和地方政府联盟、亚太城市旅游振兴机构、亚太城市领导人会议等,代表中国城市争取参与权、发言权和话语权,提升国际交往地位,同时要建立协作机制以及友好关系。

（3）加强民间交往,夯实合作基础。

民心相通是深化友好城市交往的社会根基,正所谓"国之交,在于民相亲"。民相亲就要多接触,多交往,积极创造各种交往平台,发展双方友城间行业协会、社会工作组织、联合会等各种组织和团体之间的关系,广泛开展双方的文化交流、科技交流借鉴、媒体宣传合作、志愿者服务以及各种年龄阶段或者跨年龄段人群的友好交往等,增进双方的友谊,为深化双边友好合作奠定坚实的民众基础。如浙江省和德国石荷州,双方最初订立校际交往协议建立了好的开端,然后互设办事处,交流科技、医疗等方面经验和相互学习,至今建立了30多年牢固的友好关系。

（4）构建城市交流合作网络。

要同时发展国际城市的双边和多边交流,以双边交流深化务实合作,以多边交流拓展合作资源与平台。通过各种国际赛事和活动的举办或参与,构建日益完善的城市国际交流合作网络。一方面,在"一带一路"的政策下,根据自身条件和需求,注重友城拓展,加强与沿线国家和地区各级城市的交流与合作,形成国际友好城市网络。另一方面,要以本地区官方或社会团体对民心相通交流机制为依托,与"一带一路"沿线城市构建起良好的长效沟通机制,避免出现省、州、市(县)友城建设各行其是,关系混乱,联动性不强,受联系人个人影响过大等状况。同时也要根据国家整体民心相通的需要,积极参与未建立友好城市民心相通以外的其他国际城市的活动,谋求建城机会。

(四)相关活动、项目、案例

1. 长沙与鹿儿岛友城交流

长沙与日本鹿儿岛市进行友好交往最显著的动力是情感增进与固定交流机制,2017年7月长沙遭受洪灾时,鹿儿岛市市长森博幸第一时间表示慰问关切;历年来,长沙派出10余次经济考察团赴鹿儿岛市访问,多次在鹿儿岛市举办商品展,举办多种投资座谈会或说明会,促进经济领域合作。这两个城市都拥有丰富的旅游资源,并就发掘旅游资源进行了多次讨论,为彼此提供发展国外旅游市场的便利。长沙曾组团到鹿儿岛市举办长沙旅游推介会、鹿儿岛海外旅博会,鹿儿岛市也曾连续3年组织百余人规模的市民包机团来长观光旅游。

2. 江苏省与旁遮普省姐妹省州

江苏和巴基斯坦旁遮普在各自国家中占有重要地位,它们拥有经贸合作所需的有利条件。至少在以下四个方面表现出了无与伦比的优势:首先,江苏和旁遮普省是各自国家的发达地区和经济强省。其次,江苏省和旁遮普省已经在经济、商业、教育和文化领域开展合作,并取得了一定的成果。再次,江苏省和旁遮普省可以共同打造中巴大陆桥。最后,江苏省和旁遮普省可以帮助其他国家参与中巴经济走廊。

未来应在中央外事工作委员会的统一领导下,做好政党民心相通和友好城市民心相通的顶层设计,总体安排、统筹协调,明确职责分工,更好地推动政党民心相通和友好城市民心相通的融合发展,更好地发挥积极和有效的促进作用。

在友好城市民心相通方面,可以成立友好城市民心相通联盟,统一指导、协调我国的友好城市民心相通工作,建立良好的友好交流固定机制以巩固与已建立的友好城市关系,注重逐渐从交流到合作的转变,实现更大效益的交往,同时分享成功经验,总结不足和教训,提高友好城市民心相通的质量和效益,为促进世界人民大团结,落实人类命运共同体发挥有效作用。

三、社会组织与民心相通

(一)指数排名及得分

做好民心相通,不仅需要政府和企业的努力,还应发挥社会组织的积极作用。

各国的工会组织势力强弱、民间组织数量多少以及华人商会、社团数量差异较大。民间组织发展突出的是阿富汗、越南、柬埔寨和埃及,组织数量都在 10000 个以上。缅甸、泰国、菲律宾、马其顿、塞尔维亚、克罗地亚、摩尔多瓦、埃塞俄比亚和南非工会力量强大。中国在南非、越南、捷克、马来西亚、斯洛伐克的华人商会和社团数量较多(见表5-6)。

表5-6 社会组织排名及各项得分情况

排名	区域	工会组织	本国民间组织	华人商会社团数量	总得分
1	南非	10.00	5.00	10.00	5.50
2	柬埔寨	5.00	8.00	0.00	5.30
3	蒙古国	5.00	8.00	0.00	5.30
4	埃及	5.00	10.00	7.45	4.48
5	越南	5.00	5.00	8.61	4.45
6	捷克	5.00	5.00	8.41	4.37
7	马来西亚	5.00	5.00	8.41	4.37
8	斯洛伐克	5.00	5.00	8.41	4.37
9	阿联酋	5.00	5.00	6.83	3.73
10	巴基斯坦	10.00	10.00	4.31	3.72
11	匈牙利	5.00	5.00	6.46	3.58
12	泰国	10.00	5.00	5.00	3.50
13	新西兰	5.00	5.00	6.05	3.42
14	韩国	10.00	10.00	3.41	3.37
15	波兰	5.00	5.00	5.57	3.23

续表

排名	区域	工会组织	本国民间组织	华人商会社团数量	总得分
16	罗马尼亚	5.00	5.00	5.00	3.00
17	文莱	5.00	5.00	5.00	3.00
18	塞尔维亚	10.00	5.00	3.41	2.87
19	菲律宾	10.00	10.00	2.15	2.86
20	斐济	5.00	5.00	4.31	2.72
21	吉尔吉斯斯坦	5.00	5.00	4.31	2.72
22	孟加拉国	10.00	8.00	2.15	2.66
23	沙特阿拉伯	1.00	5.00	5.00	2.60
24	新加坡	5.00	5.00	3.41	2.37
25	缅甸	10.00	5.00	2.15	2.36
26	马达加斯加	5.00	8.00	2.15	2.16
27	阿曼	5.00	5.00	2.15	1.86
28	格鲁吉亚	5.00	5.00	2.15	1.86
29	老挝	5.00	5.00	2.15	1.86
30	斯里兰卡	5.00	5.00	2.15	1.86
31	印度尼西亚	5.00	5.00	2.15	1.86
32	埃塞俄比亚	10.00	8.00	0.00	1.80
33	乌兹别克斯坦	10.00	8.00	0.00	1.80
34	白俄罗斯	10.00	5.00	0.00	1.50
35	哈萨克斯坦	10.00	5.00	0.00	1.50
36	科威特	10.00	5.00	0.00	1.50
37	克罗地亚	10.00	5.00	0.00	1.50
38	马其顿	10.00	5.00	0.00	1.50
39	摩尔多瓦	10.00	5.00	0.00	1.50
40	乌克兰	10.00	5.00	0.00	1.50
41	阿塞拜疆	5.00	8.00	0.00	1.30
42	阿尔巴尼亚	5.00	5.00	0.00	1.00
43	阿富汗	5.00	5.00	0.00	1.00
44	爱沙尼亚	5.00	5.00	0.00	1.00
45	巴林	5.00	5.00	0.00	1.00
46	巴拿马	5.00	5.00	0.00	1.00
47	保加利亚	5.00	5.00	0.00	1.00
48	波黑	5.00	5.00	0.00	1.00

排名	区域	工会组织	本国民间组织	华人商会社团数量	总得分
49	不丹	5.00	5.00	0.00	1.00
50	俄罗斯	5.00	5.00	0.00	1.00
51	黑山	5.00	5.00	0.00	1.00
52	拉脱维亚	5.00	5.00	0.00	1.00
53	黎巴嫩	5.00	5.00	0.00	1.00
54	立陶宛	5.00	5.00	0.00	1.00
55	马尔代夫	5.00	5.00	0.00	1.00
56	尼泊尔	5.00	5.00	0.00	1.00
57	塔吉克斯坦	5.00	5.00	0.00	1.00
58	土耳其	5.00	5.00	0.00	1.00
59	土库曼斯坦	5.00	5.00	0.00	1.00
60	叙利亚	5.00	5.00	0.00	1.00
61	也门	5.00	5.00	0.00	1.00
62	伊拉克	5.00	5.00	0.00	1.00
63	伊朗	5.00	5.00	0.00	1.00
64	以色列	5.00	5.00	0.00	1.00
65	印度	5.00	5.00	0.00	1.00
66	约旦	5.00	5.00	0.00	1.00
67	卡塔尔	1.00	5.00	0.00	0.60
68	亚美尼亚	1.00	5.00	0.00	0.60

（二）社会组织"走出去"现状

虽然我国的社会组织"走出去"起步较晚,但随着全球化进程的逐步推进和"一带一路"倡议的实施,我国社会组织"走出去"势头发展迅猛(见图5-1)。2008年,在国际铁矿石价格谈判中,中国钢铁业协会在维护行业利益中发挥了十分积极的作用。2015年,中国民间组织交流促进会获得联合国经社理事会特别咨商地位。中国扶贫基金会、中国石化Addax基金会、全球环境研究所、孔子学院、四月青年社区等大量官方、民间社会组织都已成功"走出去",参与到国际经济和社会事务的决策中,且在区域和全球治理体系中的话语权逐步提高、影响力日益增强。截至

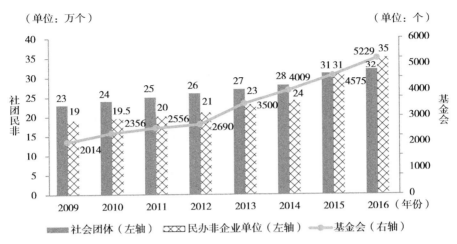

图 5-1　2009—2016 年我国社会组织数量的增长情况

资料来源:民政部:《2017 年民政事业发展统计公报》。

2019 年,我国已有 50 多家社会组织拥有联合国经社理事会地位。

1. 社会组织与"一带一路"民心相通

"一带一路"倡议是促进中外多方面交流合作、推动人类命运共同体建设的重要战略。社会组织在参与"一带一路"民心相通建设中扮演越来越重要的角色。

会上宣布启动的《中国社会组织推动"一带一路"民心相通行动计划(2017—2020)》中提出,要积极汇聚中国社会组织力量,2017—2020 年四年,为促进"一带一路"沿线各国和地区人民之间的交流,改善沿线国家和地区人民生产、生活条件贡献民间力量。例如,在减贫方面,实施减贫示范项目,针对不同情况的贫困人口进行专业技能培训,积极帮助相关贫困国家发展经济,改善民生;在应对气候变化和环保方面,沿线国家和地区互学互鉴,沿线国家和地区非政府组织共同开展生物多样性和生态环保公益活动,积极实施"一带一路"沿线环保项目。除此之外,社会组织还不断加强沿线国家和地区人文与科学合作。例如,在教育方面,与当地组织合作,建立职业技能培训学校、孔子学院、援建幼儿园及乡村学校;通过设立奖学金项目,为沿线国家和地区的学生来华留学、进修提供便利;

在科技方面,就共同关注的问题开展联合研究及技术创新,推动科研机构之间合作,支持沿线国家和地区技术人员相互交流以及来华进行相关培训。

社会组织作为社会力量的重要组成部分,可以为"一带一路"建设沟通民意、营造积极的舆论环境;可以协调政府参与对外援助、为"一带一路"沿线国家和地区民众提供公益服务;可以帮助中资企业履行社会责任,树立正面企业形象。近年来,中国社会组织不断加快"走出去"的步伐,呈现出较快的发展趋势。特别是在一些国际巨灾发生时,越来越多的中国社会组织积极响应,发挥越来越重要的作用。如在尼泊尔、厄瓜多尔与海地等国发生地震灾难时,中国扶贫基金会、爱德基金会等社会组织几乎零时差启动应急响应机制,改写了国际化救援工作的响应历史。以全球救灾为契机,中国社会组织的海外长期项目和海外办公室也逐渐增多。"一带一路"倡议,为中国社会组织"走出去"参与国际事务、提升跨国服务能力、发展壮大组织带来了千载难逢的机遇。

2. 社会组织参与民心相通建设的主要着力点

(1)讲好"一带一路"故事,传播中国负责任大国的形象

"一带一路"建设对沿线国家和地区经济社会发展带来的影响令人瞩目,2014—2016 年,中国与"一带一路"沿线国家和地区贸易总额超过 3 万亿美元,中国对"一带一路"沿线国家和地区投资累计超过 500 亿美元。中国企业已在全球 20 多个国家建设 56 个经贸合作区,为"一带一路"沿线国家和地区创造近 18 万个就业岗位。然而,从国际社会的舆论来看,仍然有一些国家和地区、有一部分人对"一带一路"建设存在认识误区和偏见。破除这些认知偏差或偏见,仅靠国家的宣传解释是不够的。在这种情况下,社会组织参与"一带一路"建设,能够从民间视角、以更为亲民的姿态走向国际舞台,不仅有利于消除对"一带一路"认知的偏差或偏见,也有助于展示中国社会组织的国际责任,进而彰显我国负责任的国际大国形象。

(2)积极改善沿线国家和地区民生,促进文化交流。

"一带一路"沿线部分国家属于全球最不发达国家,消除贫困作为全

球治理任务的重要组成部分,也是实施"一带一路"倡议的应有之义。中国在"一带一路"沿线国家和地区设置了大规模的民生项目,力求帮助这些国家和地区摆脱贫困和边缘地位。社会组织通过开展丰富多彩的人文交流活动,不仅能够推动参与国家和地区的科技资源共享和智力支持、推动我国和沿线国家和地区宗教和思想文化的传播,还能够推动欧亚大陆的文明多维交融,避免"文明的冲突"。社会组织在科学、教育、文化、卫生等领域都有其优势,可以通过举办"一带一路"文化交流、旅游合作、学术研讨、艺术展览、影视合作、智库对话等方式,展示"一带一路"沿线的科技发展、人文艺术等方面的成就,也可以通过人文交流建立合作的长效机制。

(3)降低企业"走出去"风险,夯实民意基础。

一些研究型、智库型的社会组织,直接从事"一带一路"沿线国家和地区政治、经济、文化、地理环境、社会发展等方面研究的,能够为"一带一路"建设提供更符合当地社会发展实际的政策建议。一些直接参与"一带一路"建设的社会组织,能够在开展服务时,深入了解当地的实际情况、了解当地的文化和自然情况、了解当地居民的生活状况,同时也能够结合自身开展服务的情况,找出当地经济社会发展的症结所在,为国家更好地制定"一带一路"民心相通政策提供有力的经验支撑和现实基础,使"一带一路"建设更好地与当地经济社会发展相适应。社会组织引导企业参与当地公益慈善事业,在直接满足当地居民服务需求的同时,能够改变当地居民对中国企业的态度。而企业通过参与社会组织举办的帮助当地居民改善生活状况的公益慈善项目,能够实现与当地居民的直接接触,使当地居民改变对企业的固有看法,进而减少在当地建设项目受阻现象的发生,从而使我国政府的国际合作项目能够更好地体现当地居民的需要,建设真正的民心工程。

3. 社会组织参与"一带一路"建设主要模式

在海外地区,中国社会组织有五种参与"一带一路"的模式可以选择,分别为:独立开展公益项目;与中国政府合作;与中资企业合作;与受援国社会组织合作;主动开发利用联合国多边资源。

政社合作模式：中国的社会组织可以承接中国政府在"一带一路"沿线发展中国家设立的民生援助项目。中国向沿线发展中国家和机构组织提供的民生援助项目，数量和资金规模都十分巨大，而这些项目的实施，则需要大量的承接单位负责落实。随着中国政府对外援助模式从政府独揽向政社共建转变，政府援外项目的部分建设任务自然落到了社会组织身上。政府可通过招投标和行政委托的方式，将项目交给那些政治过硬、业务过硬、责任过硬的社会组织来参与实施。

社企合作模式：中国的社会组织可以与中国企业结伴而行，服务企业，协助承担企业社会责任。社企合作模式，有利于实现双方互利共赢。一方面，社会组织为中国企业"走出去"提供过程服务，帮助企业更好地在当地履行社会责任，解决财贸纠纷，增强中国企业的国际话语权；另一方面，企业与社会组织协商确定合作项目，保证社会组织在海外有事可做、有钱可用，实现中国社会组织的可持续发展。

经验输出模式：在受援国设立项目办公室、办事处及常驻工作人员，自主开发品牌援助项目。这些社会组织通常国际化程度较高、经验丰富、有稳定的资金来源，其管理人才招聘呈现属地化趋势。它们结合自身的能力、经营的业务、掌握的资源和当地民众的需求，自主设计并亲自运行管理国际项目。中国扶贫基金会是这方面的典型代表，其国际化成长经历对其他社会组织有着启发和借鉴意义。中国扶贫基金会的国际化过程可分为三个阶段：第一阶段 2005 — 2009 年，提出国际化战略，对世界上发生的自然灾害进行救援响应，人员基本没有走出国门，属于不出国的国际化；第二阶段 2009 — 2013 年，成立国际发展部，开始到海外实施项目，如苏丹苏中阿布欧舍友谊医院项目，人员没有常驻海外，属于出差式国际化；第三阶段 2015 年，在缅甸和尼泊尔注册成立办事处为标志实现了真正意义上的国际化，人员常驻受援国并长期开展项目。中国鼓励社会组织参与"一带一路"建设就是希望培养出一大批"中国扶贫基金会"，服务于中国的国际化发展战略。

属地合作伙伴关系模式：中国社会组织与受援国建立合作伙伴关系，拓展本土化的公益项目。以人文交流为基础，以项目合作为重点，与受援国政府、社会组织和当地民众建立和谐的合作交流关系。这种模式有利于减少因政治、经济、法律和文化差异所引起的冲突和矛盾，可以有效降低沟通成本；更符合受援国民众需要，项目从策划到实施针对性更强、效果更好；有利于提升当地社会组织能力建设；有利于配合中国开展双边外交和人文交流，提升中国在受援国的形象。

社会网络模式：加强与区域联盟和国际组织合作，开发利用联合国的多边资源。鼓励中国社会组织在丝路沿线国家和地区注册成立国际性社会组织，支持这些组织加入区域联盟和知名国际组织，利用它们的先进经验、人脉网络、项目资金为我所用，借以提高中国社会组织的国际交往能力和国际化程度，打造中国的双边和多边合作网络体系。要特别重视开发利用联合国的多边渠道，支持有条件的社会组织申请经社理事会咨商地位，增强中国参与国际事务的软实力和话语权。

2017年2月，联合国社会发展委员会第55届会议通过决议，呼吁国际社会本着合作共赢和构建人类命运共同体的精神，加强对非洲经济社会发展的支持。决议欢迎并敦促各方进一步促进与非洲区域经济合作进程，推进“一带一路”倡议等便利区域互联互通的举措。“一带一路”倡议是全球治理中推进区域合作和共同繁荣的重要举措，其涵盖几十亿人口，成为推动区域合作和共同繁荣的重要机遇，也是推动落实2030年可持续发展议程的加速器。除了在经济方面的融通，在社会和人文方面也将形成一个具有极大潜力的国际社会共同体和国际公益慈善场域，动员巨大的公益慈善资源和源源不断的公益志愿服务，吸引包括国际公益组织在内的一大批公益力量参与其中。中国社会组织积极参与“一带一路”倡议，应是这一倡议的题中应有之义。

（三）政策举措

“民心相通”作为“一带一路”建设的社会根基，传承丝绸之路沿线友好合作精神，加强沿线国家和地区社会组织交流合作，面向特定群体广泛开展教育医疗、减贫开发、生物多样性和生态环保等公益慈善活动，改善沿线贫困地区生产生活条件，为深化双多边合作奠定坚实的民意基础，离不开政策支持和制度保障。

　　作为"一带一路"倡议的首推者和倡导者,习近平总书记在国内外重要场合不断强调"一带一路"倡议,对其原则、方向、着力点、方法等多次作出明确描绘。学习和领悟习近平总书记关于"一带一路"重要讲话精神,是社会组织参与"一带一路"建设的思想根基。国家"一带一路"倡议纲领性文件——《推动共建丝绸之路经济带和 21 世纪海上丝绸之路的愿景与行动》,专门提出要加强沿线国家和地区社会组织的交流合作,重点面向特定群体,广泛开展教育医疗、减贫开发、生物多样性和生态环保等反映全人类共同体需求的社会事务,促进沿线贫困地区生产生活条件改善。

　　目前我国已经与巴基斯坦、埃及、俄罗斯、新加坡、伊朗、捷克等国分别签署关于"一带一路"倡议合作的声明或纲要,这些双边文件凝聚着我国与相关国家对"一带一路"建设的共同愿景和发展举措,让社会组织的国际参与有更多的参考和指导。我国发布的《中国对阿拉伯国家政策文件》突出共建"一带一路"倡议,提出"继续加强民间交往,完善中国—阿拉伯友好大会机制,向中阿各友好协会提供更多支持。鼓励和支持非政府组织和社会团体有序开展形式多样的友好交往"。《中国对非洲政策文件》提出要落实《中非民间交流合作倡议书》,鼓励实施"中非民间友好行动""中非民间友好伙伴计划"等。支持民间组织和社会团体开展形式多样的友好交流和公益活动。这些国家间的声明、纲要和政策文件是社会组织在参与"一带一路"过程中的重要政策支撑,特别是在进入相关国家开展活动的重要参考。在国家法律方面,《中华人民共和国慈善法》是社会组织领域的重要大法,《中华人民共和国境外非政府组织境内活动管理法》是投身"一带一路"建设的境外非政府组织来华开展合作必须遵守的法律。这些法律条例共同构成了国内外社会组织在我国参与"一带一路"建设过程中的法律基础。"一带一路"沿线国家和地区中,部分国家专门制定了针对外国组织的法律和规定。越南主要依据《关于外国非政府组织在越南开展活动的管理规定》;巴基斯坦主要有《团体注册法》《协会团体法》《非营利性社会福利团体法律》等;土耳其制定了《基金会法》《结社法》等法律及《基金会管理总局组织和职责条例》等规章条例,将境外非政府组织纳入法律体系进行综合管理,规定了境外非政府组织在土耳其设立代表处、开展活动、接受政府检查、监督和处理等内容;俄罗斯也颁布了《非政府组织法》,成为规范和监督境外非政府组织在俄罗斯活动的主要法律依据。社会组织在参与"一带一路"民心相通建设过程中,必须要重视对国际组织条约、法律法规等学习和研究,预防和避免在参与过程中出现的问题和纠纷。

(四)工作进展

1. 参与对外援助,为当地民众提供公益服务

在"一带一路"倡议下,中国对外援助在资金流、援助领域、援助方式等方面都将向"一带一路"倾斜,中国对外援助进入重要转型。《中国社会组织推动"一带一路"民心相通行动计划(2017—2020)》,倡导社会组织肩负起民意沟通、民生改善的社会责任。社会组织通过公共服务的提供,改善沿线国家和地区民生,促进民意交流(见表5-7)。

表5-7 部分中国社会组织参与"一带一路"建设概况

社会组织名称	年份	国别	项目名称	项目内容
中国扶贫基金会	2019	尼泊尔、埃塞俄比亚等11国	国际爱心包裹项目	提高小学生的基本学习条件,促进学生的全面发展
中国红十字会	2018	叙利亚	人道主义援助	针对叙利亚战乱开展人道援助
中华慈善总会	2017	缅甸	先天性心脏病儿童救助行动	54名缅甸患儿分批到中国接受手术治疗
中国红十字会	2015	尼泊尔	人道主义援助	针对尼泊尔地震开展赈灾救援行动
中国乡村发展基金会	2015	埃塞俄比亚等非洲国家	微笑儿童项目	为受饥儿童提供免费早餐

中国扶贫基金会成立于1989年,是在民政局注册、由国务院扶贫办主管的全国性扶贫公益组织,是中国扶贫公益领域规模大、具有一定影响力的公益组织之一。2013年"一带一路"倡议提出后,跟随着国家"一带一路,民心相通"的倡导,以中国扶贫基金会为缩影的中国慈善机构加大

了对于海外国家特别是"一带一路"沿线国家和地区的援助(见图 5-2)。从数据可得,2014—2019 年中国扶贫基金会海外援助国家数呈上升趋势,国家囊括埃塞俄比亚、加纳、柬埔寨、缅甸、尼泊尔、苏丹、厄瓜多尔、海地等国家;2014—2018 年中国扶贫基金会海外援助人数呈上升趋势,除 2015 年尼泊尔地震灾难导致海外援助剧增,总体呈上升趋势(见图 5-3)。

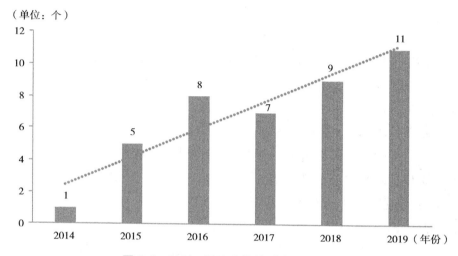

(单位:个)

图 5-2　2014—2019 年海外受益国家数量
资料来源:中国乡村发展基金会官网。

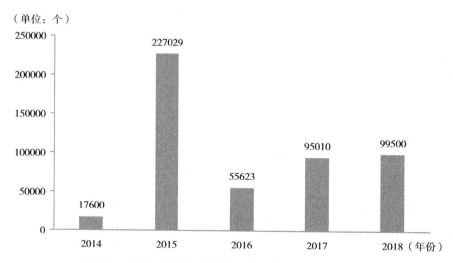

(单位:个)

图 5-3　2014—2018 年中国扶贫基金会海外援助国家人数
资料来源:中国乡村发展基金会官网。

"一带一路"沿线部分国家和地区经济发展水平相对落后,需要在加快经济建设的同时,推动扶贫、医疗、教育等社会建设领域的援助工作。因此,我国在重视开展政府间重大项目合作的同时,也鼓励中国社会组织开展对外援助活动,为当地民众提供公益服务。从对外援助的国际经验来看,通常把政府的援助与社会组织的援助相结合,从而提高援助效果和社会影响。社会组织参与对外援助,一方面,可以打破政府援助的单一模式,形成多元、竞争的对外援助模式;另一方面,社会组织具有灵活性和创新性的组织特点,便于针对不同的群体开展不同的援助形式,社会组织还具有深入基层的优势,便于深入基层,了解百姓的实际需求,从而降低援助项目的风险。

2. 帮助企业实现社会责任

"一带一路"倡议为中国企业"走出去"带来新机遇,但也对中国企业在相关国家承担社会责任提出了新的要求和考验。中资企业只有与沿线国家和当地社区共同发展,共同创造可持续的经济与社会效益,才能在"一带一路"发展中走得更快、更稳、更远。

2016 年 6 月 16 日,"一带一路"工商协会联盟于北京成立。联盟成立的目的是更好地推动商会企业的横向合作、资源互补、协同创新,加强不同文明交流互鉴,促进国际经济合作与繁荣。自 2016 年成立到 2020 年已有来自亚洲、欧洲、非洲、南美洲等 28 个国家和地区的 31 家国家级工商组织加入,且每年参加联盟的国家数量和工商组织数量均呈上升趋势。经中国工联发起成立的"一带一路"工商协会联盟很好地整合了不同国家企业的资源,再服务于企业。

中国社会组织积极配合企业参与"一带一路"民心相通建设。中国对外承包工程商会举办"美丽中国—'一带一路'中国企业社会责任影像志"活动,传播了中国企业和谐共赢的经营理念,增强了中资企业海外投资的企业社会责任。

社会组织可以为中资企业履行社会责任提供良好的平台。作为中国本土的非政府、非营利性组织,全球环境研究所努力探索中国境外企业可持续投资与发展的模式,促进中国境外企业推动当地社区发展,推动二者的良性互动。

3. 扩大民间组织网络

民间组织在积极表达民间的立场和声音方面,主要有三种做法:一是直接加入国际组织,成为其成员,例如:在全球 261 个科技国际组织之中,有 131 个国家一级的协会和学会代表中国加入;二是建立国内民间组织网络与国际相关组织对接,例如,中国国际民间组织合作促进会(以下简称民促会)利用中国民间气候变化行动网络(CCAN)的平台,形成了独特的民间社会声音。其 15 家成员中,93%的成员来自草根环保民间组织,草根民间组织参与国际事务已经成为一股新兴的力量;现有已建立的丝绸之路非政府组织合作网络(Silk Road NGO Coopera-tion Network)可以为双方甚至多方合作提供框架基础。① 截至 2017 年年底,已有民促会等 115 个中国社会组织和"一带一路"沿线国家和地区的 144 个非政府组织参与该合作网络。② 三是以项目合作方式参与到国际事务中,例如,在民促会 2010—2014 年参加的上百次国际事务的活动中,有 65%以上都是以项目合作和项目研讨的方式进行的。四是民间组织加强与发展中国家民间组织的交流和合作。例如,民促会邀请非洲民间组织代表来华实地考察,并举办有关中国发展理念、中非关系的研讨会,同时在非洲举办农业技术培训、预防艾滋病宣传和社区公益活动,协调国内民间组织与国内企业举办向非洲孤残儿童捐献衣物的"恒爱"行动,赴非为近千名患者进行免费白内障手术的"光明行"行动,许多非洲民间组织被中国民间组织的真诚所感动,主动提出将为中非友好多做宣传。此外,中国民促会积极开展与南亚、东南亚和中亚等周边国家的民间组织的交往,着眼于发展与周边国家的睦邻友好关系。不少周边国家民间组织提出,愿通过民间渠道与中国交流与对话,共同推动地区的稳定与发展。

从总体上看,中国社会组织国际化发展起步晚、起点低,还处于发展的初级阶段。这与"一带一路"建设对社会组织的要求存在不匹配的现

---

① 马广志:《民间组织的国际化路径》,《华夏时报》2013 年 2 月 21 日。

② 辛传海、朱美慧、杜晶花:《中国社会组织参与"一带一路"建设的角色定位与实现路径》,《学会》2018 年第 10 期。

实情况。根据民政部的统计数据,全国共有 80 余万个社会组织(社会团体 37.3 万个,民办非企业单位 42.2 万个,基金会 6322 个)。[①] 但国际及涉外组织类的社会组织仅为 529 个,占总数的 0.07%(社会团体 516 个;民办非企业单位 4 个;基金会 9 个)(见图 5-4)。

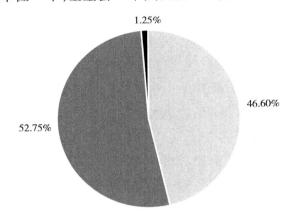

图 5-4 中国社会组织总体分布

资料来源:辛传海、朱美慧、杜晶花:《中国社会组织参与"一带一路"建设的角色定位与实现路径》,《社会组织研究》2018 年第 10 期。

从形式上看,中国社会组织"走出去"的活动类型单一,多是参加会议、访问考察等,活动单一,次数与组织总数相比比例过小。以"走出去"的主力——全国性社会组织为例,2014 年,2254 个组织共参加 1780 次国际会议,出访约 2000 次,平均每家不到 1 次。[②] 国际非政府组织通常在海外设立机构、派驻人员、开展长期项目,而中国社会组织中除中国扶贫基金会、中国儿童少年基金会等少数社会组织外,基本属于空白。据中华人民共和国民政部社会服务发展统计公报显示,中国社会组织自身不足主要体现在以下几个方面。

---

① 辛传海、朱美慧、杜晶花:《中国社会组织参与"一带一路"建设的角色定位与实现路径》,《学会》2018 年第 10 期。

② 辛传海、朱美慧、杜晶花:《中国社会组织参与"一带一路"建设的角色定位与实现路径》,《学会》2018 年第 10 期。

1. 社会组织缺乏话语权和国际影响力

从社会组织的国际影响力角度观察,获取联合国经社理事会咨商地位是社会组织参与全球治理、提升影响力的重要方式。获得咨商地位的社会组织可以参加联合国的各项会议,在会议上发布立场文件,甚至可以影响会议的议题和议程设定。而我国能够获得联合国咨商地位的社会组织明显不足。

在全世界拥有联合国经社理事会(EOCSOc)非政府组织咨商地位的4360 家机构中,中国的社会组织有 56 家。仅占 1.1%,这与中国作为经济和外交大国的地位不相匹配(见图 5-5)。而美国达到 951 家,是中国近 19 倍。[1]

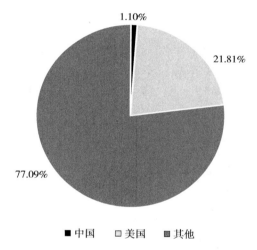

1.10%

21.81%

77.09%

■ 中国　□ 美国　■ 其他

图 5-5　联合国非政府组织机构构成

资料来源:黄浩明:《社会组织在"一带一路"建设中面临的挑战与对策》,《中国社会组织》2017 年第 1 期。

国际非政府组织是当今世界最具发展潜力的国际治理力量,然而我国社会组织的参与度远远不够。一是参与国际组织的境内组织少。据专家估计,全国 80 万个社会组织中,1000 余个加入了各类国际非政府组织,只

---

[1]　黄浩明:《社会组织在"一带一路"建设中面临的挑战与对策》,《中国社会组织》2017 年第 11 期。

占总数的0.13%（见图5-6）。二是参与的国际组织数量不多。全球约有60000个国际非政府组织,中国全国性社会组织只加入其中800余个,仅占1.30%（见图5-7）。三是参与的国际组织类型集中。参与的国际组织以学

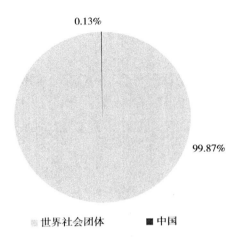

0.13%

99.87%

世界社会团体　■中国

图5-6　中国在全球非政府组织中占比

资料来源:黄浩明:《中国社会组织参与"一带一路"建设的角色定位与实现路径》,《中国社会组织》2017年第1期。

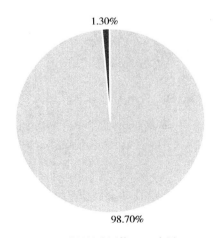

1.30%

98.70%

世界社会团体　■中国

图5-7　中国国际非政府组织占比

资料来源:黄浩明:《中国社会组织参与"一带一路"建设的角色定位与实现路径》,《中国社会组织》2017年第1期。

术类和体育类居多,分别约有 400 个和 160 个,占总数的 70%(见图 5-8)。四是参与的职位层级较低。已参与的国际非政府组织中,中国社会组织理事、会员身份居多,占参与国际非政府组织的 68%(见图 5-9)。①

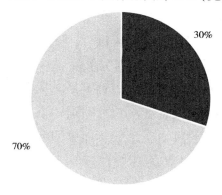

■ 其他　□ 学术类和体育类

图 5-8　中国参与的国际组织类型

资料来源:黄浩明:《中国社会组织参与"一带一路"建设的角色定位与实现路径》,《中国社会组织》2017 年第 1 期。

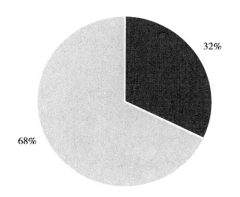

■ 其他国家在国际社会组织中会员、理事所占比
　中国在国际社会组织中理事、会员所占比

图 5-9　中国社会组织在国际组织的职层结构

资料来源:黄浩明:《中国社会组织参与"一带一路"建设的角色定位与实现路径》,《中国社会组织》2017 年第 1 期。

---

① 辛传海、朱美慧、杜晶花:《中国社会组织参与"一带一路"建设的角色定位与实现路径》,《学会》2018 年第 10 期。

2. 社会组织发展受到资金和人才制约

从国际社会组织发展的实践经验来看,社会组织海外项目的主要资金来源之一是本国政府的海外援助资金。从中国的实际情况来看,由于相关制度并不完善,政府的对外援助资金主要通过受援国政府或者中资企业来实施,很少通过中国社会组织来进行。中国社会组织由于自身发展不足,其境外活动项目的资金绝大部分依赖于本国,项目活动缺乏本土化和国际化,对境外的经济资源利用远远不足。从中国民间组织国际交流促进会的统计看,绝大多数社会组织参与国际事务的形式局限于参加国际会议和区域活动,并没有真正形成实体类的社会组织在海外设立的办事处和工作执行机构。目前中国政府官方发展援助资金运作主要通过政府机构负责实施。

人力资源是社会组织发展的重要条件。社会组织能够很好地参与"一带一路"建设的重要条件是要有一批综合素质较高的国际化人才,既要有良好的政治素质、良好的多语言能力、专业化的知识、宽广的国际视野,还要求工作人员具有丰富的参与国际事务的经历、较好的人际关系网络以及较强的合作意识和沟通能力等。显然,符合这些条件的中国社会组织人才明显不足。社会组织之所以难以吸引、留住人才原因是多方面的。从西方国家国际社会组织发展的实践看,在发展中国家开展海外公益项目,条件一般比较艰苦,工作难度却比较大,同时还面临配偶、子女工作与入学等困难,面临生命财产安全和疾病等方面的风险。因此为了吸引和留住优秀人才,国际社会组织往往对海外工作的员工提供比较高的薪酬水平。目前,中国社会组织从业人员的工资待遇水平较低,在海外开展工作的从业人员缺乏。

3. 社会组织参与民心相通建设缺乏法律保障

国际社会组织依据国内法设立,"走出去"之后的中国社会组织,其活动规则都需根据国内相关法律法规进行。而目前,中国社会组织参与国际事务尚缺乏相关法律法规的支持。中国社会组织的主要法律,包括国务院颁布的社会团体、民办非企业单位、基金会三个管理条例中,均没规定中国社会组织如何在海外设立办事处或分支机构。这导致在境外从事对外援助活动的中国社会组织难以获得合法身份,从而不仅无法得到国内相应的法律保护,也不能很好地取得受援国的政策支持。近年来,随着"一带一路"倡议的实施推进,我国众多社会组织及会员企业发展壮大,尤其是众多民营企业发起成立的社会组织迅速成长起来,在市场主体利益关系调节、市场经济运行支撑等方面发挥了重要的作用。在国家层面上,社会组织由于缺失立法,导致众多社会组织以各种形式存在,缺乏有效的外部监督和内部管理,其设立、性质、地位、权责和运行等均得不到法律的保障。

4. 社会组织参与民心相通制度性资源供给不足

社会组织的境外账户、援外物资海关关税和援外人力资源方面都缺少配套的相关法律法规和政策。因此,社会组织实施对外援助项目缺乏正式的制度化渠道与途径,只能经过国家的特殊批准,或者利用其组织领导的人脉资源来获得。另外,社会组织管理体制机制不健全,也表现在缺乏统一协调社会组织参与"一带一路"建设的组织机构上。对"走出去"的社会组织的管理,其职能分散在不同部门。地方层面缺乏扶持社会组织发展的规章制度,体制外社会组织无法获得合法地位随着市场经济的不断发展、"一带一路"建设的推进,地方社会组织在经济社会发展中发挥的作用越来越明显。目前大多数地方政府在社会组织机构管理、制度制定上,也远远滞后于社会组织的发展。

(五)思路创新及未来工作建议

"一带一路"倡议作为我国对外推进合作的总体框架,为我国社会组织"走出去"提供了广阔的平台与全新的发展环境。社会组织参与"一带一路"建设是中国软实力的重要组成部分,不仅是社会组织自身发展的必由之路,也是"一带一路"建设的切实需求,同时也是中国积极参与全球治理履行大国责任和义务的必然选择。社会组织作为提供公共产品多元化主体,化解与协调区域间冲突与矛盾,促进国际经贸合作的作用日益凸显。社会组织所具有非营利性、非政府性、公益性和志愿性的特征,使更容易获得沿线国家和地区民众的认可和支持,是推动民心相通的重要力量。

1. 加强社会组织机构治理，提高社会组织推动民心相通能力

以人员建设为重点。规范涉外社会组织的法人治理结构，加快涉外社会组织的"去行政化"改革，将具有国际视野、熟悉国际规则、精通国际运作的专业人才吸收进理事会等议事决策机构；注重涉外社会组织员工和志愿者的能力建设，建立切合组织涉外发展实际的招聘、薪酬、绩效等人力资源管理体系，重视员工的激励、奖罚和培训；吸收"一带一路"受援国的本土人才，通过属地化的人才管理，拉近社会组织与"一带一路"沿线受援国民众的距离，确保项目的实效。

以组织间合作为保障。要加强国内知名社会组织间的互动，增补吸收为其会员，借其影响力实现沿"一带一路"成功"走出去"的目标；社会组织要增强与国际组织的合作交流，学习其项目运作经验以及成熟的管理制度，特别是加强与开放程度较高的联合国粮农组织、联合国开发计划署，以及我国主导的亚投行、丝路基金间的合作，借国际组织的平台参与到"一带一路"的热点问题领域中；建立与"一带一路"受援国社会组织间的长期稳定的属地伙伴关系，借其获取当地资源，取得民众和政府信任，避免文化差异所带来的困境，提高项目运行的效果。

2. 加强社会组织与企业、智库和媒体的联系

联动企业提升影响力。从国内外经验看，海外中资企业与涉外社会组织共建伙伴关系，可实现综合效益最大化。为此，社会组织应高度重视涉外企业的作用，在帮助国内涉外企业在"一带一路"受援国履行社会责任、实现社会效益的同时，借助涉外企业获得自身发展的资金和稳定的志愿者，通过对重大受援项目的共同维护，提升、扩大我国社会组织在"一带一路"受援国乃至地区和国际的影响力。

联动智库开展针对研究。理论和务实研究工作的落后往往会导致政策制定的滞后。为弥补社会组织涉外活动与海外社会组织的先天差距，应集中后发优势，借助国内外高等院校、专家学者、研究中心等各类智库的优势力量，加强对社会组织沿"一带一路"沿线"走出去"的政策研究、国别研究和实务研究，少走弯路、不走错路，针对性地提出"一带一路"背景下社会组织"走出去"的可行措施。

联动媒体放大正面成果。充分发挥媒体的正面宣传作用,有助于中国社会组织扩大国际影响力。社会组织在"一带一路"背景下"走出去"的过程中,应注重国内和国际新闻媒介的宣传推广作用,主动借助各类媒体增强援助项目的信息透明度,通过不同媒体的广泛介入和支持,增进国内外公众对援助项目的理解,消除不必要的误解,为援助项目在"一带一路"沿线国家和地区的顺利实施宣传造势,凝聚人心。

四、驻外企业与民心相通

(一)指数排名及得分

全球化时代下,国际企业不仅成为影响世界经济走势的一支重要力量,也在塑造各国国际形象中发挥出越来越重要的作用。企业是建设"一带一路"的市场主体,在"一带一路"倡议实施过程中担负着推动民心相通的使命。企业实施民心相通是一种双向、多元的沟通形式,这其中需要企业、政府及其他社会力量的紧密联动和协调配合。企业民心相通的目的也不再仅仅着眼于自身的商业利益,而是推动实现人类命运共同体的重要组成部分。

驻外企业民心相通程度以该地区的中资企业数目和该地区接受外商直接投资的程度来反映我国企业在"一带一路"沿线国家和地区的融合程度(见表5-8)。其中得分较高的国家有蒙古国、阿联酋、南非、韩国和埃及。中资企业开设数量较多的国家有蒙古国(148个)、韩国(143个)、阿联酋(180个)、南非(181个)和埃及(119个)。外商直接投资较多的国家是马尔代夫和格鲁吉亚,外商投资净流入额超11亿美元。

表5-8 "一带一路"驻外企业排名及各项得分情况

排名	区域	中资企业数目	外商直接投资	总得分
1	蒙古国	9.61	10.00	4.85
2	阿联酋	9.99	3.34	4.33
3	南非	10.00	1.87	4.19
4	韩国	9.55	2.13	4.03

排名	区域	中资企业数目	外商直接投资	总得分
5	埃及	9.19	3.44	4.02
6	新加坡	6.84	10.00	3.74
7	孟加拉国	8.36	2.08	3.55
8	哈萨克斯坦	6.95	7.17	3.50
9	埃塞俄比亚	7.32	4.62	3.39
10	塞尔维亚	6.34	6.10	3.15
11	阿塞拜疆	5.56	8.20	3.04
12	土耳其	6.78	2.43	2.96
13	菲律宾	6.41	3.53	2.92
14	新西兰	6.67	2.33	2.90
15	马达加斯加	6.11	4.50	2.90
16	塔吉克斯坦	6.11	4.22	2.87
17	格鲁吉亚	4.61	9.86	2.83
18	伊拉克	6.84	0.59	2.79
19	乌兹别克斯坦	6.48	1.57	2.75
20	捷克	5.56	4.18	2.64
21	越南	4.93	5.92	2.57
22	斐济	4.93	5.65	2.54
23	科威特	5.95	1.59	2.54
24	沙特阿拉伯	5.76	1.95	2.50
25	文莱	5.56	2.36	2.46
26	尼泊尔	5.56	1.93	2.42
27	伊朗	5.33	2.15	2.35
28	波兰	5.08	2.96	2.33
29	白俄罗斯	4.93	3.23	2.30
30	印度尼西亚	5.08	2.36	2.27
31	马尔代夫	3.10	9.91	2.23
32	吉尔吉斯斯坦	4.61	3.49	2.19

续表

排名	区域	中资企业数目	外商直接投资	总得分
33	保加利亚	4.61	3.36	2.18
34	罗马尼亚	4.43	3.86	2.16
35	老挝	3.74	5.41	2.04
36	阿富汗	4.61	1.73	2.02
37	斯里兰卡	4.23	2.42	1.93
38	巴林	4.00	2.30	1.83
39	立陶宛	3.74	2.58	1.75
40	亚美尼亚	3.45	3.37	1.72
41	阿曼	3.45	2.97	1.68
42	泰国	3.45	2.23	1.60
43	马其顿	2.67	4.68	1.54
44	克罗地亚	2.67	4.10	1.48
45	巴基斯坦	3.10	2.08	1.45
46	匈牙利	3.45	0.00	1.38
47	斯洛伐克	2.11	5.07	1.35
48	黎巴嫩	1.33	5.17	1.05
49	柬埔寨	0.00	10.00	1.00
50	巴拿马	0.00	8.81	0.88
51	土库曼斯坦	0.00	7.85	0.79
52	阿尔巴尼亚	0.00	7.50	0.75
53	黑山	0.00	7.48	0.75
54	缅甸	0.00	5.60	0.56
55	爱沙尼亚	0.00	4.70	0.47
56	约旦	0.00	4.68	0.47
57	以色列	0.00	4.68	0.47
58	马来西亚	0.00	4.16	0.42
59	叙利亚	0.00	3.86	0.39
60	乌克兰	0.00	3.67	0.37

续表

排名	区域	中资企业数目	外商直接投资	总得分
61	摩尔多瓦	0.00	3.03	0.30
62	拉脱维亚	0.00	3.03	0.30
63	俄罗斯	0.00	3.01	0.30
64	波黑	0.00	2.93	0.29
65	印度	0.00	2.71	0.27
66	卡塔尔	0.00	1.85	0.19
67	不丹	0.00	1.36	0.14
68	也门	0.00	0.00	0.00

(二)基本概况

"一带一路"倡议的提出为中国企业带来崭新的发展机遇,据估算,"一带一路"沿线总人口约44亿,经济总量约21万亿美元,分别约占全球的63%和29%,市场潜力巨大。① 截至2021年,中国已与13个沿线国家和地区签署或升级了5个自由贸易协定,正逐步加快与沿线有关国家建设自贸区;与17个国家和地区核准《"一带一路"融资指导原则》,这些协议为企业"走出去"提供了重要保障。

中央企业是"一带一路"产能合作的主体,也是民心相通的主体(见图5-10)。国务院国资委发布信息显示,近年来中央企业积极参与"一带一路"建设,在国际产能合作以及基础设施建设等领域承担了一大批具有示范性、带动性的重点项目和重大工程。"十三五"期间,中央企业高质量建设"一带一路"沿线项目超过3400个,打造了一大批标志性工作,也有力地促进了当地经济社会发展。

中央企业通过参与当地建设,不断强化国际业务发展。在海外积极履行企业的社会责任,推动民心相通有利于帮助其树立负责任的企业形象,进而提升国际影响力和全球竞争力。此外,"一带一路"倡议为我国

---

① 董姝琪:《"一带一路"战略中我国国有企业责任研究》,国有经济论坛:国有企业深化改革与发展学术研讨会。

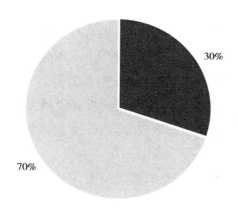

30%

70%

■ 央企 ■ 其他中企

图 5-10 中央企业在"一带一路"的合同额占比

资料来源:董姝琪:《"一带一路"战略中我国国有企业责任研究》,国有经济论坛:国有企业深化改革与发展学术研讨会。

企业"走出去"和各国企业间的合作创造了千载难逢的历史机遇,以经贸合作带动不同国家和地区的人文交流和科技合作,为我国开放型经济发展注入新的动力,造福沿线国家和地区的人民。

(三)"一带一路"中国企业履行社会责任的主要方式

1. 投身社区建设

我国江苏省重点企业红豆集团与"一带一路"沿线国家柬埔寨共同建设开发了西哈努克港经济特区。在特区建设之初,曾遭到当地村民的强烈反对,但经中方人员亲自走访乡村、实际调研,通过职业技能培训、捐资捐物建设学校、改善基础设施水平等方式积极投身于当地的社区建设,有效帮助当地居民提高了生活水平和幸福程度,当地村民逐渐转变了态度,此后红豆集团与当地居民建立起了互信互惠、友好发展的伙伴关系。目前,此特区已经达到了国际工业园的规模。红豆集团积极投身于社区建设对其在当地的顺利投资发展提供了实际的支持和助力。

2. 绿色经营和生态保护

中国海洋石油集团有限公司与东南亚的哈斯基—中海油马都拉分公司在雅加达积极开展了土壤微环境生态保护项目——开挖"生态洞"。

通过该项目的建设和推广,印度尼西亚坡地和海岛的生态环保工作取得了明显向好的成效。中海油集团在开展海外项目时极其重视"绿色、低碳、清洁和循环经济"的可持续发展理念,不断完善和优化环境管理制度,加强对于建设项目的全过程环境监测和监管。因此,在对海外项目所属地的生态环境可能会造成负面影响的投资领域,充分赢得当地政府及民众的认可和信任,逐步建立起良性循环的合作互惠关系。

3. 推行本土化战略

南方电网在推进海外电力项目建设中,先后在澜湄流域的多个国家分别设立了办事处,共同建立双多边高层沟通机制,深入交流合作意见,消除意见分歧,共同推进了项目的实施与落地;在投资老挝南塔河一号水电站、老挝北部电网230千伏EPC项目以及越南永新燃煤电厂时,都充分考虑了当地的政治生态和社会舆论,认真听取了来自当地相关行业协会和利益集团的现实诉求,通过非政府组织和民间力量,借以增进彼此间的情感交流,努力克服跨国文化交流的限制和障碍;聘用当地民众作为项目员工,经过培训培养选拔出了一批当地的人才,通过积极承担社会责任有效实现了合作共赢的总体目标。此外,在互动交流等方面,南方电网积极参与了当地的各层级峰会,签订了双多边互信合作交流机制,深入增进情感交流;南方电网还借助救灾救助、教育捐赠等方式践行企业的社会责任。

(四)影响企业履行社会责任的国际原则和相关政策

从20世纪80年代末开始,国际相关机构开始关注跨国企业的社会责任并制定了影响企业社会责任的国际准则(见表5-9)。经济全球化时代,任何一个不断成长的企业,都强烈地感受到了社会责任对于企业品牌战略管理不可或缺的推动力。越来越多的跨国公司更加重视履行其社会责任,加强社会责任管理,开展社会责任实践,并及时发布社会责任报告。仅从披露出来的"全球企业社会责任报告率"这一明显指标来看,主要经济体的前百强企业从1993年的12%上升至2017年的72%,世界前250强企业也从1999年的35%上升至2017年的93%(见图5-11)。

表5-9　影响企业社会责任的国际准则

国际原则	发起时间	发起主体	作用对象	关注重点
环境责任经济联盟原则	1989年	环境责任经济联盟	总部设在美国的公司	环保
里约热内卢（地球宪章）	1992年	联合国环境与发展大会	各个国家	环保
跨国公司治理原则	1998年	经济合作与发展组织	上市公司	公司治理原则
国际劳工人权发展活动	1998年	国际劳工组织、国际自由共联	所有公司	人权
全球契约	1999年	联合国	跨国企业、私营企业	全面关注企业社会责任
反行贿商业原则	2002年	透明国际和社会责任国际	所有企业	商业行贿
ISO 14000	2002年	国际标准化组织	所有企业	环境认证、环境管理体系工具
SIGMA指导方针	2003年	未来论坛、责任标准和英国标准协会	所有企业	可持续发展指导工具
ISO 26000	2010年	国际标准化组织	所有企业	社会责任指引
联合国可持续发展目标（SDGs）	2015年	联合国	各个国家	可持续发展
可持续发展报告标准	2016年	全球报告倡议组织	所有企业	社会责任指引

资料来源：KPMG 2017国际社会责任报告。

在"一带一路"倡议提出之后，习近平总书记多次强调要推动中国企业在海外履行社会责任。2016年我国出台了《中国落实2030年可持续发展议程国别方案》，此方案成为指导中国开展落实可持续发展议程工作的重要行动指南，并为其他国家尤其是发展中国家的相关工作提供了借鉴和参考。此后，我国企业一直以此为指导，贯彻落实创新、协调、绿色、开放、共享的新发展理念，加快推进可持续发展，持续为全球发展提供力所能及的相关贡献。

近年来，中国政府参与和推进企业社会责任的力度持续增强，并通过宣传企业社会责任的理念，以约束并监督企业履行社会责任。

2015年3月，国家发展改革委、外交部和商务部等多部委联合发布

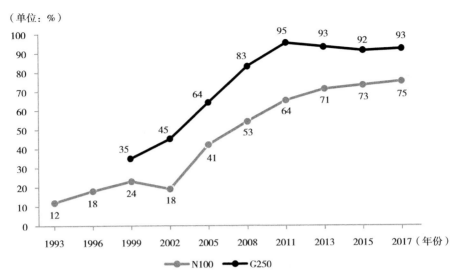

图 5-11　1993—2017 年全球企业社会责任报告率的增长情况

资料来源:KPMG 2017 国际社会责任报告。

了《推动共建丝绸之路经济带和 21 世纪海上丝绸之路的愿景与行动》,鼓励海外企业按属地化原则经营管理,积极帮助当地发展经济、改善民生、增加就业,自觉履行社会责任,严格保护原始生态环境和生物多样性。2017 年 1 月 18 日,为加强企业境外投资监督管理推动企业提升国际化经营水平,国务院国资委发布《中央企业境外投资监督管理办法》对境外投资监管体系建设,事前、事中、事后管理,境外投资风险管理和责任追究等内容作出了规定。为提高境外投资监管的针对性,防范境外投资风险,该办法在保持监管理念、监管方式与境内办法基本一致的前提下,更加强调战略规划引领和坚持聚焦主业,更加重视境外风险防控和保障境外资产安全。2017 年 8 月 18 日,国家发展改革委、商务部、外交部、人民银行等单位联合发布了《关于进一步引导和规范境外投资方向的指导意见》,旨在加强对境外投资的宏观指导,进一步引导和规范境外投资方向,推动对外投资合理、有序、健康发展,合理规避各类潜在风险,更好地适应国民经济与社会发展需要。国家政府部门相关政策及指导文件的出台,为中企业境外投资指明了方向,推动了企业境外投资的健康、持续发展,也为企业更好地履行海外社会责任打下了坚实基础。

党的十九大、二十大为新时代企业社会责任发展提出了新方向、新要求:如在思想道德建设中需要强化社会责任意识、规则意识和奉献意识;文化事业发展中要把社会效益放在首位,实现与经济效益统筹发展;推进国际传播能力建设中,要彰显大国担当,讲好中国故事,提升文化软实力等。这些议题为中国企业更好地履行海外社会责任,推动民心相通指明了更加现实的目标。

构建人类命运共同体要求企业海外发展在经济上要"推动经济全球化朝着更加开放,包容、普惠平衡的方向发展",人类命运共同体是各国"发展共同体",企业在海外发展过程中要根据东道国自身特点,制定企业激发东道国内生动力的经营策略,积极推动与维护多边贸易体制,以自身努力助力东道国发展进步与国际发展环境改善,要加快推动"一带一路"沿线创新资源共享、创新优势互补,为沿线国家和地区寻求开放创新、包容互惠的发展前景。构建人类命运共同体要求企业海外发展在文化上要"尊重世界文明多样性"。多样带来交流,交流孕育融合,融合产生进步。企业海外发展过程中要积极促进形成和而不同、兼收并蓄的对话机制,积极开展社区共建活动,增进与社区居民的沟通互信,保护好、运用好历史文化遗产,与"一带一路"沿线国家和地区的人民联合打造富有"丝路特色"的产品,建立起友谊桥梁,传播好中国企业形象。构建人类命运共同体要求企业海外发展在生态上要"坚持环境友好,合作应对气候变化,保护好人类赖以生存的地球家园"。海外扎根发芽的中国企业要牢固树立尊重自然、顺应自然和保护自然的意识,坚定不移地走绿色、低碳和可持续发展之路,平稳有序地推进《2030可持续发展议程》。

(五)工作进展、成果及数据

1. 中国企业海外发展总体进度

我国对"一带一路"沿线国家和地区投资持续增长。截至2021年年底,中国在"一带一路"沿线国家和地区设立企业超过1.1万家,约占中国境外企业总量的1/4。2021年,对"一带一路"沿线国家和地区直接投资241.5亿美元,创历史新高,占中国全年对外投资流量总额的13.5%。

据《中国与世贸组织白皮书》显示,中国对外直接投资的年度流量在全球的排名从加入世界贸易组织之初的第 26 位上升至 2017 年的第 3 位。此外,中国对外投资合作为东道国创造了大量就业机会,促进了当地经济发展和民生改善。根据国际劳工组织发布的首份《中国与拉美和加勒比地区经贸关系报告》显示,1990—2016 年,中国为拉美和加勒比地区创造就业岗位达 180 万个。

根据国家统计局数据,截至 2018 年 5 月,中国企业对"一带一路"沿线 59 个国家和地区进行了非金融类直接投资 143.6 亿美元,在"一带一路"沿线 61 个国家和地区新签对外承包工程合同额 1443.2 亿美元,同比增长 14.5%,完成营业额 855.3 亿美元,同比增长 42.6%。货物贸易累计超过 5 万亿美元,对外直接投资超过 700 亿美元。在沿线国家和地区建设 75 个境外经贸合作区,累计投资 270 多亿美元,为当地创造了 20 多万个就业岗位。

2. 央企参与"一带一路"建设进展

根据《中央企业海外社会责任蓝皮书(2021)》,中央企业在海外经营过程中关注较多的议题前五名分别是"良好的健康与福祉""工业、创新和基础设施""体面工作和经济增长""促进目标实现的伙伴关系""负责任的消费和生产",占比分别达到 75%、71%、65%、60%、54%。

《中央企业海外社会责任蓝皮书(2021)》调查显示,99% 的中央企业积极统筹境内外疫情联防联控;82% 的中央企业向境外员工和所在社区开展自我防护、疫苗接种宣讲;78% 的中央企业有序组织中国驻外员工返岗;分别有 76% 的中央企业向东道国提供新冠疫苗、口罩、防护服等防疫物资以及协助合作伙伴、产业链、项目所在地社区开展防疫管理;还有 45% 的中央企业承建海外"战疫"医院建设或提供相关支持。

随着"一带一路"倡议的深入推进以及相关国家营商的软硬件环境逐步改善,中央企业在境外的投资规模不断扩大,投资业务布局不断优化。如图 5-12 所示,中央企业正在以全球化的眼光在世界各地开展投资业务,82% 的中央企业在东南亚开展投资业务,76% 在欧洲、67% 在非洲、60% 在大洋洲、58% 在南亚、46% 在中东以及 48% 在中亚及西亚,而在北美洲和其他国家及地区,中央企业开展投资业务的也分别占比 30% 和 10%。中央企业在"一带一路"沿线投资业务布局呈现出了内生外延、多点开花的良好局面。

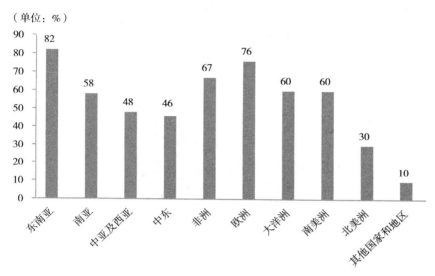

图 5-12 中央企业"一带一路"投资业务分布情况

资料来源:钟宏武、张闽湘、赵秀富:《中央企业社会责任蓝皮书(2018)》,经济管理出版社 2018 年版。

3. 央企履行社会责任成效

中央企业在"一带一路"沿线运营过程中克服雇员、培训、劳工关系、属地化运营与社会公益所遇到的诸多困难,以沟通交流超越文化隔阂,用互信互爱交融责任各方。携手共建"一带一路",离不开海外东道国的坚定支持。为了作出有效的项目决策,满足沿线国家和地区与人民的切身需要,近 90% 的中央企业在项目实施前进行了项目社会影响评估。在评估过程中,97% 的企业会将目光聚焦在政治背景与社会资源方面,可见这两方面对于项目建设的影响巨大。另外,70% 以上的企业会关注人口特征、社区制度结构的问题,28% 的企业还会考虑个体与家庭变迁方面的因素。

(1)企业履行社会责任的具体方式。

与利益相关方合理有度的沟通是促进中央企业融入"一带一路"建设所在地的重要途径,针对不同的利益相关方,沟通方式也不尽相同,中央企业与"一带一路"沿线国家和地区不同利益相关方的主要沟通方式集中在交流调研和定期拜访(见图5-13)。交流调研是中央企业针对学术机构、国际组织、当地非政府组织、行业协会的主要沟通方式,占比分别是73%、73%、72%和73%;对于投资国政府与中国政府当地常驻机构则是主要采取了定期拜访的方式,用以增进彼此沟通和了解。

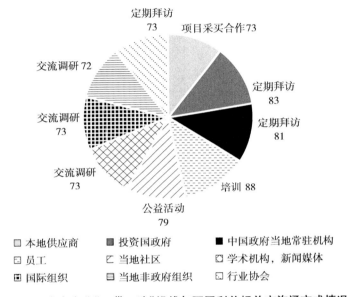

图5-13　中央企业"一带一路"沿线与不同利益相关方沟通方式情况

资料来源:钟宏武、张闽湘、赵秀富:《中央企业社会责任蓝皮书(2018)》,经济管理出版社2018年版。

(2)企业承担环保责任措施。

环境保护是当前全球共同努力经营的事业,近年来环境问题已经成为跨国产能合作中当地人民关注的焦点问题。环境污染影响民生,破坏环境失去民心。中国企业能否承担起相应的环保责任、切实保护和改善当地的生态环境日益成为推动民心相通的关键问题。

中央企业在"一带一路"沿线运营的过程中将"绿水青山就是金山银山"理念与经验推及世界,在发展经济的同时重视环境保护,履行央企社会责任。

提供更多更优质的生态产品是满足人民对美好生态环境需要的应有

之举。调查显示(见图5-14),七成中央企业在"一带一路"沿线都采取了投资环境友好型产品以减少环境影响,近六成的企业通过购买安装污染控制设备以减少污染排放,通过对高耗能设备的更新换代以减少能源消耗,还有超43%的中央企业自主进行绿色研发与创新来实现节能降耗的目标。由此可见,中央企业对于在"一带一路"沿线经营中采取的节能降耗措施是从源头上的根本措施,所产生的效益必将是经济、社会和生态环境的多赢综合效益。

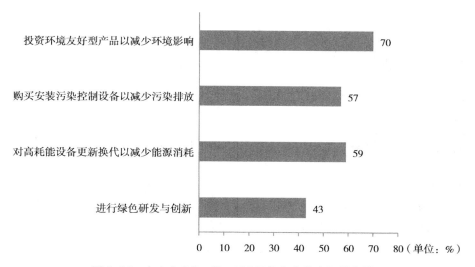

图5-14　中央企业"一带一路"运营中节能降耗措施情况

资料来源:钟宏武、张闽湘、赵秀富:《中央企业社会责任蓝皮书(2018)》,经济管理出版社2018年版。

(3)企业建立和谐劳工关系。

中国企业在"一带一路"沿线国家和地区开展产能合作和贸易投资,积极实现劳工雇佣本地化,极大地促进了增加当地劳动力的就业。中国企业严格遵守当地的法律法规,确保海外员工的合法权益。有数据显示,中央企业海外分支机构累计雇佣沿线国家和地区当地员工近36万余人,其中通过劳动合同聘用的中央企业占88%,有66%和51%的中央企业则采用劳务合同和临时合同聘用,保证合法合规(见图5-15)。央企所建立起来的和谐的劳工关系不仅促进了当地就业,维护了海外劳工的合法权益,而且增强了当地民众的幸福感和获得感,增进了中国和沿线国家和地区普通民众之间的友谊,推进了民心相通。

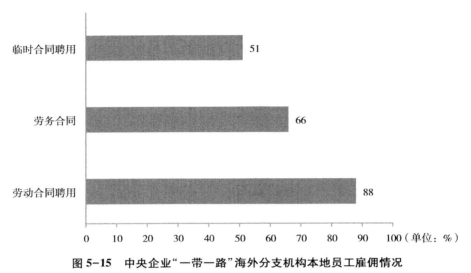

图 5-15　中央企业"一带一路"海外分支机构本地员工雇佣情况

资料来源:钟宏武、张闽湘、赵秀富:《中央企业社会责任蓝皮书(2018)》,经济管理出版社 2018 年版。

　　有 96% 的中央企业在海外的分支机构都已建立了招聘过程中的平等的中外雇员雇佣制度,76% 的中央企业建立了培养、晋升中的平等雇佣制度,75% 的中央企业还建立了薪酬、福利设置中的平等雇佣制度,中央企业对海外员工一视同仁,不搞封闭排他小圈子(见图 5-16)。职业健康是员工的生命,安全生产是企业的生命,在这两个领域中央企业均表现良好。

　　员工培训是促进员工成长成才的主要手段,调查显示(见图 5-17),有 94% 的中央企业运用内部"传帮带"这一央企人才培养最主要也是最有成效的人才培养经验对"一带一路"沿线的当地员工进行培训。18% 的中央企业把员工培训视为促进当地产业发展的助推剂,积极聘请当地专业的培训机构或培训人员对海外员工进行培训培养。此外,还有 67% 与 46% 的中央企业将国内培训师送到海外项目部或把当地员工送回中国进行培训,特别需要提到的是还有 70% 的中央企业建立了海外培训基地,这对于项目当地长期、持久培训力量的形成具有重要积极意义。

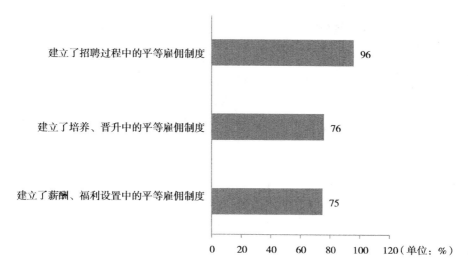

图5-16 中央企业"一带一路"海外分支机构平等雇佣情况

资料来源:钟宏武、张闽湘、赵秀富:《中央企业社会责任蓝皮书(2018)》,经济管理出版社2018年版。

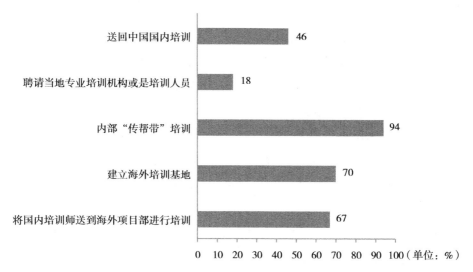

图5-17 中央企业对"一带一路"沿线当地员工培训方式情况

资料来源:钟宏武、张闽湘、赵秀富:《中央企业社会责任蓝皮书(2018)》,经济管理出版社2018年版。

多种培训方式使38%的中央企业在海外本地员工培训率达90%以上,46%的培训覆盖率在50%—90%,培训效果明显(见图5-18)。

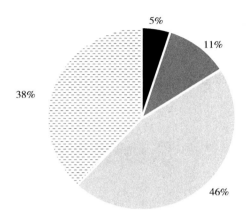

■ 20%以下　▩ 20%—50%　▢ 50%—90%　▢ 90%—100%

图5-18　中央企业对"一带一路"沿线当地员工培训覆盖率情况

资料来源:钟宏武、张闽湘、赵秀富:《中央企业社会责任蓝皮书(2018)》,经济管理出版社2018年版。

(4)企业海外社区文化建设。

积极投身社区文化建设是企业推动民心相通的重要一环,能够帮助企业迅速进入当地社区生活,建立与社区居民良好联系,树立企业良好的社会形象。调查显示(见图5-19),有74%的中央企业在海外运营过程中投身于当地的社区文化建设,26%的企业还没有参与到当地社区文化建设之中。这表明大部分中央企业都能在海外履责过程中积极与当地社区交流,通过援建当地学校、开展文化交流活动等形式助力当地社区建设与发展。

中央企业在"一带一路"沿线的经营过程中,超八成与所在社区各利益相关方建立起了和谐的伙伴关系,中国人历来讲究"和"与"合",携手"一带一路"沿线各国人民共筑和谐美好的人类命运共同体是中央企业海外履责的重要内容。而在建设和谐社区关系的措施中,有84%的中央企业采取了加强与社区各个利益相关方的沟通;76%通过加强与社区居民互动,积极融入当地社会;75%选择增加对社区的公益投入,建立良好

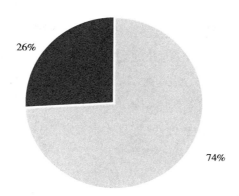

积极投身当地社区的文化建设　未积极投身当地社区的文化建设

图 5-19　中央企业在海外投身当地社区文化建设情况

资料来源:钟宏武、张闽湘、赵秀富:《中央企业社会责任蓝皮书(2018)》,经济管理出版社 2018 年版。

的企业社会形象和口碑;还有 72%通过增加当地社区员工雇佣比率等多种措施(见图 5-20)。

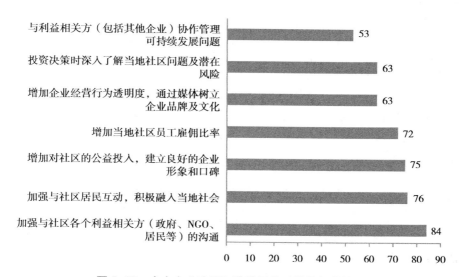

图 5-20　中央企业建设和谐社区关系措施相关情况

资料来源:钟宏武、张闽湘、赵秀富:《中央企业社会责任蓝皮书(2018)》,经济管理出版社 2018 年版。

在海外项目所在地,中央企业应充分尊重当地历史,积极开展文化遗产、遗迹的保护工作。同时鼓励发展对外文化贸易,让更多体现中华文化特色、具有较强竞争力的文化产品走向国际。支持中国节日、中国文物、中国园林、中医药文化、中华烹饪、中华武术、中华典籍等中华传统文化代表性项目走出海外、走向社区,并通过设立海外公益基金、捐助当地基金会等方式,积极参与海外公益事业、支持社区建设,改善当地社区服务,讲述中国故事、传播中国声音、展示中国形象。

(六)相关活动与案例

1. 中国建筑集团推动民心相通案例

中国建筑集团有限公司(以下简称"中国建筑")是中国最早开展国际工程承包业务的央企品牌。作为中央企业践行国家"一带一路"倡议的代表者,中国建筑以企业文化为驱动力,以文化融合和建设为支撑,坚持平等雇佣,尊重当地文化,畅通沟通渠道,推行属地管理,坚持绿色发展,热心公益事业,获得了外籍员工、东道国居民的认同与尊重,推动了中国建筑与项目所在地实现民心相通,促进了"中国建筑"品牌形象在全球获得高度认可,为中国负责任形象的塑造作出了贡献。

中国建筑员工积极参与印度尼西亚地震救援。根据中国建筑官网相关资料,2018年9月28日,印度尼西亚中苏拉威西省栋加拉县发生7.4级强烈地震并引发海啸。截至10月1日,地震共造成了至少844人死亡,632人重伤,4.8万名民众无家可归,救援抢险刻不容缓。灾情发生后,中建路桥丝路公司万鸦老—比通高速公路项目部心系灾区人民安危,第一时间支援前线。面对受灾地区食物短缺,项目部采购了大量食物和生活物资,捐献给当地赈灾部门。

2015年,中国建筑结合推动"中巴经济走廊"卡拉奇—拉合尔高速公路项目进程,全额资助了8名巴基斯坦优秀高中毕业生来中国留学进修,并承担他们学习期间的全部费用共计160余万元。此外,中国建筑在参加中国驻刚果(布)大使馆举办的慈善义卖活动时,出资捐助了当地医院、孤儿院和福利院;在斯里兰卡投入了大型机械设备,开挖排水渠道,帮助民众抗洪排涝。

坚持本土化发展策略、让各种项目落地生根,既能造福于沿线国家和地区人民、促进当地发展,也能持续提升公司的盈利能力,为股东创造更多价值。中国建筑坚持"本土化"发展策略,积极探索市场发展规律,构建符合当地市场的业务经营模式,参与持续性城市建设,逐步实现本地化经营。中建巴基斯坦 PKM 项目属地化员工比例达到 92.4%。中方工程技术人员 1800 余人、巴籍劳工 22000 余人。

积极改善沿线国家和地区民生水平。中建八局在印度尼西亚一号双塔项目工程施工期间积极践行企业社会责任,在充分尊重各国文化的同时,也将中国智慧、博爱之心带到了世界各地。项目部为改善工人的居住环境,专门从国内海运过来可周转、装配式的活动板房,这是印度尼西亚建筑工人第一次入住环保卫生的居住环境。印度尼西亚副总统尤素夫·卡拉到项目视察时,看到公司项目部为工人们提供了如此高标准的住宿条件,连连为中国建筑作出的努力和贡献点赞。

2. 中国华电集团推动民心相通案例

坚持用工本地化,促进当地就业。印度尼西亚巴厘岛燃煤电站建设期间为当地提供了几千个就业机会,电站投产后雇佣 200 余名当地员工,雇工平均收入在 200 美元/人/月,工资年涨幅约为 15%—30%,高于当地的平均收入水平。柬埔寨额勒赛下游水电站建设期为当地提供了几千个就业机会,特别是在 2012 年至 2013 年高峰期,雇佣当地劳务工 3000 多人,电站投产后聘用当地员工 60 余人。俄罗斯捷宁斯卡娅燃机电站在建设过程中,为当地提供了上千个就业机会,投产后为当地提供了 200 多个就业岗位。

改善生态环境。柬埔寨额勒赛电站积极推动水电生态文明建设,坚持绿色开发,以每年 70 万吨核证减排量,成为中国企业在海外注册的最大 CDM 项目,为柬埔寨可持续发展作出了重要贡献。柬埔寨额勒赛电站基建阶段坚持将环保工程措施与主体工程同设计、同施工、同投产,尾工阶段采取植草、种树等复垦措施及时恢复植被,累计种植草皮 3.8 万平方米,各类果树、绿化树 4000 余株,较好地恢复了厂区植被,厂区生态环境良好,依然保持青山绿水。

开展社会公益。中国华电集团充分尊重印度尼西亚及巴厘岛当地文化、风俗及宗教习惯,巴厘岛电站厂前区建筑由当地设计团队按照巴厘岛的传统风格进行了设计和布局,厂区内还特地设立了清真寺和神庙供穆斯林和印度教员工祷告。在印度尼西亚当地"开斋节""宰牲节"等重要节日期间,巴厘岛电站还向当地村民和员工发放礼金和慰问品,努力促进不同文化背景、宗教信仰、生活习惯的中外员工和谐共处、携手共建和共享发展。此外,巴厘岛电站还捐资支持当地3所学校的设施改善项目,直接受益学生达千余人,资助当地修建村公所和附近5座清真寺,直接受益者达到5000人以上。

建立协会组织,推进民心相通。针对中资企业积极参与柬埔寨电力事业的情况,为团结行业力量、增强中国电力在柬的话语权,中国华电柬埔寨额勒赛项目公司创造性地设立电力企业协会。2014年10月,柬埔寨电力企业协会正式成立中国华电任会长单位。协会成立后,中国华电充分发挥了自身的技术优势,就目前企业在柬投资电力电网项目面临的共同问题、企业的合理诉求提出了专业性的意见建议及解决方案,并向柬政府相关部门反映,发挥了积极的作用。2017年2月16日至3月1日的工作日展览期间,在柬中资公司、各中资电力企业的员工、金边大学学生、当地官员和百姓等纷纷观展,7天时间到场参观人数达1600多人次,日参观人数最多时超过400人次,每日观展的人员络绎不绝。

3. 中国铝业推进民心相通案例

新镇搬迁改善民生。长期以来,秘鲁矿山项目为解决当地原住民搬迁,一般仅采取向当地居民协议支付一定的搬迁费用,而中铝集团是南美第一家通过建设新城来解决矿区原住民搬迁问题的企业。同时,中铝集团也没有像其他国际矿业公司的传统做法那样,即等开矿获利后再履行社会责任,而是同步进行矿山建设与新城建造。此举获得了当地社区的根本性认可,也获得了秘鲁社会各界的一致好评,为实现新镇顺利整体搬迁迈出了坚实的一步。在中央政府的努力推动下,2012年秘鲁国会通过了两项法案,确认Morococha老城已不再适合人类居住,并将中铝集团援建新城改为州府所在地。这两项法案的通过为中铝集团解决当地民众的搬迁问题奠定了最为有效的法律基础。

建设金斯米尔污水处理厂。中铝集团接手金斯米尔污水处理厂项目后投入了 7000 多万美元,在未排放一滴矿业污水的情况下,用两年的时间建成了一座现代化、南美地区最大的污水处理厂,能够处理整个地区所有矿企排放的工业废水和带有污染物的自然雨水,切实解决了困扰当地近百年的环境保护问题,处理后的水源还可用于特罗莫克铜矿项目的生产用水,有效保护了当地的自然水资源,真正践行了"循环利用、环保开发、和谐自然和共同发展"的科学理念。这一积极履行企业社会责任的重要举措也得到了秘鲁政府、业界同行及当地民众的高度认可和支持。

推动用工本地化,造福当地社会。秘鲁特罗莫克铜矿的建设和运营,为秘鲁的经济发展和劳动就业也作出了卓越贡献。项目从初期开始运作时就坚持"本土化"的工作原则,中方人员只有 5 人。甚至连新城住房的分配,也是由当地社区 8 名居民和 1 名中方人员组成的委员会来负责。随着项目深入推进,建设期最高峰的现场用工达 13000 人,间接带动就业约 65000 人;项目运营期劳动人员 1500 人,间接带动当地民众就业约7500 人,极大促进了秘鲁当地的劳动就业。

(七)思路创新与未来工作建议

1. 思路创新

(1)打造公共服务平台,整合优势资源。

一是要建立中国企业海外投资的公共案例数据库,可由商务部等部门来主持,全面收录并长期追踪中国企业在海外的投资信息,尤其是海外并购后的整合策略及相关经验教训;或由相关部门牵头组织成立中国企业海外投资联合会,定期组织高端研讨会和经验座谈会,为想要"走出去"的中国企业提供良好的信息交流平台,方便分享成功方案和实施路径,帮助其少走弯路、更快地了解当地市场和文化。二是要充分发挥智库联盟的深度信息服务职能,促进企业之间的相互合作。智库不仅可以为相关企业搭建平台、建立联系、减少信息缺失的成本,还可以为企业发展和决策提供专业且深度的信息服务。

(2)打造商业共同体,抱团出海。

一方面,由于民营企业的规模有限,履行社会责任的能力较差,建议推动国内相关中小企业组成联合体,筹备组建"区域内民营企业丝路联盟"抱团出海,为企业可持续对接"一带一路"背景下的务实合作平台。另一方面,民营企业也可以与国有企业开展合作。国有企业是"一带一路"倡议下开疆拓土的主力军,发挥着重要的引领作用,现阶段国有企业在基础设施建设、核电、能源、高铁等领域承担着众多大型项目,其配套及相关产业链可以吸纳众多的民营企业参与进来,充分发挥其生力军的作用。除重大基础设施建设外,民营企业还可在文化、农业、新兴产业及人员交流等方面扮演重要角色。而在此过程中,需要及时洞察民营企业在信息渠道、融资渠道、资源整合、品牌构建及风险防范等方面存在的现实困难,借鉴率先"走出去"的企业经验与教训,合理发挥政府的主导作用并提供配套支持,整合优势资源形成商业共同体,在对外传播过程中讲好中国品牌故事,体现新时期中国企业负责任的大国担当。

(3)加强与当地非政府组织的合作。

一是加强市场调研。我国企业在对外承包工程时,要有针对性地搜集项目所在国家的基本背景信息,熟悉当地的整体投资环境,重视项目的前期考察和可行性研究论证,认真研究当地的政治环境、法律法规、劳工制度、风俗文化、非政府组织情况等,邀请影响力较大的非政府组织一同参与到项目的设计,将利益相关方的期望充分融入项目实施过程中,前瞻性地预测预防可能会出现的文化冲突及劳工制度差异等相关问题。另外,可通过与非政府组织的沟通,确切了解当地民众的实际需求,避免项目设计脱离民众期盼,不断增强当地民众对项目的友好度。由于当地企业更熟悉本国的社会风俗和环保标准等,中资企业应主动在海外项目所属地选择信誉较好的合作企业,并与其建立起良好的合作机制和利益绑定,项目所需原材料以及劳动力等优先选择当地的资源,为当地民众创造和提供更多的就业机会,这样不仅可以降低投资项目的成本,也可以引发当地企业对项目的利益保护,实现互利互惠、合作共赢。

二是创新合作方式。由于非政府组织的非营利性、非政党性、民间性和公益性等特征,在人民群众之间具有较高的信任度,能够在对外援助过程中更为有效地发挥出积极作用。因此,可以考虑多方优势进行互补,采用"企业出资、非政府组织做事"的形式,即由中方企业对当地非政府组织予以资金上的援助，而由非政府组织实施开展相应的公共服务。例如，可以通过非政府组织直接将补偿发放到移民手中，保证信息公开透明，将补助落实到位，避免当地政府官员私吞补助等现象。这样不仅可以将企业经营与非政府组织的运作需求相结合，还能有效促进互相了解、在合作过程中实现互利互惠。

三是加强信息发布。在互联网时代，中国企业应当借助全球化的浪潮，重视与当地非政府组织及媒体的深入合作，及时迅速地发布企业及项目相关的正面信息，提高项目的透明度，避免因信息不对称造成当地民众对项目产生疑虑。还可通过新闻发布会、网络信息发布等途径及时披露企业社会责任报告、环保评估报告以及项目进展情况等，积极宣传中方企业对当地经济所作的实际贡献以及参与公益事业的程度，并通过信息平台征求社会各层级、各方面对项目的意见建议，加深公众对企业和项目的认识和了解，努力赢得公众的支持和信任，树立公开透明、有责任感的企业整体形象。

四是实现溢出效应。我国在"一带一路"沿线的相关企业多身处技术密集型行业，在开展项目过程中应积极融入当地的产业链，构建完整的上下游闭环链条；应有意识地提高技术溢出效应，为当地发展带来更加高效的生产技术。例如，以 BOT（建设—经营—转让）模式承建的项目，在移交后面临着当地工人技术水平不足等困境，不能充分享有项目所带来的各类红利。而中方企业可进行属地化建设，在当地开办公益性的职业技术学校，培训当地民众学习语言、项目运营和运营管理等技术，必要时进行技术转移，进一步提高项目对当地的发展贡献。

2. 未来工作建议

（1）加强行业协会和公众的监督。

通过多种途径的有效监督，促使中国企业自觉披露其社会责任的具体履行情况。同时，行业协会还可以对企业进行相关的培训活动，监督其定期组织举行内部学习。行业协会还可帮助中国企业加强对海外国家的相关法律法规培训，协助其做好法律风险防控，保证企业的各项行为都在法律保护的框架下进行。除此之外，要充分发挥公益组织的影响力与辐射力,鼓励更多有影响力的国内或国际社会组织,为"一带一路"沿线国家和地区的中国企业在履行社会责任过程中提供必要的帮助和支持。企业也可主动与公益组织开展相关合作,通过慈善捐助、公益活动等为当地群众及社区提供力所能及的帮助,促进企业有效履行社会责任。

(2)加强海外企业实施社会责任的能力。

"走出去"企业应深刻认识到自身所肩负的时代重任,努力增强民心相通意识。为此,中国在"一带一路"倡议沿线的相关企业要做到依法经营,积极履行社会责任,切实开展合作交流项目,妥善处理好与当地政府、社会组织和社区民众的关系,争取更多的理解和支持,塑造良好的企业负责任形象。同时,应充分利用各种机会积极策划、组织各类有价值的公关活动,有针对性地将企业的经营理念和企业文化传播出去,良好扩大企业在当地的影响。

还要与当地民众的需求紧密结合,突出企业的公益性追求。需加强专业人员的投入,与当地民众深入沟通、了解当地社会的普遍关切。围绕当地民众的实际需求开展"民心相通"活动,并引导他们成为项目的直接参与者和建设者。我国相关企业在沿线国家和地区履行社会责任时应与本身的优势资源相结合,在促进当地经济发展、打造特有产业链的过程中,让利益相关方切实感受到中国项目对当地发展作出的贡献;少花钱,早见效,加强对"民心相通"项目的顶层设计和长远规划。明确"民心相通"的主攻方向和主打项目,将企业自身优势与改善当地民生相结合,形成拳头产品。加强项目的品牌策划与推广,突出特色、打造亮点、扩大影响。在项目实施过程中加强舆论引导与多方宣传,积极调动媒体、非政府组织、社会精英等多方力量,为项目顺利实现预期效果发挥积极的作用,从而使项目在实施过程切实成为各方利益体现和民意舆情改善的过程。支持非政府组织等走出去,突出民间组织的灵活性,为其"走出去"提供便利的通道和途径,支持我国民间组织在"一带一路"沿线国家和地区设立分支和常驻机构,并将其逐步打造成为民心相通项目实施的重要主体之一;通过开展公益性救助、培训、减贫等争议性小、敏感度低的民心相通项目,与当地政府开展合作,与民众加强沟通,与媒体、智库建立联系,从而深入了解当地民情舆情,增强风控意识,及时发现问题,在舆论上采取措施,及时有效地维护我国企业形象和国家声誉。

企业应深化对新时代国际环境的感知和理解,加强对企业所在国的人文背景研究。"走出去"的企业如何完美地融入当地是一个非常复杂且现实的问题,除了做到管理层和员工的本土化外,中国企业还应尊重当地的风俗宗教习惯,处理好与当地民众的关系,善于依靠当地人解决当地事。例如,可以通过为东道国培养相关人才,帮助其扩大就业;同时,协助建设和完善基础设施,积极为当地修缮道路、建造学校以及保护生态环境等,争取得到当地社会各界的广泛理解和大力支持,塑造良好的企业形象。归根结底,企业想要更好地在海外生存与发展,必须关注当地的民意民生和社会发展,积极融入当地社会的各条发展轨道。

(3)加强企业与政府的沟通协调。

建立和完善企业外交统筹协调机制。"民心相通"不仅需要企业的积极努力,也需要政府、媒体和智库等多种社会组织的共同推动。政府应主动积极地提供各类咨询服务,为驻外企业提供适时、必要的舆情商情、安全风险等方面信息。建议驻外企业聘请所在国从事过外交事务的人员或者华侨担任企业"民心相通"顾问,以便更好地在当地开展相关工作。另外,民间组织、相关企业等非政府组织,也是推进"民心相通"的重要力量,但由于缺乏统一的协调,在参与过程中可能会出现各自为政的问题,难免出现资源浪费的情况。因此,要重视发挥媒体、智库等非政府组织在企业公关中的辅助作用,加强与影响力较大的当地媒体合作,逐步寻找、选择出企业在当地的媒体代言人。